I0248722

Piers Compton

DAS ZERBROCHENE KREUZ
Die verborgene Hand im Vatikan

Piers Compton

Piers Compton (1901–1986) war katholischer Priester, Journalist und Autor. Er war Literaturredakteur bei *The Universe* und schrieb Bücher, darunter *Broken Cross*, in denen er die Veränderungen in der katholischen Kirche nach dem Zweiten Vatikanischen Konzil kritisierte.

Das zerbrochene Kreuz – Die verborgene Hand im Vatikan

The Broken Cross — The Hidden Hand in the Vatican

Erstveröffentlichung in Großbritannien 1983

Übersetzt und herausgegeben von
Omnia Veritas Limited

www.omnia-veritas.com

© Omnia Veritas Ltd – 2025

Alle Rechte vorbehalten. Kein Teil dieser Publikation darf ohne vorherige Genehmigung des Herausgebers in irgendeiner Form reproduziert werden. Das Gesetz zum Schutz geistigen Eigentums verbietet Kopien oder Reproduktionen für den kollektiven Gebrauch. Jede vollständige oder teilweise Wiedergabe oder Reproduktion in jeglicher Form ohne die Zustimmung des Herausgebers, des Autors oder ihrer Rechtsnachfolger ist rechtswidrig und stellt eine Verletzung dar, die gemäß den Bestimmungen des Gesetzes zum Schutz geistigen Eigentums strafbar ist.

ERSTER TEIL	11
2.	13
3.	16
4.	18
5.	26
6.	29
7.	33
8.	40
9.	46
TEIL ZWEI	50
2.	52
3.	61
4.	64
5.	67
DRITTER TEIL	70
2.	76
3.	79
4.	82
5.	85
6.	91
7.	97
8.	100
TEIL VIER	103
2.	109
3.	112
TEIL FÜNF	117
2.	123
TEIL SECHS	132
2.	135
3.	142
TEIL SIEBEN	146
2.	154
TEIL ACHT	157
2.	160
3.	169
4.	172
5.	174
TEIL NEUN	175
2.	179
3.	186
TEIL ZEHN	203
2.	208
3.	211
4.	218
TEIL ELF	219
TEIL ZWÖLF	225

2.	229
TEIL DREIZEHN	**230**
2.	234
3.	237
4.	246
TEIL VIERZEHN	**247**
2.	255
3.	258
ANHANG	260
Der seltsame Tod von Roberto Calvi	*260*
FINALE	265
BIBLIOGRAFIE	268
WEITERE TITEL	271

Erster Teil

*Was bleibt, wenn Rom untergeht?
Wenn Rom fällt, die Welt.*

Virgil. Byron.

Seine Behauptungen waren ungeheuerlich. Sie gingen über jedes menschliche Vorstellungsvermögen hinaus. Denn es behauptete, die einzige göttliche und maßgebliche Stimme auf Erden zu sein; und es lehrte, urteilte und behauptete, immer im gleichen gültigen Ton, überzeugt davon, dass seine Botschaft die vergänglichen Phänomene des Zweifels, des Wandels und des Widerspruchs überdauern würde. Es stand sicher, ein Gebäude der Wahrheit hinter den Wällen der Wahrheit, das den vielen und vielfältigen Angriffen seiner Feinde trotzte. Denn sie beanspruchte eine Kraft, die nicht aus ihr selbst kam, eine Lebenskraft und Vitalität, die ihr von einer Macht verliehen wurde, die nirgendwo anders zu finden war; und weil sie mit nichts Irdischem verglichen werden konnte, löste sie Angst, Verwirrung, Spott und sogar Hass aus.

Doch im Laufe der Jahrhunderte schwankte sie nie, gab nie auch nur einen Teil ihres gewaltigen Erbes auf und ließ nicht den geringsten Riss in ihrem viel verspotteten Mantel der Intoleranz zu. Sie erweckte selbst bei denen, die ihre geistige Disziplin verachteten, Hingabe und Bewunderung. Sie erhob sich über Vermutungen, Wahrscheinlichkeiten und Möglichkeiten, denn das Wort, auf dem sie gegründet war, war auch ihre Garantie für

Beständigkeit. Sie lieferte die einzige Antwort auf die uralte Frage „ — , was ist Wahrheit?".

[1]Einer unserer Essayisten erzählte, wie viele unserer Schüler es wussten, von ihrem Platz in der Geschichte; wie sie den Anfang unserer weltlichen Systeme sah, wie sie wahrscheinlich auch deren Ende sehen würde, und wie in zukünftigen Zeiten ein zerbrochener Bogen der London Bridge einen Standpunkt bieten könnte, von dem aus ein Reisender „die Ruinen von St. Paul's skizzieren könnte".

Aber sie würde dennoch monumental und einzigartig stehen bleiben und wie bisher die Symbole der Ausdauer in diesem Leben und des Eintritts in eine Ewigkeit jenseits von „ — , a Rock and a Key" darstellen.

Es war die katholische Kirche.

Aber jetzt, da selbst diejenigen mit unreligiöser Gesinnung erkannt haben, hat sich alles geändert. Die Kirche hat ihre Wachsamkeit aufgegeben, ihre Vorrechte abgetreten, ihre Befestigungsanlagen aufgegeben; und es wird das Ziel dieser Seiten sein, zu untersuchen, wie und warum diese Verwandlung, die bisher von ihren Anhängern — und sogar von einigen ihrer unfreundlichen Kritiker — als unmöglich angesehen wurde, geschehen konnte.

---

[1] Lord Macaulay über von Rankes „*Politische Geschichte der Päpste*", 1840.

2.

Was folgt, ist bewusst aus der Sicht eines traditionellen und noch praktizierenden Katholiken geschrieben. Die hier zum Ausdruck gebrachten Gefühle dienen dazu, die Häresien, Neuerungen und Entheilungen hervorzuheben, die im Namen einer reformierten oder „aktualisierten" Religion die Kirche weltweit in Trümmer gelegt haben.

Es herrscht das Gefühl, dass unsere Zivilisation in tödlicher Gefahr ist. Es ist eine neue Erkenntnis, die sich völlig von den alten evangelikalen Ängsten unterscheidet, dass die Welt gemäß einer biblischen Prophezeiung untergeht; Ängste, die seit der Gefahr eines Atomkrieges viel von ihrer früheren Einfachheit verloren haben und realer geworden sind. Aber das Ende unserer Zivilisation hat finsterere Auswirkungen als die tatsächliche Zerstörung eines Planeten, sei es durch eine „höhere Gewalt" oder durch einen Anfall von totalem Wahnsinn seitens des Menschen.

Denn die Zivilisation verfällt, wenn die Vernunft auf den Kopf gestellt wird, wenn das Gemeine und Niederträchtige, das Hässliche und Korrupte zur Norm des sozialen und kulturellen Ausdrucks werden; oder, um es näher an unsere Argumentation heranzuführen, wenn das Böse unter verschiedenen Masken den Platz des Guten einnimmt.

Wir, die wir dieser Generation angehören, sind entsprechend unserem Alter und Temperament zu willigen, unbewussten oder verbitterten Opfern einer solchen Umwälzung geworden. Daher umgibt uns eine Atmosphäre der Sinnlosigkeit, das Gefühl, dass der Mensch den Glauben an sich selbst und an die Existenz als Ganzes verloren hat.

Natürlich hat jedes Zeitalter Rückschläge durch Kriege, Revolutionen und Naturkatastrophen erlitten. Aber noch nie zuvor war der Mensch ohne Führer oder Kompass, ohne die Sicherheit, die ihm der Druck einer Hand vermittelt, der er vertraut. Er ist in allzu vielen Fällen ein isoliertes Wesen, losgelöst von der Realität, ohne den Trost wertvoller Kunst oder den Hintergrund von Traditionen und, was nach Ansicht der Orthodoxen am fatalsten ist, ohne Religion.

Früher gehörte es zum akzeptierten Weltbild der Katholiken, dass die Kirche unsere Zivilisation geschaffen hat, mit den ethischen Normen und dem großen Schatz an Offenbarungen, von denen die Haltung und das Schicksal des Menschen abhängen.

Daraus folgt, sobald man diese These akzeptiert hat, dass jeder Verfall seitens der Kirche sich in einem ähnlichen Verfall der von ihr geförderten Zivilisation widerspiegeln muss; und ein solcher Verfall ist, wie die moralischen und kulturellen Ausdrucksformen unserer Zeit zeigen, überall sichtbar.

So kommt es, dass die bloße Erwähnung der Religion bei Menschen, die sich nie mit der Lehre oder Praxis der Kirche befasst haben, aber das Gefühl haben, dass sie den weit verbreiteten Verfall irgendwie beheben oder kontrollieren sollte, eine automatische Ablehnung hervorruft. Sie empfinden Verachtung (und Verachtung ist ein tödlicherer Virus als Skepsis) für das Versagen der Kirche, mit Bedingungen fertig zu werden, die entschlossenes Handeln erfordern; für ihre Bereitschaft, mit dem Strom zu schwimmen, indem sie sich nicht gegen Subversion ausspricht oder ihr sogar Vorschub leistet; für ihre Verkündigung einer verwässerten Version des Humanismus im Namen der christlichen Nächstenliebe; für die Art und Weise, wie die höchsten kirchlichen Führer, die einst unnachgiebige Feinde des Kommunismus waren, sich an dem sogenannten „Dialog" mit denen beteiligen, die nicht nur den Untergang der Kirche, sondern den Ruin der gesamten Gesellschaft anstreben; für die Art und Weise, wie sie ihr einst stolz definiertes Credo aufgegeben hat, indem sie zugibt, dass es mehr Götter im

Himmel und auf Erden gibt, als ihr Gründer sich in seiner Philosophie erträumt hat.

Diese Zusammenfassung der Bedenken bringt uns zurück zu der Frage, die wir zu Beginn unserer Untersuchung gestellt haben: Was hat die Veränderungen in der Kirche verursacht?

3.

Jede Revolution, wie die französische und die russische, muss mit zwei Institutionen in einen frontalen Zusammenstoß geraten: der Monarchie und der Kirche. Die erstere kann, wie tief sie auch in der Abstammung und den sakramentalen Riten verwurzelt sein mag, mit einem einzigen Schlag vollständig beseitigt werden. Aber die Religion eines Volkes, wie mangelhaft sie auch geworden sein mag, kann nicht so leicht durch eine von außen ausgeübte Gewalt unterdrückt werden.

Die Monarchie lebt von Akzeptanz, Gewohnheit und einem Anerkennungsprozess, der durch einen Messerstich oder einen Gewehrschuss beendet werden kann. Aber die Religion, insbesondere die christliche, mag zwar diskreditiert und verachtet sein, trägt doch in sich den Keim der Auferstehung. Immer wieder wurde ihr ein Todesurteil gefällt, immer wieder hat sie den Henker überlebt. Dass sie dies auch weiterhin tun wird, kann als selbstverständlich angesehen werden, ob sie jedoch in ihrer alten, ungehinderten Form mit ihrer Statur, ihrer unfehlbaren Stimme und ihrem Autoritätsstempel überleben wird, ist eine andere Frage.

Einige werden diesen Gedanken als undenkbar zurückweisen. Andere werden zwar zustimmen, dass die Kirche hier und da eine Gewichtsverlagerung sanktioniert hat, dies aber als Teil des göttlichen Plans betrachten; und nur wenige, da es für unser Volk charakteristisch geworden ist, schon die bloße Erwähnung einer Verschwörung zurückzuweisen, werden darin die Verwirklichung eines jahrhundertealten und bewussten Plans zur Zerstörung der Kirche von innen heraus sehen. Es gibt jedoch mehr Beweise aller Art für die Existenz einer solchen Verschwörung als für einige der allgemein anerkannten historischen Tatsachen.

Aufgrund der folgenden Ausführungen muss noch einmal betont werden, dass der durchschnittliche Brite mit dem Begriff „Verschwörung" nicht viel anfangen kann. Das Wort selbst klingt nach einer theatralischen Kulisse, in der schwer vermummte Männer in einem dunklen Raum zusammenkommen, um die Vernichtung ihrer „ en" Feinde zu planen. Doch geheime Machenschaften, die sowohl vor der Wissenschaft als auch vor der Öffentlichkeit weitgehend verborgen bleiben, waren schon immer der Hintergrund oder die treibende Kraft vieler Ereignisse in der Weltgeschichte.

Die Welt der Politik wird von Cliquen heimgesucht, die gegeneinander arbeiten, wie deutlich wird, wenn wir die Ungereimtheiten in den offiziellen Versionen des Gunpowder Plot, der Ermordung Abraham Lincolns 1865, der Ermordung des österreichischen Erzherzogs Franz Ferdinand in Sarajevo 1914, dem Ertrinken Kitcheners 1916, die Erschießung von - Präsident Kennedy im Jahr 1963 und, noch näher an unserer Zeit, das mysteriöse Ende von Papst Johannes Paul I., auf das später in diesem Band eingegangen wird.

4.

Die Kirche war schon immer das Ziel religionsfeindlicher Menschen, die in ihrer Existenz eine Bedrohung für ihren Fortschritt und ihre Pläne sehen. Und ich verwende das Wort „immer" bewusst, denn Verschwörungen gegen die Kirche gibt es schon seit dem Jahr 58 n. Chr. In den Worten des heiligen Paulus an die Einwohner von Ephesus (und Paulus, ein ausgebildeter Pharisäer, wusste, wovon er sprach, wenn es darum ging, vor Umsturz zu warnen): „Nach meinem Weggang werden grausame Wölfe unter euch kommen, die die Herde nicht verschonen werden; und aus eurer Mitte werden Männer aufstehen, die lehren werden, um die Jünger auf ihre Seite zu ziehen."

Das Streben nach Weltherrschaft, sei es mit Waffengewalt, durch Kultur oder Religion, ist so alt wie die Geschichte selbst. Die frühesten Aufzeichnungen, ohne Berücksichtigung von Mythen oder Legenden, belegen dies. Ägypten, das zuerst das Denken und die Weltanschauung des Ostens beherrschte, war nie ein rein militärischer Staat. Aber mit „Assur, dem Schrecklichen" begann eine kriegerische Ära (wir können sie auf etwa 910 v. Chr. datieren). Auf den kurzlebigen Aufstieg Babylons folgte der Perserreich unter Kyros dem Großen. Dann kam ein Name, der seit jeher gleichbedeutend ist mit einem riesigen Reich und der Herrschaft über die bekannte Welt: Rom. Aber alle diese Mächte waren nicht nur auf territoriale Gewinne bedacht, sondern auch darauf, eine bestimmte politische oder soziale Weltanschauung durchzusetzen, einen Glaubensgrundsatz zu stürzen und einen anderen zu erheben – ein Prozess, den die Menschen in der Antike mit dem Einfluss der Götter in Verbindung brachten.

Die Ausbreitung der arianischen Häresie, die das Christentum im vierten Jahrhundert spaltete, wird zu einem Meilenstein. Sie war begleitet von allen Symptomen einer Revolution, Anarchie, Verrat und Intrigen. Aber die zugrunde liegende Ursache war nicht politischer Natur. Ihr Hauptantrieb war religiös, ja sogar theologisch, da sie sich auf einen Ausdruck stützte, den Arius, der alexandrinische Priester, der der Bewegung ihren Namen gab, geprägt hatte: „Es muss eine Zeit gegeben haben, in der Christus nicht war."

Diese Herabwürdigung des göttlichen Wesens und der Natur Christi hätte, wenn sie bis zu ihrem logischen Ende geführt worden wäre, die auf Rom ausgerichtete Welt in einen negativen Zustand versetzt, in dem Europa, wie wir es kennen, keine Zukunft gehabt hätte. Aber Rom überlebte, für die einen als Ort der Verehrung, für die anderen als Zielscheibe, und was wir heute als Mittelalter betrachten, war geprägt von den Nachwirkungen dieses Kampfes.

Mit der Festigung Roms als päpstliche Macht wurde das Ziel zu einer konkreteren Realität, deren Zweck nie in Frage gestellt wurde und immer derselbe blieb, unabhängig davon, wie er zeitlich oder innenpolitisch interpretiert wurde.

Denn die Augen der Menschen, ob in Frankreich, Italien oder Spanien, England oder Deutschland, waren auf den Stuhl Petri gerichtet, ein Gegenstand der Kontroverse, der sich als mächtiger als Gold erwiesen hat, wenn es darum geht, die Gedanken zu beeinflussen.

So war die Lage in Rom im ersten Viertel des 12. Jahrhunderts, als zwei rivalisierende Familien, die Pierleoni und die Frangipani, um die Macht rangen. Beide waren reich, die Pierleoni sogar unermesslich reich; keine der beiden Familien war besonders skrupulös; und als Papst Callistus II. 1124 starb, stellten beide Familien einen Kandidaten für den Papstthron auf. Der Mann der Pierleoni, Anacletus, war „selbst bei seinen Freunden nicht gut angesehen". Aber es gelang ihm, seinen von den Frangipani unterstützten Rivalen zu überstimmen.

Anacletus' Herrschaft war kurz und unbeliebt, aber er klammerte sich gefährlich an die Macht, bis er 1138 starb und zugunsten von Innozenz II. zum Gegenpapst erklärt wurde. So kam es, dass eine organisierte Clique, wenn auch nur für kurze Zeit, den Vatikan übernahm und dort „ihren Mann" installierte – eine lang ersehnte Vollendung, die in den Köpfen internationaler Verschwörer herumspukte, bis sie in unserer Zeit schließlich verwirklicht wurde.

Es ist eine merkwürdige Tatsache, dass der Mensch eher für Ideen, wie primitiv sie auch sein mögen, zu leiden bereit ist als für positive Ziele, die seine Lebensweise betreffen; und als zu Beginn des 13. Jahrhunderts in der kleinen Stadt Albi in Südfrankreich die immerwährende Häresie des Gnostizismus ihren Kopf erhob, strömten die Menschen zu ihr, wie sie einst zu den Kreuzzügen „ " ziehen mussten. Doch diesmal waren ihre Grundsätze extremer als die aller christlichen Krieger. Die Materie wurde für böse erklärt; daher wurde der Tod, der das Ende der Materie bedeutete, erstrebenswerter als das Leben. Selbstmord, oft durch Hungern begangen, war ein Privileg und ein Segen; und die Grundfesten der Kirche mit dem Papstthron wurden erschüttert, als Hunderte von Geistlichen und ebenso viele Nonnen sich auf die Seite schlugen, die mehr politische und philosophische Untertöne hatte, als in vielen Geschichten dieser Zeit zum Ausdruck kommt.

Es war ein Kampf auf Leben und Tod, in dem die Kirche unter Papst Innozenz III. mit der Einrichtung der Inquisition heftig reagierte. Ihr Zweck war es, die Albigenser zu untersuchen, die sich als orthodox ausgaben, in die Kirche eingetreten waren und einige ihrer höchsten Ämter besetzt hatten, um die Autorität zu untergraben und in allen Bereichen ein System des Gemeineigentums zu errichten. Die Eroberung des Papsttums war natürlich ihr Hauptziel, obwohl sich die meisten Geschichtsbücher dieser Zeit mehr mit dem Schicksal derjenigen befassen, die vor ihren Verhörern das „Vaterunser" nicht richtig rezitieren konnten.

Die Gewalt und Grausamkeit des Krieges, der daraufhin ausbrach, hat bleibende Spuren in der Geschichte hinterlassen. Die Begriffe „Albigenser" und „Inquisition" werden oft als nützliche Argumente verwendet. Nur wenige erkennen die wahre Bedeutung dieses Kampfes, der den Papstthron zwar sicher und unangreifbar machte, ihn aber unter verschiedenen Deckmänteln und aus allen Teilen Europas zum Ziel von Angriffen werden ließ. Von diesem Zeitpunkt an konzentrierten sich die Angriffe. Sie gewannen an Stärke. Im Jahr 1482 erreichten sie in Straßburg eine neue Intensität, als die Feinde des Papstes ihre Absicht erklärten, Krieg gegen ihn zu führen. Ein Dokument aus dem Jahr 1535, bekannt als die Charta von Köln, zeugt von derselben Feindseligkeit und ebenso großer Gewalt. Echos der Albigenser-Kampagne, die immer noch darauf bestanden, dass die Nichtexistenz besser sei als das, was ihre Anhänger als satanische Ordnung des irdischen Lebens bezeichneten, hallten in einem traditionell orthodoxen und nie dicht besiedelten Land wie Portugal nach, wo die Inquisition so aktiv war, dass unter den Dutzenden von Menschen, die zwischen 1619 und 1627 zum Tode verurteilt wurden, 59 Priester und Nonnen waren.

In den letzten Jahren des 18. Jahrhunderts durchstreifte ein junger Mann die Straßen von Ingolstadt in Bayern, voller Hass in seinem Herzen und mit fester Entschlossenheit im Sinn. Sein Hass richtete sich gegen die Jesuiten, den Orden, der ihn ausgebildet und zum Professor für Kirchenrecht an der örtlichen Universität gemacht hatte, einen Orden, der übrigens seit jeher eine erfolgreiche Brutstätte für fast alle Arten von Heiligen und Mördern war.

Seine Entschlossenheit, die zu dieser Zeit von vielen ernsthaften jungen Männern geteilt wurde, jedoch allzu oft ohne Hingabe, war es, für den Sturz von Kirche und Staat zu arbeiten. Aber seine Entschlossenheit hatte Wurzeln, und Adam Weishaupt (so hieß er) erntete nun die Früchte des Ordens, den er zu verachten gelernt hatte.

Denn der Geist des ersten Jesuiten, Ignatius von Loyola, war sogar auf die Abtrünnigen unter seinen Anhängern übergegangen. Ignatius war, wie es damals in seiner spanischen Heimat nicht ungewöhnlich war, ein Gentleman-Soldat gewesen. Er hatte im Feuer gestanden und den Schock des feindlichen Metalls kennengelernt. Und Adam Weishaupt konnte die Zukunft mit militärischem Verstand betrachten. Er hatte

Durchsetzungskraft und Visionen. Er wusste um den Wert der Überraschung, die auf Geheimhaltung beruht. Und er war zielstrebig. Um ihn herum herrschte Streit und Widerspruch. Er wollte die Menschheit zu einem Ganzen verschmelzen, Traditionen, die sich von Volk zu Volk unterscheiden, beseitigen und Dogmen unterdrücken, die mehr Unwahrheiten hervorbringen als sie zu etablieren versuchen.

Nicht zum ersten Mal und sicherlich auch nicht zum letzten Mal setzte sich ein Mann im Namen der universellen Brüderlichkeit von seinen Mitmenschen ab. Der ideale Staat, den Weishaupt im Sinn hatte, beruhte natürlich auf dem unmöglichen Traum von der Vollkommenheit des Menschen; daher nannten sich seine ersten Anhänger arrogant und selbstgerecht „Perfektionisten".

Doch bald wurde klar, dass moralische Makellosigkeit seinem Ziel weniger dienlich war als geistige Erleuchtung; und am 1. Mai 1776 entstand die Geheimgesellschaft, die die nachfolgende Geschichte tiefgreifend beeinflussen sollte: die Illuminaten. Das Datum und einige seiner Implikationen sind bemerkenswert. Denn am 1. Mai wurde das große keltische Heidenfest Beltane gefeiert, das auf Hügeln stattfand, die, wo immer möglich, pyramidenförmig waren.

Die Illuminaten hatten zu diesem Zeitpunkt bereits gemäß einem Plan, den sie im Vorjahr in München bekannt gegeben hatten, eine äußerst ehrgeizige Vorgehensweise beschlossen. Sie wollten die öffentliche Meinung formen und kontrollieren. Sie wollten die Religionen vereinen, indem sie alle Unterschiede in Glauben und Ritualen, die sie voneinander trennten, auflösten, und sie wollten das Papsttum übernehmen und einen ihrer eigenen Agenten auf den Stuhl Petri setzen.

Ein weiteres Projekt war der Sturz der französischen Monarchie, die seit langem nach dem Papsttum den zweitgrößten Einfluss auf die Aufrechterhaltung der bestehenden europäischen Ordnung hatte. Zu diesem Zweck fand man in Joseph Balsamo, besser bekannt als Cagliostro, einen der weltweit gewandtesten Darsteller auf der Bühne der Illusionen, einen äußerst effizienten Mittelsmann.

Er wurde, wie die meisten, wenn nicht sogar alle anarchistischen Führer, finanziell von einer Gruppe von Bankiers aus dem Hause Rothschild unterstützt. Unter ihrer Leitung wurden die langfristigen und weltweiten Pläne der Illuminaten ausgearbeitet. Cagliostros Ausflüge in den Bereich des Okkulten brachten ihm eine Vielzahl von Beinamen ein. Er war Scharlatan, Astrologe, Besitzer des Geheimnisses der ewigen Jugend und der großen universellen Medizin. Aber seine Behauptung, von einer überirdischen Macht besessen zu sein, war vielleicht nicht ganz falsch. Denn nachdem er die Prüfungen überstanden hatte, die ihn zu einem vollwertigen Illuminaten machten (die Zeremonie fand nachts in einer unterirdischen Gruft in der Nähe von Frankfurt statt), reiste er in einer schwarz lackierten Kutsche, die mit magischen Symbolen verziert war, von Land zu Land und beeindruckte die einflussreichsten Kreise mit seinen Künsten, wobei er stets ein Auge auf den französischen Hof hatte, wo er bald Marie Antoinette als sein wertvollstes und empfänglichstes Mitglied auserkor.

Wie er sich schließlich mit dem Diamantenkragen-Betrug [2] übernahm, ist Teil des Vorbereitungsprozesses, der zum Ausbruch der Französischen Revolution führte. Er starb auf erbärmliche Weise in Rom, hinterließ jedoch einen Ruf, der noch immer Fragen aufwirft und typisch für die beeindruckenden Auswirkungen ist, die der Kontakt mit den Illuminaten mit sich brachte.

Als Teil der Geheimhaltung, die ihre Stärke verschleierte, und vielleicht auch aus einem jugendlichen Wunsch heraus, sich auf klassische Verbindungen zu berufen, nahmen die Führer der Gesellschaft klassische Namen an, meist aus der griechischen oder römischen Mythologie und Geschichte. Adam Weishaupt wurde Spartacus, der Name des thrakischen Sklaven, der einen

---

[2] Eine komplizierte Angelegenheit, in die die vereitelte Leidenschaft eines Kardinals, Identitätsbetrug und gefälschte Briefe verwickelt waren. Gut behandelt von Hilaire Belloc in seinem Buch über *Marie Antoinette*, die durch den Skandal zu Fall gebracht wurde.

Aufstand gegen Rom anführte. Sein Stellvertreter, Baron Knigge, wählte Philo, nach dem neuplatonischen Philosophen. Der ungehobelt klingende Franz Zwackh entschied sich für Cato, den römischen Staatsmann. Der Marquis Costanzo (denn die Illuminaten nahmen sich Titel frei) wurde Diomedes, einer der griechischen Anführer im Trojanischen Krieg; während ein gewisser Francis Mary Arouet, kleinwüchsig, verkrüppelt und verschrumpelt, sich einen Namen ausdachte, der dazu bestimmt war, wie ein Miniatur-Donnerknall durch das Volksbewusstsein zu hallen: — Voltaire.

Es ist für den flüchtigen Leser durchaus üblich, die Namen derjenigen, die die anti-bourbonische Wut, die Paris und den größten Teil Frankreichs erfasste, anführten, zu überfliegen oder sogar zu studieren, ohne zu erkennen, dass ein Großteil davon von den Illuminaten ausging, deren Mitglieder in den kurzlebigen Komitees und Versammlungen, die aus der Revolution hervorgingen, eine prominente Rolle spielten.

Mirabeau und Danton waren zwei ihrer fast gigantischen Figuren. Der kleine, adrette Robespierre sorgte für Beständigkeit, und der verschlagene Fouché für die selbstbewusste Gerissenheit eiskalter Köpfe. Talleyrand humpelte über Hindernisse hinweg, die für aktivere Männer tödlich waren. Camille Desmoulins zeigte einen jugendlichen Glauben an seine Mitstreiter. Die Marschälle Murat, Massena, Bernadotte und Soult folgten der Richtung von Napoleons Zweispitz und trieben seine Feinde von Feld zu Feld. Kellermann, schwer wie sein Name, blieb standhaft in Stiefeln und mit Sporen, im Gegensatz zu Lafayette, der seine königliche Uniform gegen die Tracht eines Republikaners oder Diplomaten tauschen konnte. Alle diese waren Illuminaten. Einige arbeiteten mit offenen Augen, als tatsächliche Komplizen. Andere, wie Desmoulins, waren Enthusiasten oder leichtgläubige Mitläufer.

Ihr Einfluss starb nicht mit ihnen. Er wurde weitergegeben, lange nachdem die Guillotine aus dem allgemeinen Gebrauch verschwunden war, und konnte als die Macht hinter dem Direktorium erkannt werden. Er schwächte sich während des Konsulats ab, kehrte aber verstärkt zurück, als Ludwig XVIII.

nach Waterloo auf den Thron gehoben wurde, und löste die Revolution von 1830 aus, die das Ende der Bourbonen bedeutete, die die Illuminaten schon lange zuvor zum Untergang verurteilt hatten.

5.

Die finsteren Pläne Weishaupts und seiner Gesellschaft waren der bayerischen Regierung 1785 infolge eines Gewitters bekannt geworden.

Ein ehemaliger Priester und Handlanger Weishaupts namens Joseph Lanz war in dem Sturm unterwegs gewesen, um eine Nachricht zu überbringen, als er vom Blitz getroffen und getötet wurde. Seine Leiche wurde in die Kapelle eines Benediktinerklosters gebracht, wo eine Nonne, die ihn für die Beerdigung vorbereitete, in seine Kleidung eingenähte Dokumente fand. Es stellte sich schnell heraus, dass diese Dokumente weit über den Konvent hinaus von Bedeutung waren, und sie wurden den Behörden übergeben, die sich kaum trauten, ihren Augen zu trauen, als sie einen Plan zum Sturz von Kirche und Staat entdeckten. Weishaupt wurde aus Bayern verbannt, kam aber schnell wieder auf die Beine, da er vom Fürsten von Sachsen-Gotha geschützt und mit einer Rente versorgt wurde.

Als Weishaupt 1830 starb, war der Einfluss seiner Gesellschaft auch in anderen Ländern als Frankreich zu spüren, obwohl ihre Aktivitäten manchmal nicht von denen der politisch orientierten italienischen Bewegung der Carbonari (Kohlenbrenner) zu unterscheiden waren. Diese Gesellschaft war von Maghella in Neapel zur Zeit des ehemaligen Marschalls Murat gegründet worden, der von Napoleon zum König von Neapel ernannt worden war. Ihr erklärtes Ziel war es, Ausländer zu vertreiben und eine republikanische Verfassung zu errichten.

Die besondere Stärke solcher Vereinigungen lag seit jeher in ihrer Geheimhaltung, die durch die von ihnen verwendeten Zeichen und Symbole in keiner Weise beeinträchtigt wurde. Manchmal hatten diese eine affektierte okkulte Bedeutung, die beeindrucken sollte, was oft dazu führte, dass sie kindische, absurde oder sogar unangenehme Initiationsriten einführten. Es gab zum Beispiel einen Illuminatenkreis, der Kandidaten dazu überredete, in ein Wasserbad zu steigen —, indem man sie mit einem an ihren Genitalien befestigten Stück Schnur zum Bad zog. Und es war diese perverse sexuelle Besessenheit, die einige von Weishaupts Anhängern dazu veranlasste, sich selbst zu kastrieren.

Einige Riten und Symbole hatten jedoch eine unbestreitbare Bedeutung, die sich aus dem allgemein als schwarze Magie bezeichneten Bereich oder aus der Anrufung einer satanischen Macht ableitete, deren Wirkmacht sich wie ein finsterer Streifen durch die Seiten der Bibel, der Legenden und historisch belegten Schriften zieht.

„Durch Symbole", sagte Thomas Carlyle in *Sartor Resartus*, „wird der Mensch geleitet und beherrscht, glücklich gemacht und unglücklich gemacht. Er findet sich überall von Symbolen umgeben, ob er sie als solche erkennt oder nicht."

Die Illuminaten verwendeten eine Form, die wahrscheinlich schon alt war, als Ägypten seinen Höhepunkt erreichte, nämlich die Pyramide oder das Dreieck, das Eingeweihten seit langem als Zeichen eines mystischen oder solaren Glaubens bekannt ist. An der Spitze dieser Pyramide oder manchmal auch an ihrer Basis befand sich und befindet sich tatsächlich noch immer das Bild eines einzelnen menschlichen Auges, das verschiedentlich als das offene Auge Luzifers, als Morgenstern oder als ewiger Wächter über die Welt und das menschliche Geschehen bezeichnet wurde.

Die Pyramide war eines der Symbole, die in vorchristlichen Kulten die unbekannte und namenlose Gottheit darstellten. Jahrhunderte später wurde sie als Symbol für die Zerstörung der katholischen Kirche wiederbelebt; und als die erste Phase dieser Zerstörung, wie wir sehen werden, von denen herbeigeführt worden war, die einige der höchsten Ämter in der Kirche infiltriert und seitdem besetzt hatten, reproduzierten sie sie als Zeichen ihres Erfolgs.

Sie überragte die Menschenmassen, die sich 1976 zum Eucharistischen Kongress in Philadelphia versammelt hatten. Sie wurde von den Jesuiten übernommen, die das Jahrbuch der Gesellschaft herausgaben, und erschien auf einer Reihe von Vatikan-Briefmarken, die 1978 herausgegeben wurden.

Das Auge, das auf die babylonischen Mondanbeter oder Astrologen zurückgeführt werden kann, kam als Symbol für die ägyptische Dreifaltigkeit von Osiris, der Sonne, Isis, der Mondgöttin, und ihrem Kind Horus zum Einsatz. Isis tauchte auch in Athen, Rom, Sizilien und anderen Zentren der Antike unter verschiedenen Namen auf, darunter Venus, Minerva, Diana, Cybele, Ceres, Proserpine und Bellona. Das Auge der „ " wurde zu einem der mystischen Sonnensymbole von Jupiter, Baal und Apollo.

Die Behauptung der Gesellschaft, dass ihre Mitglieder, wie durch das Auge symbolisiert, unter ständiger Überwachung standen, hatte nichts Leeres oder Kindisches an sich. „Es versteht sich von selbst", so lautete ein Grundsatz der Gesellschaft, „dass jeder, der unsere Geheimnisse freiwillig oder unfreiwillig preisgibt, sein eigenes Todesurteil unterschreibt."

Und diese Worte haben sich immer wieder bewahrheitet. Einer der ersten, der ein Beispiel dafür lieferte, war ein Franzose namens Lescure, dessen Sohn eine kurzzeitige prominente Rolle in der Revolution gespielt hatte. Lescure senior wurde in den Kult des Auges und der Pyramide aufgenommen. Doch bald bereute er dies, weigerte sich, an den Versammlungen teilzunehmen, wurde als mögliche Gefahr für seine ehemaligen Brüder angesehen und starb plötzlich an einer Vergiftung. In seinen letzten klaren Augenblicken gab er „dieser gottlosen Horde der Illuminaten" die Schuld an seinem Tod.

6.

Die Carbonari, deren oberstes Direktorium als *Alta Vendita* bekannt war, wurden bereits erwähnt.[3] wurde zu einer Art Kernzelle für alle Geheimgesellschaften, die sich in Italien verbreiteten. In ihrer Organisation und ihren Absichten ähnelten sie stark den Illuminaten. Ihre Anführer nahmen sich ähnliche skurrile Namen zu (wie Little Tiger, Nubius, Vindex, Minos) und sie zeigten dieselbe unerbittliche Feindseligkeit gegenüber Kirche und Staat.

Dies wurde in einer Reihe von „*Permanenten Anweisungen*" oder „Regeln" klar umrissen, die 1818 in Italien erschienen. Sie wurden von Nubius verfasst und waren an einen Mitverschwörer namens Volpi gerichtet, mit vorgeschlagenen Leitlinien und Nachrichten über das bisher Erreichte.

Nubius, der offenbar ein Mann von Rang in Rom war, beginnt mit einer bescheidenen Einschätzung der nicht unerheblichen Aufgabe, die ihm übertragen worden war. „Wie ich Ihnen bereits gesagt habe, bin ich damit beauftragt worden, die Erziehung der Jugend der Kirche zu demoralisieren." Er war sich jedoch der größten Hürde bewusst, die es zu überwinden galt. Ein großes Problem blieb bestehen. „Das Papsttum hat seit jeher einen entscheidenden Einfluss auf Italien ausgeübt. Mit der Waffe, der Stimme und der Feder seiner unzähligen Bischöfe, Mönche, Nonnen und Gläubigen aller Breitengrade findet der Papst überall Menschen, die zu Opfern und sogar zum Martyrium

---

[3] Wörtlich „der alte Laden" oder „der alte Verkauf". Geheimgesellschaftliche Treffen wurden oft als Auktionen getarnt, um keinen Verdacht zu erregen.

bereit sind, Freunde, die für ihn sterben oder alles für ihn opfern würden.

Es ist ein mächtiger Hebel, dessen volle Kraft nur wenige Päpste verstanden haben und der bisher nur teilweise genutzt wurde....

Unser Endziel ist das von Voltaire und das der Französischen Revolution —, die vollständige Vernichtung des Katholizismus und letztlich des Christentums. Würde das Christentum überleben, selbst auf den Trümmern Roms, würde es wenig später wieder aufleben und weiterbestehen.

„Beachtet nicht diese prahlerischen und eitlen Franzosen, diese dickköpfigen Deutschen und diese hypochondrischen Engländer, die glauben, den Katholizismus mit einem obszönen Lied oder mit verächtlichem Sarkasmus vernichten zu können. Der Katholizismus hat eine Lebenskraft, die solche Angriffe mühelos übersteht. Er hat schon unversöhnlichere und weitaus schrecklichere Feinde gesehen und manchmal mit boshafter Freude die fanatischsten unter ihnen mit Weihwasser getauft.

„Deshalb ist das Papsttum seit siebzehnhundert Jahren mit der Geschichte Italiens verwoben. Italien kann ohne die Erlaubnis des Papstes weder atmen noch sich bewegen. Mit ihm hat es die hundert Arme des Briareus, ohne ihn ist es zu einer beklagenswerten Ohnmacht verdammt. Ein solcher Zustand darf nicht weiterbestehen. Es muss ein Heilmittel gefunden werden.

„Sehr gut. Das Heilmittel ist zur Hand. Der Papst, wer auch immer er sein mag, wird niemals einer Geheimgesellschaft beitreten. Es ist daher die Pflicht der Geheimgesellschaften, den ersten Schritt auf die Kirche und den Papst zuzugehen, mit dem Ziel, beide zu erobern. Die Arbeit, für die wir uns rüsten, ist nicht die Arbeit eines Tages, eines Monats oder eines Jahres. Sie kann viele Jahre dauern, vielleicht sogar ein Jahrhundert. In unseren Reihen sterben Soldaten, aber die Arbeit wird fortgesetzt.

„Wir beabsichtigen derzeit nicht, den Papst für unsere Sache zu gewinnen. Was wir erwarten sollten, so wie die Juden auf einen Messias warten, ist ein Papst nach unseren Wünschen. Wir brauchen einen Papst für uns selbst, wenn ein solcher Papst möglich wäre. Mit einem solchen würden wir sicherer zum Sturm auf die Kirche marschieren als mit all den kleinen Büchern unserer französischen und englischen Brüder. Und warum?

„Weil es sinnlos wäre, mit diesen allein zu versuchen, den Felsen zu spalten, auf den Gott die Kirche gebaut hat. Wir bräuchten weder den Essig Hannibals noch Schießpulver ([4]) noch unsere Waffen, wenn wir nur den kleinen Finger des Nachfolgers Petri in der Verschwörung hätten; dieser kleine Finger würde uns für unseren Kreuzzug mehr nützen als alle Urbans und Heiligen Bernhards für den Kreuzzug des Christentums.

„Wir vertrauen darauf, dass wir dieses höchste Ziel unserer Bemühungen noch erreichen können. Mit den alten Kardinälen und Prälaten mit entschlossenem Charakter lässt sich wenig anfangen. In unseren Zeitschriften, ob populär oder unpopulär, müssen wir Mittel finden, um die Macht, die sie in ihren Händen halten, zu nutzen oder lächerlich zu machen. Ein gut erfundener Bericht muss mit Taktgefühl unter guten christlichen Familien verbreitet werden.

Dieser Kardinal ist zum Beispiel ein Geizhals, jener Prälat ist zügellos. Solche Dinge verbreiten sich schnell in den Cafés, von dort auf die Plätze, und manchmal reicht schon ein einziger Bericht, um einen Mann zu ruinieren.

„Wenn ein Prälat aus Rom in eine Provinz kommt, um eine öffentliche Funktion auszuüben, muss man sich sofort mit seinem Charakter, seiner Vergangenheit, seinem Temperament, seinen Fehlern —, insbesondere seinen Fehlern, vertraut machen. Man muss ihm einen Charakter zuschreiben, der junge Leute und Frauen erschrecken muss; man muss ihn als grausam, herzlos oder blutrünstig beschreiben; man muss einige grausame Taten erzählen, die unter dem Volk für Aufsehen sorgen werden. Die ausländischen Zeitungen werden diese Tatsachen erfahren und

---

[4] Althistoriker waren der Ansicht, dass die Alpenpässe zu eng waren, um Hannibals Armee mit ihren Elefanten passieren zu lassen, und dass er heißen Essig verwendet haben musste, um den Felsen zu spalten.

kopieren, die sie dann entsprechend ihrem üblichen Stil ausschmücken werden ..."

7.

Abgesehen von den früheren Hinweisen war der Hauptzweck der Verschwörung, die Kontrolle über das Papsttum zu erlangen, in Florenz von einem Gegner der Geheimgesellschaften namens Simonini aufgedeckt worden, der die Nachricht von ihrer Absicht an Pius VII. weitergab.

Die Kirche konnte jedoch zur Verteidigung kaum mehr tun, als Warnungen auszusprechen, während die Carbonari, gestärkt durch die positiven Erklärungen der *Alta Vendita*, ihre Angriffe verstärkten.

Einige Jahre nach der Veröffentlichung dieses Dokuments wandte sich Little Tiger mit folgenden Worten an die piemontesische Gruppe der Gesellschaft: „Der Katholizismus muss in der ganzen Welt vernichtet werden. Durchstreift die katholische Herde und schnappt euch das erste Lamm, das sich in der gewünschten Verfassung präsentiert. Geht sogar bis in die Tiefen der Klöster. In wenigen Jahren wird der junge Klerus durch die Macht der Ereignisse alle Ämter übernommen haben. Er wird regieren, verwalten und richten.

Sie werden aufgefordert werden, den Papst zu wählen, der regieren wird; und der Papst wird, wie der größte Teil seiner Zeitgenossen, notwendigerweise von den Grundsätzen durchdrungen sein, die wir in Umlauf bringen wollen.

„Es ist ein kleines Senfkorn, das wir in die Erde legen, aber die Sonne der Gerechtigkeit wird es zu einer großen Macht heranwachsen lassen, und ihr werdet eines Tages sehen, welche reiche Ernte dieser kleine Same hervorbringen wird."

Die Politik der Unterwanderung war bereits in Kraft getreten, und Little Tiger behauptete bald, dass eine neue Generation von Priestern, talentierte junge Männer, die wahrscheinlich in der

Hierarchie aufsteigen würden, ausgebildet worden seien, um die Kirche zu übernehmen und zu zerstören. Und das war keine leere Prahlerei, denn 1824 sagte er zu Nubius: „, es gibt bestimmte Mitglieder des Klerus, insbesondere in Rom, die den Köder mit Haut und Haaren geschluckt haben."

Die Beharrlichkeit, die Gründlichkeit und die Zielstrebigkeit der Gesellschaften, die damals wie heute außerhalb ihrer Reihen nicht zu finden waren, standen nie in Zweifel. „Lasst die Geistlichen unter eurem Banner marschieren in dem Glauben, dass sie unter dem Banner der Apostolischen Schlüssel marschieren. Fürchtet euch nicht, in die religiösen Gemeinschaften einzuschleusen, mitten in ihre Herde.

Lasst unsere Agenten das Personal dieser Bruderschaften sorgfältig studieren, stellt sie unter die Obhut eines tugendhaften Priesters, der zwar bekannt, aber leichtgläubig und leicht zu täuschen ist. Dann schleicht das Gift in diese auserwählten Herzen ein, schleicht es in kleinen Dosen ein, als wäre es Zufall."

Bald darauf folgte eine zuversichtliche Einschätzung der Fortschritte, die die Gesellschaften bereits erzielt hatten. „In Italien zählen sie mehr als achthundert Priester zu ihren Mitgliedern, darunter viele Professoren und Prälaten sowie einige Bischöfe und Kardinäle!" Es wurde behauptet, dass auch viele spanische Geistliche beteiligt seien.

Aber, wie Nubius immer wieder betonte, alle Zwischengewinne würden hohl sein, bis ein Papst, der Teil ihres endgültigen Plans war, den Stuhl Petri einnahm. „Wenn das erreicht ist", schrieb er 1843, „wirst du eine Revolution etabliert haben, angeführt von der Tiara und dem Pluvial (zeremonieller Umhang); eine Revolution, die mit wenig Gewalt herbeigeführt wurde, aber in allen vier Ecken der Welt ein Feuer entfachen wird."

Es lag ein Gefühl der Veränderung in der Luft, eine Veränderung, die über die Grenzen der Kirche hinausreichen und viele Facetten des Daseins verändern würde. Little Tiger fasste es 1846 hoffnungsvoll gegenüber Nubius zusammen: „Alle spüren, dass die alte Welt zerbricht." Und er muss den Finger am Puls der Zeit gehabt haben, denn zwei Jahre später finanzierte eine hoch ausgewählte Gruppe geheimer Eingeweihter, die sich „Liga der Zwölf Gerechten der Illuminaten" nannte, Karl Marx, um das Kommunistische Manifest zu schreiben, und innerhalb weniger Monate erschütterte die Revolution Europa.

Aber Nubius lebte nicht lange genug, um die Vorteile zu genießen, die sich daraus ergeben hätten. Denn aufgrund von Gerüchten, ob wahr oder falsch, dass er seine Zunge zu frei schwingen ließ, richtete sich das allsehende Auge auf ihn, und Nubius erlag einer Dosis Gift.

Wir aus dieser Generation haben die politischen und religiösen Nachwirkungen eines Kampfes erlebt und sind ihnen noch immer ausgesetzt, dessen Ursachen vor denen verborgen blieben, die seine Anfänge miterlebten, genauso wie sie vor uns verborgen bleiben, die wir blind durch seine zweite Phase tappen. Denn seine Urheber und ihre Machenschaften sind durch Geheimhaltung verschleiert, eine Geheimhaltung, die so lückenlos und tiefgreifend ist, dass sie ihresgleichen sucht.

Als der französische Autor Cretineau-Joly den Papst Pius IX. (1846-78) auf die finstere Bedeutung der *Alta Vendita* aufmerksam machte, der seinen Namen als Garantie für ihre Autorität zur Verfügung stellte, wurde dieses Ereignis, das eigentlich mit Fanfaren hätte angekündigt werden müssen, vom belanglosen Geschwätz und der Heuchelei des Parlaments übertönt. Und als Adolphe Cremieux, Justizminister, wie in *Les Archives*, Paris, im November 1861 berichtet, den Grundsatz verkündete, dass „Nationalitäten verschwinden und Religion unterdrückt werden müssen", sahen die Kreise, die solche Aussagen formulierten, dafür Sorge, dass sie nicht als Vorhersagen einer Situation verbreitet wurden, die in weniger als einem Jahrhundert lautstark nach breiter Akzeptanz verlangen würde.

Auch hier hätte ein Leser *der Times* im viktorianischen England, vielleicht mit einer insularen Abneigung gegen alles Lateinische, die Unruhen bemerkt, die von Zeit zu Zeit in Spanien, Portugal, Neapel und den Kirchenstaaten aufflammten. Auf der Suche nach einer Erklärung hätte sich vielleicht das Wort „Dagos" angeboten. Eines ist jedoch sicher: Er hätte niemals gedacht, dass der Drahtzieher dieser Unruhen kein Geringerer war als Lord Palmerston, der von 1830 bis 1851 Außenminister der Königin, 1855 Premierminister und von 1859 bis zu seinem Tod 1865 erneut Premierminister war.

Denn hinter diesen parlamentarischen Titeln war er seinen Mitverschwörern als Großpatriarch der Illuminaten bekannt und damit als Lenker des gesamten finsteren Komplexes geheimer Gesellschaften. Werfen wir einen Blick auf einige ihrer politischen Pläne —, die Vereinigung Italiens unter dem Haus Savoyen, die Annexion des Kirchenstaates, die Wiederherstellung eines polnischen Staates, die Entmachtung Österreichs und der daraus resultierende Aufstieg des Deutschen Reiches.

Jedes dieser Ziele, unabhängig von der Zeit, stand auf der Agenda der Illuminaten. Jedes wurde erreicht; und Benjamin Disraeli, der die ganze Geschichte der Verschwörungen und Gegenverschwörungen kannte, hatte zweifellos die Machenschaften Palmerstons im Sinn, als er 1876 sagte: „Die Regierungen dieses Landes haben es nicht nur mit Regierungen, Königen und Ministern zu tun, sondern auch mit Geheimgesellschaften, mit Elementen, die berücksichtigt werden müssen, die im letzten Moment alle Pläne zunichte machen können, die überall Agenten haben, die zu Attentaten anstiften und, wenn nötig, ein Massaker anführen können."

Die Anführer der italienischen Revolution, Mazzini, Garibaldi und Cavour, waren Diener des Auges, während Monarchen jener Zeit wie Viktor Emanuel II. und Napoleon III. ebenfalls in seinen Einflussbereich fielen.

Im Laufe des restlichen Jahrhunderts gewann der Angriff auf die Orthodoxie an Gewicht. 1881 konnte der französische Premierminister Léon Gambetta offen erklären: „Der Klerikalismus ist der Feind." Ein populärerer Redner brüllte: „Ich spucke auf die verwesende Leiche des Papsttums." Und dasselbe Jahr lieferte reichlich Beweise für die Feindseligkeit, die in den unerwartetsten Teilen des Kontinents auszubrechen drohte. Als nämlich der Leichnam von Pius IX. von der Vatikanbasilika in die Kirche St. Laurentius vor den Mauern (—

) überführt wurde, wurde der Trauerzug von einem mit Knüppeln bewaffneten Mob angegriffen. Unter obszönen Rufen kam es zu einer Straßenschlacht, bevor der Leichnam des verstorbenen Papstes davor bewahrt werden konnte, in den Tiber geworfen zu werden. Die Behörden stellten sich auf die Seite der Randalierer und griffen nicht ein.

Auf diese Weise und auf vielen verschlungen Wegen wurden die Kämpfe der frühen Christenzeit und des Mittelalters fortgesetzt. Nun aber verlagerten die Feinde der Kirche ihre Angriffe von offenen Kriegen auf eine friedliche Unterwanderung, die dem Zeitgeist besser entsprach.

„Was wir unternommen haben", verkündete der Marquis de la Franquerie Mitte des letzten Jahrhunderts, „ist die Verderbnis des Volkes durch den Klerus und die des Klerus durch uns, eine Verderbnis, die uns den Weg ebnet, das Grab der Kirche zu schaufeln."

Eine noch selbstbewusstere Vorhersage, die einen neuen Ton anschlug, wurde etwa sechzig Jahre später gemacht: „Satan muss im Vatikan regieren. Der Papst wird sein Sklave sein." Eine Bestätigung dafür, und zwar mit fast denselben Worten, sollte 1917 in einer Offenbarung gegeben werden, die drei analphabetische Kinder im Alter von zehn, acht und sieben Jahren in der kleinen Stadt Fatima in Portugal erhielten. Sie hatte die Form einer Warnung, die zu dieser Zeit offen lächerlich erschien: „Satan wird sogar an den höchsten Stellen herrschen. Er wird sogar die höchste Position in der Kirche einnehmen."

Ein Hinweis auf die prophetischen oder sorgfältig geplanten Vorhaben der Geheimgesellschaften findet sich in einem Brief an Mazzini vom 15. April 1871, der in der Bibliothek des British Museum katalogisiert ist. Zu dieser Zeit wurden Kriege noch in vergleichsweise kleinem und begrenztem Umfang geführt, aber dieser Brief, der mehr als vierzig Jahre vor Ausbruch des ersten Weltkriegs geschrieben wurde, kann als Vorhersage des Zweiten Weltkriegs interpretiert werden, zusammen mit weiteren möglichen Hinweisen auf eine dritte und noch größere Katastrophe, die noch bevorsteht. Hier ist er zitiert:

„Wir werden die Nihilisten und Atheisten entfesseln und eine gewaltige soziale Katastrophe provozieren, die in all ihrem Schrecken den Nationen deutlich die Auswirkungen des absoluten Atheismus, der ursprünglichen Wildheit und der blutigsten Unruhen vor Augen führen wird.

Dann werden überall die Bürger, die sich gegen die Mehrheit der Weltrevolutionäre verteidigen müssen, die Zerstörer der Zivilisationen auslöschen; und die vom Christentum enttäuschte Menge, deren deistischer Geist von diesem Zeitpunkt an ohne Orientierung sein wird, nach einem Ideal suchend, aber ohne zu wissen, wem sie ihre Verehrung entgegenbringen soll, wird das wahre Licht durch die universelle Manifestation der reinen Lehre Luzifers empfangen, die endlich der Öffentlichkeit zugänglich gemacht wird, eine Manifestation, die aus der allgemeinen revolutionären Bewegung hervorgehen wird, die auf die Zerstörung des Christentums und des Atheismus folgen wird, die beide gleichzeitig besiegt und ausgerottet werden."

Im obigen Text wird ein Begriff verwendet, der im Laufe dieser Seiten einer Erläuterung bedarf. Es muss verstanden werden, dass die Feinde der Kirche nicht im allgemein üblichen Sinne Atheisten waren. Sie lehnten die Religion ab, wie sie durch den christlichen Gott repräsentiert wurde, den sie Adonay nennen, ein Wesen, das ihrer Meinung nach die Menschheit zu einem immerwährenden Kreislauf von Leid und Finsternis verdammt hat.

Aber ihre Intelligenz verlangt nach der Anerkennung eines Gottes, und sie fanden einen in Luzifer, dem Sohn der Morgenröte und Lichtträger, dem hellsten der Erzengel, der die himmlische Revolution anführte, um sich selbst Gott gleichzustellen.

Das hochentwickelte luziferische Glaubensbekenntnis wurde bis zum Ende des Krieges 1939 von einem Zentrum in der Schweiz aus in die ganze Welt getragen. Seitdem befindet sich sein Hauptquartier im Harold Pratt Building in New York.

Aber obwohl solche Orte genannt werden können, wurde der Schleier der Geheimhaltung, der den inneren Kreis der

Weltregierung umgibt, nie gelüftet. Nichts anderes auf der Welt ist so verborgen geblieben, so intakt; und die Existenz eines solchen inneren Kreises wurde von niemand Geringerem als Mazzini anerkannt, der, obwohl er einer der Hauptverschwörer war, in einem kurz vor seinem Tod an einen Dr. Breidenstine geschriebenen Brief zugeben musste: „Wir bilden eine Vereinigung von Brüdern in allen Teilen der Welt. Doch es gibt einen Unsichtbaren, der kaum zu spüren ist, aber dennoch auf uns lastet. Woher kommt er? Wo ist er? Niemand weiß es, oder zumindest spricht niemand darüber. Diese Vereinigung ist selbst für uns, die Veteranen der Geheimgesellschaften, geheim."

Die Zeitschrift „The Voice", das Magazin der universellen Bruderschaft, das 1973 erstmals in England erschien und später nach Somerset West in der Kapprovinz Südafrika verlegt wurde, schreibt dazu: „Die Ältesten Brüder der Menschheit bewegen sich gewöhnlich unbemerkt durch die Welt. Sie suchen keine Anerkennung, sondern ziehen es vor, hinter den Kulissen zu dienen."

In seinem oft zitierten Buch „1984" bezieht sich George Orwell auf diese innere Partei oder universelle Bruderschaft und darauf, dass sie nicht nur geheim ist, sondern auch dadurch, dass sie keine Organisation im üblichen Sinne ist, unangreifbar ist. Sir Winston Churchill schreibt in seiner Studie „ *Great Contemporaries*" (Die großen Persönlichkeiten der Welt: Eine Studie über die Geschichte der Menschheit): „Sobald die Macht in den Händen der Bruderschaft liegt, müssen alle Opposition und alle gegenteiligen Meinungen mit dem Tod bestraft werden."

Und selbst auf diesen Seiten sind genug seltsame Todesfälle verzeichnet, um darüber nachzudenken.

8.

Die Einführung Satans als neues Element in den Kampf stieß im heterodoxen England auf weniger Resonanz als auf dem Kontinent. Denn dort wurden der Glaube an die positive Kraft des Bösen und Fälle von teuflischer Besessenheit nicht immer als Hirngespinste abgetan. Was sich im Ursulinenkloster in Louviers in der Normandie und in einem anderen (ebenfalls Ursulinen-)Kloster in Aix-en-Provence in der Region Marseille, beide im 17. Jahrhundert, ereignet hatte, ließ noch immer nervöse Blicke über die Schulter werfen.

In Louviers hatten junge Nonnen und Novizinnen an schwarzen Messen teilgenommen, bei denen die Hostie über den Geschlechtsteilen einer auf dem Altar ausgestreckten Frau geweiht wurde. Teile der Hostie wurden dann in diese Körperteile eingeführt. Einer der Franziskanermönche, die dem Kloster dienten, handelte mit Liebeszaubern, die aus der in Menstruationsblut und dem Blut ermordeter Babys getauchten Hostie hergestellt wurden.

Im anderen Kloster hatte sich ein junges Mädchen auf dem Boden gewunden, ihren ganzen Körper entblößt und Obszönitäten über Sodomie und Kannibalismus geschrien. Andere Mitglieder der Gemeinschaft behaupteten, ihr Geist und ihr Körper würden von Beelzebub gequält, dem Dämon, der von den Philistern verehrt wurde, dem sogenannten Herrn der Fliegen, weil er blutüberströmt erschien und damit Schwärme von fliegenden Insekten anlockte. In beiden Fällen wurde der böse Einfluss auf satanisch inspirierte Priester zurückgeführt, die auf dem Scheiterhaufen verbrannt wurden. Teil der Beweise bei der Verhandlung eines Priesters war ein mit seinem Blut unterzeichneter Pakt mit Satan.

Später im selben Jahrhundert feierte Abbé Guibourg dieselbe Art von religiösem Scheinritual, manchmal mit Hilfe von Madame de Montespan, einer der verblassenden Mätressen Ludwigs XIV., die in der Hoffnung teilnahm, die Leidenschaft des Königs für sie wieder zu entfachen. Auch hier vermischte sich das Blut eines ermordeten Kindes und das einer Fledermaus mit dem Sperma des zelebrierenden Priesters, um den sakramentalen We r zu machen.

Es war üblich, dass der Scheinpriester bei solchen Anlässen eine Kardinalsrobe trug. Auf dem Altar standen schwarze Kerzen.

Das Kreuz war deutlich zu sehen, aber umgekehrt, und es gab Bilder, die ein Kruzifix zeigten, das von einer Ziege mit Füßen getreten wurde. Ein Stern, ein schwarzer Mond und eine Schlange waren in erotischen Gemälden an den Wänden zu sehen, und der einzige Name, der mit Ehrfurcht ausgesprochen wurde, war der Luzifers. Die Eingeweihten empfingen häufig die Kommunion in einer ordnungsgemäß eingerichteten Kirche, aber nur, um die Hostie im Mund mitzunehmen und sie dann an Tiere und Mäuse zu verfüttern.

Ein typisches Zentrum der schwarzen Magie, ein Tempel Satans, wurde 1895 in Rom errichtet. Eine Gruppe interessierter Menschen, die neugierig waren, seine Bedeutung zu ergründen, schaffte es irgendwie, ein wenig über die Schwelle zu treten, und was sie sahen, wurde von einem von ihnen, Domenico Margiotta, beschrieben:[5] „Die Seitenwände waren mit prächtigen roten und schwarzen Damastvorhängen behängt.[6] Am anderen Ende befand sich ein großer Wandteppich, auf dem die Gestalt Satans zu sehen war, zu dessen Füßen ein Altar stand.

Hier und da waren Dreiecke, Quadrate und andere symbolische Zeichen angeordnet. Rundherum standen vergoldete Stühle. Jeder dieser Stühle hatte in der Leiste, die seine Rückenlehne

---

[5] *La Croix du Dauphiné*, 1895.

[6] Farben, die in diesem Buch häufig erwähnt werden, insbesondere bei der Amtseinführung von Papst Johannes XXIII.

umgab, ein Glasauge, dessen Inneres elektrisch beleuchtet war, während in der Mitte des Tempels ein seltsamer Thron stand, der Thron des Großen Satanischen Pontifex." Etwas in der stillen Atmosphäre des Raumes erschreckte sie, und sie verließen ihn schneller, als sie hereingekommen waren.

Mit dem Wiederaufleben der Illuminaten, sogar bis nach Russland, gab es Anzeichen dafür, dass ihr Einfluss bis in die höchsten Ebenen der Kirche vorgedrungen war. Dies geschah in der Person von Kardinal Mariano Rampolla (1843-1913), einer dieser bedeutenden, doch schattenhaften und weitgehend unbekannten Persönlichkeiten, wie man sie nur in den heimlich finsteren Seiten der Vatikan-Geschichte findet.

Der gebürtige Sizilianer mit liberaler Gesinnung trat während des Pontifikats von Leo XIII. in den Dienst des Papstes und war Staatssekretär, bevor er Staatssekretär wurde.

Ein Engländer, der behauptete, ihn gekannt und ihn mit dem Okkultismus bekannt gemacht zu haben, war Aleister Crowley, der 1875 in der damals verfallenen Stadt Leamington geboren worden war und über Cambridge zu einer der umstrittensten Figuren in der Welt des Mysteriösen geworden war. Intelligente Menschen schütteln noch immer den Kopf, wenn sie versuchen, Fragen zu beantworten, ob er ein Meister der schwarzen Künste, ein Dilettant oder nur ein Hochstapler war. Somerset Maugham, der ihn gut kannte, vertrat die Meinung, dass Crowley ein Betrüger war, „aber nicht ganz".

Wie seine Schriften zeigen, war er zweifellos ein Meister der Korruption. Denn was man wohlwollend als seine spirituellen Bestrebungen bezeichnen könnte, wurde durch eine unverhohlene Sinnlichkeit gemildert. Durch das Fleisch sprang sein Wesen hervor, um das Geheimnisvolle zu umarmen. Die Bilder, die ihm durch den Kopf gingen, kamen deformiert und oft mit sexuellen Anspielungen zum Vorschein; und wie andere seiner Art, die an der Grenze zum Unbekannten wandeln, fand er Trost darin, sich hinter einer Vielzahl fantastischer Namen zu verstecken, wie Therion, Graf Vladimir Svaroff, Prinz Chiva Khan, Laird of Boleskin, ein Titel, dem er gerecht zu werden versuchte, indem er einen Kilt trug. Für seine Mutter war er das große Tier (aus der Apokalypse). Crowley reagierte darauf, indem er sie als hirnlose Fanatikerin bezeichnete.

Er feilte seine beiden Eckzähne zu Reißzähnen, mit denen er jeder Frau, die das Pech hatte, ihm zu begegnen, einen Vampirbiss in den Hals oder das Handgelenk verpassen konnte. Er heiratete Rose Kelly, eine Schwester des Malers Sir Gerald, der später Präsident der Royal Academy wurde.

Sie war ein schwaches, unterdurchschnittliches Wesen, das offenbar über seine nette kleine Angewohnheit hinwegsehen konnte, seine Geliebte kopfüber an den Fersen in einen Kleiderschrank zu hängen, genauso wie sie mit den Namen einverstanden war, die er ihren Töchtern gab: I Nuit Ahotoor Hecate Sappho Jezebel Lilith.

Unabhängig davon, ob es eine konkrete Verbindung zwischen Rampolla und Crowley gab oder nicht, bildete der stetige Aufstieg des Kardinals in der Hierarchie einen deutlichen Kontrast zu Crowleys vergeblicher Beschäftigung mit den Gesellschaften des Golden Dawn und den Orientalischen Templern, denen Organisationen wie die Ritter des Heiligen Geistes, die Okkulte Kirche des Heiligen Grals, die Hermetische Bruderschaft des Lichts, dem Orden von Enoch, dem Ritus von Memphis und dem Ritus von Mizraim.

Als Leo XIII. 1903 starb und ein Konklave einberufen wurde, um seinen Nachfolger zu wählen, galt Rampolla als aussichtsreicher Kandidat. Sein engster Rivale war der Patriarch von Venedig, Kardinal Sarto, eine nach weltlichem Ermessen weniger beeindruckende Persönlichkeit, der jedoch eine Aura der Güte oder sogar natürlicher Heiligkeit umgab, die Rampolla fehlte.

Bei der ersten Wahl erhielt er 25 Stimmen, während Sarto nur fünf Stimmen auf sich vereinen konnte. Im weiteren Verlauf der Wahl verbesserte Sarto stetig seine Position, doch Rampolla lag weiterhin in Führung. Damit schien das Muster der Wahl festzustehen, und als wolle man das offensichtliche Ergebnis noch beschleunigen, unternahm der französische Außenminister den ungewöhnlichen Schritt, seine Landsleute unter den Kardinälen aufzufordern, Rampolla zu unterstützen.

Wurden hinter den Kulissen Fäden gezogen? Mit ziemlicher Sicherheit war dies der Fall. Aber wenn dem so war, dann traten die Gegner des Sizilianers, die möglicherweise wussten, dass er ein mutmaßlicher Illuminatus war, in letzter Minute mit einem Einwand hervor, der seine Ansprüche zunichte machte. Die Kaiser von Österreich, die immer noch als Erben des nicht mehr existierenden Heiligen Römischen Reiches anerkannt waren, hatten das erbliche Recht, ein Veto gegen Kandidaten für den Papstthron einzulegen, die sie für inakzeptabel hielten.

Dieses Veto wurde nun vom Kardinal von Krakau (einer Stadt, die damals zu Österreich gehörte) im Namen des Kaisers Franz Josef von Österreich ausgesprochen. Einige sagten, es sei das Veto des Heiligen Geistes gewesen. Rampollas Hoffnungen zerschlugen sich, und die Meinung der Konklave, schwang zugunsten seines nächsten Konkurrenten Sarto um, der Papst Pius X. wurde.

Es wurde jedoch allgemein nicht angenommen, dass das Veto des „sehr katholischen" Kaisers von Österreich allein dafür verantwortlich war, Rampolla den Weg versperrt zu haben, obwohl dieser nach dem Konklave nie wieder eine einflussreiche Rolle in Rom spielte.

Nach seinem Tod gingen Rampollas Papiere in den Besitz von Pius X. Nachdem er sie gelesen hatte, legte er sie mit dem Kommentar beiseite: „Der unglückliche Mann! Verbrennt sie." Die Papiere wurden in Anwesenheit des Papstes verbrannt, aber genug davon blieben erhalten, um Material für einen Artikel zu liefern, der 1929 in *La Libre Parole* in Toulouse erschien.

Einige der Papiere stammten aus einer Geheimgesellschaft, dem Orden des Tempels des Orients, und sie lieferten den Beweis, dass Rampolla für den Sturz von Kirche und Staat gearbeitet hatte. Ein gleichzeitig entdecktes Notizbuch wirft ein überraschendes Seitenlicht auf die mögliche Verbindung zu Aleister Crowley; denn mehrere der dem Tempel des Orients angeschlossenen Gesellschaften waren bereits genannte, wie die Okkulte Kirche des Heiligen Grals und der Ritus von Mizraim, in denen Crowley mehr oder weniger großen Einfluss ausübte.

So mag es sein, dass in den letzten Tagen des Weltfriedens die Geheimgesellschaften durch Rampolla ihrem jahrhundertealten Ziel — sehr nahe kamen, indem sie einen eigenen Papst für sich beanspruchten.

9.

Das wachsende Chaos und die Ersetzung traditioneller Werte durch die einer neuen Ordnung, die greifbare Auswirkungen des Krieges von 1914 waren, wurden von denen, die die Kirche nie aufgehört hatten, als ihren einzigen großen Feind zu betrachten, als günstige Gelegenheit genutzt. Denn Anfang 1936 fand in Paris eine Versammlung geheimer Gesellschaften statt, an der zwar nur „Eingeweihte" teilnehmen durften, zu der jedoch englische und französische Beobachter Zugang fanden. Ihre Berichte über das Treffen erschienen in der *Catholic Gazette* vom Februar 1936 und wenige Wochen später in *Le Réveil du Peuple,* einer Pariser Wochenzeitung.

Niemandem konnte entgehen, wie sehr die dort behandelten Themen und Ansichten denen entsprachen, die Nubius und die *Alta Vendita* mehr als ein Jahrhundert zuvor vertreten hatten. Es folgt eine leicht gekürzte Übersetzung der englischen Fassung:

„Solange es noch eine moralische Vorstellung von der sozialen Ordnung gibt und solange nicht aller Glaube, Patriotismus und Würde ausgerottet sind, wird unsere Herrschaft über die Welt nicht kommen. Wir haben bereits einen Teil unserer Arbeit erfüllt, doch können wir nicht behaupten, dass unsere Arbeit vollständig ist. Wir haben noch einen langen Weg vor uns, bevor wir unseren Hauptgegner, die katholische Kirche, stürzen können.

Wir müssen uns immer vor Augen halten, dass die katholische Kirche die einzige Institution ist, die uns im Weg steht und uns, solange sie besteht, im Weg stehen wird. Die katholische Kirche wird mit ihrer methodischen Arbeit und ihren erbaulichen moralischen Lehren ihre Kinder immer in einem solchen Geisteszustand halten, dass sie zu viel Selbstachtung haben, um sich unserer Herrschaft zu unterwerfen. Deshalb haben wir uns bemüht, den besten Weg zu finden, um die katholische Kirche in ihren Grundfesten zu erschüttern. Wir haben den Geist der Revolte und des falschen Liberalismus unter den Völkern verbreitet, um sie von ihrem Glauben abzubringen und sie sogar dazu zu bringen, sich dafür zu schämen, die Gebote ihrer Religion zu bekennen und den Geboten ihrer Kirche zu gehorchen.

„Wir haben viele von ihnen dazu gebracht, sich damit zu brüsten, Atheisten zu sein, und mehr noch, sich damit zu rühmen, Nachkommen des Affen zu sein!

Wir haben ihnen neue Theorien gegeben, die unmöglich zu verwirklichen sind, wie Kommunismus, Anarchismus und Sozialismus, die jetzt unseren Zwecken dienen. Sie haben sie mit größter Begeisterung angenommen, ohne zu erkennen, dass diese Theorien von uns stammen und dass sie das mächtigste Instrument gegen sie selbst darstellen.

Wir haben die katholische Kirche mit den schändlichsten Verleumdungen besudelt, wir haben ihre Geschichte befleckt und sogar ihre edelsten Taten entehrt. Wir haben ihr die Verfehlungen ihrer Feinde angelastet und diese dazu gebracht, sich enger an unsere Seite zu stellen. So sehr, dass wir nun zu unserer größten Genugtuung in mehreren Ländern Aufstände gegen die Kirche erleben. Wir haben ihren Klerus zu Objekten des Hasses und des Spottes gemacht, wir haben ihn dem Hass der Menge ausgesetzt. Wir haben bewirkt, dass die Ausübung der katholischen Religion als überholt und als reine Zeitverschwendung angesehen wird. Wir haben viele geheime Vereinigungen gegründet, die unter unserem Befehl und unserer Anleitung für unser Ziel arbeiten.

„Bisher haben wir unsere Strategie bei unseren Angriffen auf die Kirche von außen betrachtet. Aber das ist noch nicht alles. Lassen Sie uns erklären, wie wir in unserer Arbeit zur Beschleunigung des Untergangs der katholischen Kirche noch weiter gegangen sind und wie wir in ihre intimsten Kreise eingedrungen sind und sogar einige ihrer Geistlichen zu Vorreitern unserer Sache gemacht haben:

„Abgesehen vom Einfluss unserer Philosophie haben wir weitere Schritte unternommen, um einen Bruch in der katholischen Kirche herbeizuführen. Ich werde Ihnen erklären, wie wir dabei vorgegangen sind. Wir haben einige unserer Kinder dazu gebracht, sich der katholischen Kirche anzuschließen, mit der ausdrücklichen Absicht, dass sie auf noch effizientere Weise für den Zerfall der katholischen Kirche arbeiten, indem sie Skandale innerhalb der Kirche provozieren.

„Wir sind den Protestanten dankbar für ihre Treue zu unseren Wünschen, obwohl die meisten von ihnen in der Aufrichtigkeit ihres Glaubens sich ihrer Treue zu uns nicht bewusst sind . Wir sind ihnen dankbar für die wunderbare Hilfe, die sie uns in unserem Kampf gegen die Hochburg der christlichen Zivilisation und bei unseren Vorbereitungen für die Errichtung unserer Vorherrschaft über die ganze Welt leisten.

Bislang ist es uns gelungen, die meisten Throne Europas zu stürzen. Der Rest wird in naher Zukunft folgen.

Russland hat unsere Herrschaft bereits angebetet. Frankreich steht unter unserer Knute. England ist aufgrund seiner Abhängigkeit von unseren Finanzen unter unserer Fuchtel, und sein Protestantismus ist unsere beste Hoffnung für die Zerstörung der katholischen Kirche. Spanien und Mexiko sind nur Spielzeuge in unseren Händen. Und viele andere Länder, darunter auch die Vereinigten Staaten von Amerika, sind bereits unseren Intrigen zum Opfer gefallen.

„Aber die katholische Kirche lebt noch. Wir müssen sie ohne die geringste Verzögerung und ohne die geringste Gnade vernichten.

Der größte Teil der Weltpresse steht unter unserer Kontrolle. Lasst uns unsere Aktivitäten verstärken. Lasst uns den Geist der Revolution in den Köpfen der Menschen verbreiten.

Sie müssen dazu gebracht werden, den Patriotismus und die Liebe zu ihrer Familie zu verachten, ihren Glauben als Humbug und ihren Gehorsam gegenüber der Kirche als erniedrigende Unterwürfigkeit zu betrachten, damit sie taub werden für den Ruf der Kirche und blind für ihre Warnungen vor uns. Lasst uns vor allem verhindern, dass Christen außerhalb der katholischen

Kirche wieder mit ihr vereint werden oder Nichtchristen der Kirche beitreten; sonst wird unsere Herrschaft über sie niemals verwirklicht werden."

Zweiter Teil

Unsere moralische und politische Welt ist mit Gängen, Kellern und Abwasserkanälen unterwandert.

Goethe.

Das Pontifikat von Pius XII. (1939-58) fand die Kirche in einer blühenden Verfassung vor. Sie übte ihren legitimen Einfluss auf die westliche Welt aus. Immer mehr Menschen gelangten zu einer umfassenderen Erkenntnis oder zumindest zu einem Schimmer des katholischen Ideals. In England sollen jährlich durchschnittlich zehntausend Menschen und in den Vereinigten Staaten allein in einem Jahr etwa siebzigtausend Menschen „nach Rom übergetreten" sein; unter diesen Konvertiten befanden sich nicht wenige, die in verschiedenen Bereichen des öffentlichen Lebens als prominent gelten konnten.

Ganze Häuser anglikanischer Geistlicher, die den Praktiken der Hochkirche zugeneigt waren, folgten manchmal diesem Beispiel. Die Rekordzahl der Priester- und Nonnenanwärter versprach Gutes für die Zukunft der Kirche. Die Welle der Opposition, die aus der Reformation hervorgegangen war, kehrte sich um. Die Zeichen einer katholischen Wiederbelebung breiteten sich in einem höchst unerwarteten Bereich aus – der englischsprachigen Welt.

Seltsamerweise fiel dies mit dem Aufstieg des Kommunismus und dem weitreichenden Zusammenbruch moralischer und sozialer Werte nach dem Krieg von 1939 zusammen. Während dieses Krieges, der den Kommunismus auf den Höhepunkt brachte, war der Vatikan eines der wenigen völlig neutralen Zentren der Welt, was ihm heftige Kritik seitens der Kommunisten einbrachte, die diese Haltung als latente Parteinahme für die andere Seite interpretierten. Diese Kritik „ " wurde noch verstärkt, als der Papst Katholiken, die der Kommunistischen Partei beitraten oder ihr in irgendeiner Weise halfen, mit dem Bann belegte.

Dies war eine Erweiterung der Warnung, die der vorherige Papst Pius XI. in seiner Enzyklika *Quadragesimo Anno* ausgesprochen hatte:

„Niemand kann gleichzeitig aufrichtiger Katholik und Sozialist im eigentlichen Sinne sein."

Diese Worte waren zweifellos eher mit Blick auf die kontinentaleuropäischen als auf die englischsprachigen Vertreter der Demokratie geschrieben worden. Dennoch implizierten sie eine Verurteilung nicht nur revolutionärer Prinzipien, sondern auch milderer Formen des politischen Ausdrucks, die, wenn sie auf die Probe gestellt werden, zur Subversion ermutigen.

Da war sie also. Die Trennlinie zwischen Rom und seinen Feinden war klar gezogen. Beide Seiten hatten ihre Herausforderung ausgesprochen und ihr Banner gehisst. Die eine Seite war von einem messianischen, wenn auch nicht religiösen Eifer beseelt, der Besseres versprach, sobald die bestehende Gesellschaftsordnung aufgelöst wäre; die andere Seite war sich ihrer übernatürlichen Verheißung sicher, die bedeutete, dass sie keine Kompromisse eingehen würde und konnte.

2.

Der betreffende Bischof war Angelo Giuseppe Roncalli. Er wurde 1881 geboren und 1904 zum Priester geweiht. Als Doktor der Theologie und Professor für Kirchengeschichte wurde er bald vom Vatikan entdeckt. 1921 wurde er der Kongregation für die Glaubenslehre zugewiesen, und nach seiner Bischofsweihe 1935 trat er in den diplomatischen Dienst der Kirche.

Seine ersten Ämter hatte er auf dem Balkan inne, einer Region, die, wie Roncalli feststellen musste, dem katholischen Einfluss alles andere als wohlgesonnen war. Als Apostolischer Visitator oder *Geschäftsträger* des Heiligen Stuhls in Sofia geriet er in diplomatische Schwierigkeiten mit dem König, die 1935, als er als Apostolischer Delegat nach Istanbul versetzt wurde, einen eher kleinlichen, aber persönlichen Charakter annahmen.

Dort war die damalige Modernisierungswelle unter Mustafa Kemal in vollem Gange. Einige seiner Gesetze gingen hart gegen die Religion vor, sowohl gegen den Islam als auch gegen das Christentum, und das Tragen jeglicher Art von geistlicher Kleidung in der Öffentlichkeit war streng verboten. Auch die Verwendung kirchlicher Titel war untersagt.

Roncalli fühlte sich wie in einer Zwangsjacke, nie wirklich frei, sondern beobachtet und bespitzelt, und seine Schritte wurden gemeldet. Er hatte nur wenige Kontakte, und am Ende des Tages kehrte er wie ein fremder und anonymer Passant still nach Hause zurück.

Eines Abends fühlte er sich ungewöhnlich müde und warf sich, ohne sich auszuziehen oder das Licht auszuschalten, auf das Bett. An den Wänden hingen Erinnerungen an sein früheres Leben, Fotos von Verwandten und von dem Dorf in der lombardischen Ebene, in dem sie zusammen aufgewachsen waren. Er schloss die

Augen und murmelte seine üblichen Gebete. In einer Art Vision sah er die Gesichter von Menschen, denen er an diesem Tag achtlos auf der Straße begegnet war, aus einem Nebel vor ihm auftauchen. Unter ihnen war das Gesicht eines alten Mannes mit weißem Haar und olivfarbener Haut, die ihm ein fast orientalisches Aussehen verlieh.

Was dann folgte, war vielleicht ein Traum, oder so schien es zumindest, als es hell wurde. Aber in dem stillen Zimmer hörte Roncalli deutlich, wie der alte Mann fragte: „Erkennst du mich?" Und ohne zu wissen, was ihn dazu trieb, antwortete Roncalli: „Ja, immer."

Sein Besucher fuhr fort: „Ich bin gekommen, weil du mich gerufen hast. Du bist auf dem Weg, aber du musst noch viel lernen. Aber bist du bereit?"

Roncalli hatte nicht den geringsten Zweifel. Alles war für ihn vorbereitet worden. Er sagte: „Ich warte auf dich, Meister."

Der alte Mann lächelte und fragte dreimal, ob Roncalli ihn wiedererkennen würde; und Roncalli antwortete dreimal, dass er das würde.

Selbst der Anbruch des Morgens ließ das Erlebnis nicht ungewöhnlich erscheinen. Roncalli wusste, dass es sich wiederholen würde, auf eine Weise, die ihm keine gewöhnliche Bedeutung geben würde.

Er wusste, dass der Zeitpunkt gekommen war, als er denselben alten Mann vor seiner Unterkunft warten sah; und er spürte auch, dass sich eine vertrautere Situation entwickelt hatte, die Roncalli dazu veranlasste, ihn zu fragen, ob er mit ihm zu Tisch gehen wolle.

Der alte Mann schüttelte den Kopf. „Wir müssen heute Abend an einem anderen Tisch essen." Mit diesen Worten machte er sich auf den Weg, gefolgt von Roncalli, in ein Viertel mit ruhigen, dunklen Straßen, in das dieser noch nie zuvor gekommen war. Eine schmale Öffnung führte zu einer Tür, vor der Roncalli wie von einem Instinkt getrieben stehen blieb, während der alte Mann ihm sagte, er solle hinaufgehen und auf ihn warten.

Hinter dem Eingang befand sich eine kurze Treppe, dann eine weitere. Es gab kein Licht, aber in der fast völligen Dunkelheit schienen Stimmen von oben zu kommen, die Roncalli weitergehen ließen. Er wurde von einer Tür aufgehalten, die kleiner als die anderen war und leicht angelehnt stand. Roncalli stieß sie auf und befand sich in einem großen, fünfeckigen Raum mit kahlen Wänden und zwei großen, geschlossenen Fenstern.

In der Mitte stand ein großer Tisch aus Zedernholz, der die Form des Raumes hatte. An den Wänden standen drei Stühle, auf einem lag eine Leinentunika, drei versiegelte Umschläge und einige farbige Gürtel. Auf den Tischen lag ein Schwert mit silbernem Griff, dessen Klinge im flackernden Licht der drei roten Kerzen in einem dreizweigigen Kerzenleuchter zu flammen schien. Drei weitere Kerzen in einem zweiten verzweigten Halter waren nicht angezündet. Es gab ein Räuchergefäß, um das bunte Bänder gebunden waren, und drei künstliche Rosen aus dünnem Material, deren Stiele sich kreuzten.

Neben dem Schwert und dem Räuchergefäß lag eine aufgeschlagene Bibel, und ein kurzer Blick genügte, um zu erkennen, dass sie beim Evangelium des Johannes aufgeschlagen war, das von der Mission Johannes des Täufers erzählt, Passagen, die Roncalli schon immer besonders fasziniert hatten.

„Ein Mann erschien von Gott, dessen Name Johannes war ..." Der Name Johannes hat in Geheimgesellschaften eine besondere Bedeutung, die sich bewusst am 27. Dezember, dem Festtag des Evangelisten, und am 24. Juni, dem Festtag des Täufers, versammeln.

Sie beziehen sich häufig auf die Heiligen Johannes.

Roncalli hörte leichte Schritte hinter sich und wandte sich vom Tisch ab. Es war jemand, den er, wie Roncalli ihn genannt hatte, als Meister ansprechen sollte. Er trug eine lange, bodenlange Leinentunika und um den Hals eine Kette mit Knoten, an der verschiedene silberne Symbole hingen. Er legte eine weißbehandschuhte Hand auf Roncallis Schulter. „Knie nieder, auf dein rechtes Knie."

Während Roncalli noch kniete, nahm der Meister einen der versiegelten Umschläge vom Stuhl. Er öffnete ihn, sodass Roncalli sehen konnte, dass er ein blaues Blatt Papier enthielt, auf dem eine Reihe von Regeln geschrieben standen. Der Meister nahm einen zweiten Umschlag, öffnete ihn und reichte Roncalli ein ähnliches Blatt, auf dem sieben Fragen geschrieben standen.

„Glaubst du, du kannst sie beantworten?", fragte der Meister.

Roncalli bejahte dies und gab das Blatt zurück.

Der Meister benutzte es, um eine der Kerzen im zweiten Halter anzuzünden. „Diese Lichter sind für die Meister der Vergangenheit[7], die hier unter uns sind", erklärte er.

Dann rezitierte er die Geheimnisse des Ordens in Worten, die Roncalli zu durchdringen schienen, ohne sich in seinem Gedächtnis festzusetzen; dennoch hatte er irgendwie das Gefühl, dass sie schon immer Teil seines Bewusstseins gewesen waren. Dann beugte sich der Meister über ihn.

Wir kennen uns unter den Namen, die wir uns selbst gegeben haben. Mit diesem Namen besiegelt jeder von uns seine Freiheit und sein Arbeitsprogramm und schafft so ein neues Glied in der Kette. Wie soll dein Name lauten?

Die Antwort war bereit. Es gab kein Zögern.

„Johannes", sagte der Schüler. Sein Lieblings-Evangelium war ihm immer auf der Zunge.

Der Meister nahm das Schwert, näherte sich Roncalli und legte die Spitze der Klinge auf seinen Kopf; und mit dieser Berührung floss etwas, das Roncalli nur mit einem erhabenen Staunen vergleichen konnte, neu und unbändig, in jeden Teil seines Wesens. Der Meister spürte sein Staunen.

---

[7] Die Meister gelten als vollkommene Wesen, als Meister der Menschheit, die eine Reihe von Initiationen durchlaufen haben, um einen höheren Bewusstseinszustand zu erreichen.

„Was du in diesem Moment empfindest, Johannes, haben viele vor dir empfunden: ich selbst, die Meister der Vergangenheit und andere Brüder in aller Welt. Du denkst, es sei Licht, aber es hat keinen Namen."

Sie tauschten brüderliche Grüße aus, und der Meister küsste den anderen sieben Mal. Dann sprach er flüsternd und machte Roncalli auf die Zeichen, Gesten und Riten aufmerksam, die täglich zu bestimmten Zeitpunkten, die bestimmten Phasen des Sonnenlaufs entsprechen, ausgeführt werden müssen.

„Genau zu diesen Zeitpunkten, dreimal täglich, wiederholen unsere Brüder auf der ganzen Welt dieselben Sätze und machen dieselben Gesten. Ihre Kraft ist sehr groß und reicht weit. Tag für Tag sind ihre Auswirkungen auf die Menschheit zu spüren."

Der Meister nahm den verbleibenden versiegelten Umschlag, öffnete ihn und las Johannes den Inhalt vor. Es handelte sich um die Formel des Eides, mit der feierlichen Verpflichtung, die Geheimnisse des Ordens nicht zu verraten, immer für das Gute zu arbeiten und vor allem das Gesetz Gottes und seiner Diener zu achten (eine etwas zweideutige Bestimmung angesichts dessen, was ihre Umgebung bedeutete).

Johannes setzte seinen Namen unter das Papier, zusammen mit einem Zeichen und einer Zahl, die ihm der Meister zeigte. Damit war sein Grad und sein Eintritt in den Orden bestätigt, und erneut durchströmte ihn ein Gefühl überirdischer Kraft.

Der Meister nahm das Papier, faltete es sieben Mal und bat Johannes, es auf die Spitze des Schwertes zu legen. Wieder schoss eine plötzliche Flamme die Klinge entlang. Diese sprang auf die Kerzen über, die noch immer „für die Meister der Vergangenheit" brannten.

Die Flammen verzehrten es, und der Meister verstreute die Asche. Dann erinnerte er Johannes an die Feierlichkeit des Eides, den er geleistet hatte, und daran, dass dieser ihm ein Gefühl der Freiheit, der wahren Freiheit, vermitteln würde, die den Brüdern allgemein bekannt war. Dann küsste er Johannes, der zu überwältigt war, um mit Worten oder Gesten zu antworten, und nur weinen konnte.

Einige Wochen später wurde Johannes (oder Roncalli, wie wir ihn weiterhin nennen müssen) mitgeteilt, dass er nun ausreichend in den Kult eingeweiht sei, um in dessen nächste entscheidende Phase einzutreten —, die des Eintritts in den Tempel.

Der Meister bereitete ihn auf das vor, was, wie er Roncalli nie verhehlte, eine Tortur sein würde; und Roncallis Besorgnis wuchs, als er feststellte, dass niemand wie er, ein Eingeweihter nur des ersten Grades, den Tempel betreten durfte, *es sei denn, ihm stand eine Aufgabe von großer Bedeutung bevor.*

Was würde Roncalli erwarten? Nahm die Vision eines bestimmten Stuhls oder Throns Gestalt in seinem Geist an, als er sich auf den Weg zum Tempel machte?

Dort waren die Brüder versammelt, ein weiteres Indiz dafür, dass Roncalli für eine besondere Mission ausgewählt worden war. An den Wänden standen die geheimnisvollen Worte „Azorth" und „Tetrammaton". Letzteres steht für den schrecklichen, unaussprechlichen und unaussprechlichen Namen des Schöpfers des Universums, der angeblich auf der Oberseite des Kubikels oder Grundsteins im Allerheiligsten des Tempels in Jerusalem eingraviert war.

Es kommt in dem Muster vor, das zur Beschwörung böser Geister oder manchmal auch zu deren Abwehr verwendet wird. Dieses Muster, das als großer magischer Kreis bekannt ist, wird zwischen zwei Kreisen gezeichnet, die aus endlosen Linien bestehen, die die Ewigkeit symbolisieren. Darin werden verschiedene Gegenstände wie ein Kruzifix, einige Kräuter und Schalen mit Wasser, das böse Geister beeinflussen soll, platziert.

Im Tempel befand sich auch ein rot und schwarz hervorgehobenes Kreuz und die Zahl 666, die Zahl des Tieres in der Apokalypse. Die Geheimgesellschaften, die sich der allgemeinen Unwissenheit über sie bewusst sind, sind nun selbstbewusst genug, ihre Karten offen auf den Tisch zu legen. Das amerikanische Volk wird mit dem Malzeichen des Tieres auf Formularen, Marken von beworbenen Waren und öffentlichen Bekanntmachungen vertraut gemacht: Und ist es nur Zufall, dass die Zahl 666 Teil des Codes ist, der für die Adressierung von

Briefen an die derzeit (Mai 1982) im Südatlantik (während des Krieges mit Argentinien) dienenden Briten verwendet wird? Diese Zahlen, denen eine allmächtige Kraft bei der Vollbringung von Wundern und Zauberei nachgesagt wird, werden mit dem Sonnengott des Gnostizismus in Verbindung gebracht.

Die Gnostiker, eine Sekte, die in den ersten Jahrhunderten des Christentums florierte, leugneten die Göttlichkeit Christi, verachteten die Offenbarung und glaubten, dass alle materiellen Dinge, einschließlich des Körpers, im Wesentlichen böse seien. Sie vertraten die Auffassung, dass die Erlösung nur durch Wissen erreicht werden könne (ihr Name leitet sich vom griechischen Wort *gnosis* „Wissen" ab —). Die Evangelien, die sie lehrten, sind Allegorien, deren Schlüssel in einem richtigen Verständnis von Kneph, dem Sonnengott, zu finden ist, der als Schlange dargestellt wird und als Vater von Osiris gilt, also als erste Emanation des höchsten Wesens und als Christos ihrer Sekte.

Roncalli sollte in seiner letzten und höheren Rolle, auf die ihn die Einweihung vorbereitet hatte, das Bild des Sonnengottes, umgeben von Strahlen der Herrlichkeit, auf seinem Handschuh tragen.

Die Farben Rot und Schwarz wurden von den Gnostikern verehrt und von den Diabolisten häufig verwendet. Sie sind auch die Farben von Kali, der göttlichen Mutter der hinduistischen Mythologie, und stellen somit eine der zahlreichen Ähnlichkeiten zwischen den Abweichungen vom Christentum und den vorchristlichen Kulten dar. Es sei angemerkt, dass sie auf den Fahnen der internationalen anarchistischen Bewegung zu sehen waren, deren Prophet Michail Bakunin (1814–1876) war, ein Pionier des Libertarismus im Gegensatz zum Staatssozialismus.

Während Roncalli die Details des Raumes notierte, rückten die Brüder von ihren Plätzen an den Wänden langsam und fast unmerklich näher und näher an ihn heran. Als sie eine Kette gebildet hatten, drängten sie sich mit ihren Körpern an ihn, als Zeichen, dass ihre Kraft, die sich in früheren Zeremonien bewährt hatte, auf ihn übertragen wurde.

Plötzlich wurde ihm bewusst, dass ihm, ohne dass er bewusst Worte formte, Kraftworte eingegeben wurden, die in einer Stimme aus ihm strömten, die er nicht als seine eigene erkannte. Aber er konnte sehen, dass alles, was er sagte, von einem Mann niedergeschrieben wurde, der als Großkanzler des Ordens bezeichnet worden war. Er schrieb auf Französisch. Auf ein blaues Blatt Papier, das die Überschrift „Der Ritter und die Rose" trug.[8]

Diesem und anderen Anzeichen nach zu urteilen, scheint Roncalli den Rosenkreuzern anzugehören, einer Gesellschaft, die von Christian Rosenkreutz, einem 1378 geborenen Deutschen, gegründet wurde. Nach eigenen Angaben existiert „der Orden vom Rosenkreuz seit Urzeiten, und seine mystischen Riten wurden in Ägypten praktiziert und seine Weisheit gelehrt. Eleusis, Samothrake, Persien, Chaldäa, Indien und in weit entfernten Ländern des O us und so wurde die geheime Weisheit der alten Zeiten an die Nachwelt weitergegeben."

Dass seine Herkunft ein Geheimnis bleibt, betonte (Premierminister) Disraeli, der 1841 über die Gesellschaft sagte: „Ihre verborgenen Quellen entziehen sich jeder Forschung."

Nach Reisen durch Spanien, Damaskus und Arabien, wo er in die arabische Magie eingeweiht wurde, kehrte Rosenkreutz nach Deutschland zurück und gründete seine Bruderschaft der *Unsichtbaren*. In einem Gebäude, das sie *Domus Sancti Spiritus* nannten, widmeten sie sich so unterschiedlichen Studien wie den Geheimnissen der Natur, der Alchemie, der Astrologie, dem Magnetismus (oder besser bekannt als Hypnose), der Kommunikation mit den Toten und der Medizin.

Rosenkreutz soll im hohen Alter von 106 Jahren gestorben sein, und als sein seit vielen Jahren verschollener Grabstein geöffnet

---

[8] Eine vollständige Darstellung von Roncallis Einweihung findet sich in *Les prophéties du pape John XXIII* von Pierre Carpi, dem Pseudonym eines Italieners, der möglicherweise demselben Orden wie Roncalli angehörte. Das Buch wurde ins Französische übersetzt, ist aber heute nur noch sehr schwer zu finden (Jean-Claude Lattes, Alta Books, 1975).

wurde, fand man darin Zeichen und Symbole der Magie sowie okkulte Manuskripte.

Auf den ersten Blick scheint die Türkei ein Land zu sein, das nichts mit den Aktivitäten einer Geheimgesellschaft zu tun hat.

Doch 1911 schrieb Max Heindel, Gründer der Rosenkreuzer-Bruderschaft und der Rosenkreuzer-Kosmo-Konzeption, über dieses Land in einer Weise, die zeigte, dass es den Beobachtungen derer, die mit Blick auf die religiöse, politische und soziale Zukunft arbeiteten, nicht entging. „Die Türkei", sagte er, „hat unter den Jungtürken des Großen Orients einen großen Schritt in Richtung Freiheit gemacht."

In den letzten Jahrzehnten haben wir viel über die Riten, Passwörter und Praktiken der Geheimgesellschaften erfahren, was zuvor verborgen war. Es gibt jedoch nur wenige Hinweise darauf, wie sie aus ihren überwiegend inaktiven Reihen diejenigen auswählen, die sie für fähig halten, ihre Pläne voranzutreiben. Eine ihrer einfachen Anweisungen lautet: „Ihr müsst lernen, Menschen zu regieren und zu beherrschen, nicht durch Angst, sondern durch Tugend, das heißt durch die Einhaltung der Regeln des Ordens." Eine okkulte Schrift, die in New York erschien, ist jedoch etwas expliziter. „Derzeit werden Experimente durchgeführt, von denen die Versuchspersonen oft nichts wissen ... Menschen in vielen zivilisierten Ländern stehen unter Beobachtung, und es wird eine Methode zur Stimulierung und Intensivierung der „ " angewendet, mit der sie den Großen selbst eine Fülle von Informationen zuführen sollen, die als Leitfaden für die Zukunft der Menschheit dienen können. Dies wurde von einer pointierten Bemerkung begleitet, die auch ein Versprechen für jemanden war, der als geeignet befunden worden war: „Sie waren lange Zeit Gegenstand unserer Beobachtung und unserer Studien."[9]

---

[9] *Briefe über okkulte Meditation*. Von Alice A. Bailey. Sie war Hohepriesterin einer okkulten Schule und stand in Verbindung mit der Gesellschaft der Illuminati.

3.

In den letzten Tagen des Dezembers 1944 bereitete sich Roncalli darauf vor, die Türkei zu verlassen und nach Paris zu reisen, wo er zum päpstlichen Nuntius der Vierten Französischen Republik ernannt worden war. Der Krieg dauerte noch an, und die Unterschiede zwischen der Rechten und der Linken, die Frankreich politisch gespalten hatten, traten heftig zutage: Beobachtern, deren Urteil nicht durch kirchliche Titel beeinflusst war, wurde schnell klar, dass Roncalli von Natur aus mit der Linken sympathisierte.

Auf seine Empfehlung hin wurde Jacques Maritain zum französischen Botschafter beim Heiligen Stuhl ernannt. Maritain galt allgemein als Weltdenker, sicherlich als einer der bedeutendsten katholischen Philosophen. Die volle Wirkung seines „integralen Humanismus" war bislang durch seine aquinische Perspektive gemildert worden. Später wurde sie jedoch durch verächtliche Äußerungen überwunden, wie beispielsweise, dass die soziale Königsherrschaft Christi für mittelalterliche Gemüter (und Maritains Mentor Thomas von Aquin war ein Mittelalterlicher gewesen) gut genug gewesen sei, nicht jedoch für ein Volk, das durch „Instrumente" wie die Französische und die Bolschewistische Revolution aufgeklärt worden sei.

Sein Status als katholischer Philosoph wirft erneut Zweifel auf, da er nach eigenen Angaben nicht aus spiritueller Überzeugung konvertiert war. Nicht durch theologische oder historische Argumente, sondern durch die Schriften von Leon Bloy (1846–1917).

Trotz seines fließenden, musikalischen Stils sind Bloys Schriften kaum geeignet, jemanden zum Christentum zu bekehren. Er identifizierte den Heiligen Geist mit Satan und bezeichnete sich selbst als Prophet Luzifers, den er sich auf dem Gipfel der Welt sitzend vorstellte, mit den Füßen an den Ecken der Erde, alle menschlichen Handlungen kontrollierend und eine väterliche Herrschaft über die Schar abscheulicher menschlicher Nachkommen ausübend. Im Vergleich zu dieser Vision eines gütigen Luzifer erscheint Gott als unerbittlicher Herrscher, dessen Werk mit dem endgültigen Sieg Satans als König enden wird.

Nach seinem eigenen Bekenntnis wurde Bloy durch die Wahnvorstellungen einer armen Prostituierten, die Visionen hatte und nach ihrer Affäre mit Bloy in einer Irrenanstalt starb, zu dem bekehrt, was er und seine Anhänger „Christentum" nannten.

1947 wurde Vincent Auriol zum Präsidenten der Französischen Republik ernannt. Er war ein Verschwörer gegen die Kirche, einer jener hartgesottenen Antiklerikalen, die auf dem Kontinent eine natürliche Heimat finden; dennoch wurden er und Roncalli nicht nur herzliche Weggefährten, wie es ihre Ämter erforderten, sondern enge Freunde. Dies war nicht auf christliche Nächstenliebe auf der einen Seite und diplomatische Höflichkeit auf der anderen zurückzuführen, sondern auf die Zeremonie, die Roncalli in Istanbul erlebt hatte und die eine Verbindung zwischen den beiden Männern hergestellt hatte.

Dies fand seinen konkreten Ausdruck, als Erzbischof Roncalli im Januar 1953 zum Kardinal ernannt wurde und Aural darauf bestand, sein traditionelles Recht als französischer Staatschef auszuüben, dem neu geschaffenen Kirchenfürsten die rote Biretta zu überreichen. Dies geschah bei einer Zeremonie im Élysée-Palast, als Roncalli auf dem Stuhl (eine Leihgabe des Museums) saß, auf dem Karl X. gekrönt worden war, und den Beifall von Männern entgegennahm, die geschworen hatten, ihn und alles, wofür er stand, zu vernichten – ein Vorhaben, dem sich Roncalli insgeheim verschrieben hatte, wenn auch mit hinterhältigeren Methoden, um ihnen zu helfen.

Drei Tage später wurde er als Patriarch nach Venedig versetzt, und während seiner fünfjährigen Amtszeit zeigte er wie schon in

Paris eine gewisse Sympathie für linke Ideologien, die die italienische Presse manchmal verwirrte.

Während des Pontifikats von Pius XII. wurde einer Reihe von Priestern, die damals im Vatikan tätig waren, bewusst, dass unter der Oberfläche nicht alles in Ordnung war. Denn es machte sich ein seltsamer Einfluss bemerkbar, der ihnen nicht gefiel, und sie führten ihn auf eine Gruppe zurück, die als Experten, Berater und Spezialisten in den Vordergrund getreten war und den Papst so eng umgab, dass man halb scherzhaft von ihm als ihrem Gefangenen sprach.

Die Priester, die sich ernsthaft Sorgen machten, bauten jedoch sowohl hier als auch in Amerika eine Ermittlungsnetzwerk auf, dessen Sprecher Pater Eustace Eilers war, ein Mitglied der Passionisten -Kongregation in Birmingham, Alabama. Dies führte zu der Erkenntnis, dass die Illuminaten in Rom durch speziell ausgebildete Infiltratoren aktiv waren, die aus der Nähe des Ortes in Deutschland kamen, an dem Adam Weishaupt mit seinem Plan geprahlt hatte, den Vatikan zu einer leeren Hülle zu machen. Dass die Hand der Illuminaten mit im Spiel war, wurde noch deutlicher, als Pater Eilers, der angekündigt hatte, diese Fakten zu veröffentlichen, plötzlich tot aufgefunden wurde, vermutlich eines dieser plötzlichen Herzinfarkte, die im Zusammenhang mit Geheimgesellschaften so oft vor versprochenen Enthüllungen auftreten.

Pius XII. starb am 9. Oktober 1958, und am 29. desselben Monats. Angelo Roncalli wurde nach elf Wahlgängen der Kardinäle im Konklave zum 262. Papst der katholischen Kirche gewählt. Er war 77 Jahre alt, aber von kräftiger Statur, sodass er die 60 Pfund schweren kirchlichen Gewänder tragen konnte, mit denen er für seine Krönung am 4. November 1958 bekleidet wurde.

4.

Roncallis „Wahl" war ein Signal für Begrüßungsbekundungen, oft aus den unerwartetsten Kreisen, die um die ganze Welt hallten. Nichtkatholiken, Agnostiker und Atheisten waren sich einig, dass das Kardinalskollegium eine ausgezeichnete Wahl getroffen hatte, die beste seit vielen Jahren. Es hatte einen Mann der Weisheit, Demut und Heiligkeit gefunden, der die Kirche von oberflächlichen Anhaftungen befreien und sie zurück zur Einfachheit der apostolischen Zeit führen würde; und nicht zuletzt unter den Vorteilen, die für die Zukunft vielversprechend waren, stammte der neue Papst aus einer Bauernfamilie.

Erfahrene Katholiken konnten sich die Begeisterung und Bewunderung nicht erklären, mit der er empfangen wurde, als Journalisten, Korrespondenten, Rundfunkreporter und Fernsehteams aus fast allen Ländern der Welt nach Rom strömten. Denn bis dahin war der Außenwelt nur wenig über Angelo Roncalli bekannt, außer dass er 1881 geboren worden war, Patriarch von Venedig gewesen war und diplomatische Posten in Bulgarien, der Türkei und Frankreich innegehabt hatte. Was seine bescheidene Herkunft anging, so hatte es schon früher Bauernpäpste gegeben. Die Kirche konnte sie ebenso leicht aufnehmen wie ihre akademischen und aristokratischen Pontifexe.

Aber die säkulare Welt, wie einige der „populärsten" Publikationen in England belegten, beharrte darauf, dass in Rom etwas Bedeutendes geschehen sei und dass dies nur ein Vorbote noch größerer Dinge sei, während informierte Katholiken, die sich seit Jahren für die Sache der Kirche eingesetzt hatten, sich weiterhin am Kopf kratzten und sich wunderten. Waren Informationen nicht an diejenigen weitergegeben worden, die die Religion immer unterstützt hatten, sondern an diejenigen, die der

Öffentlichkeit mit Bruchstücken der Wahrheit oder gar keiner Wahrheit aufwarteten, um sie zu reizen und in die Irre zu führen?

Ein irischer Priester, der zu dieser Zeit in Rom war, sagte über das Verlangen nach intimen Details über Roncalli: „Zeitungen, Radio, Fernseh en und Zeitschriften konnten einfach nicht genug Informationen über den Hintergrund und die Karriere, die Familie und die Taten des neuen Heiligen Vaters bekommen. Tag für Tag, vom Ende des Konklaves bis zur Krönung, von seiner ersten Radiobotschaft bis zur Eröffnung des Konsistoriums, wurden die Äußerungen und Aktivitäten des neuen Papstes in allen Einzelheiten für die ganze Welt ausgeschmückt." [10]

Die Spekulationen wurden noch angeheizt, als bekannt wurde, dass der neue Papst den Namen Johannes XXIII. tragen wollte. War es in Erinnerung an seinen Vater, der Johannes hieß, oder aus Respekt vor Johannes dem Täufer? Oder wollte er damit seine Bereitschaft betonen, sich der traditionellen Sichtweise zu stellen oder sie sogar zu schockieren? Johannes war ein beliebter Name für viele Päpste gewesen. Aber warum die Nummerierung beibehalten?

Denn es gab bereits einen früheren Johannes XXIII., einen Gegenpapst, der 1415 abgesetzt wurde. Er hat ein Grab im Baptisterium von Florenz, und sein Porträt war bis vor wenigen Jahren im *Annuario Pontifico*, dem Jahrbuch der Kirche, zu sehen. Seitdem wurde es entfernt. Wir wissen nichts Positives über ihn, denn seine einzige dokumentierte Leistung, wenn man einem so verkommenen Menschen wie ihm Glauben schenken kann, bestand darin, mehr als zweihundert Frauen verführt zu haben, darunter auch seine Schwägerin.

Unterdessen herrschte im Ausland allgemein das Gefühl, dass die Kirche sich von ihrer traditionellen Vergangenheit löste. Sie hatte stets stolz jede Beeinflussung durch ihr Umfeld abgelehnt. Wie durch eine unsichtbare Rüstung war sie vor den Moden der

---

[10] *Johannes XXIII., der Papst aus dem Volk*, von Pater Francis X. Murphy. (Hebert Jenkins, 1959.)

Zeit geschützt gewesen. Nun aber zeigte sie sich bereit, eine ebenso dramatische Reform durchzuführen, wie sie ihr im 16. Jahrhundert aufgezwungen worden war. Einige sahen darin eine Aktualisierung der christlichen Lehre, einen wünschenswerten und unvermeidlichen Prozess der Rückbesinnung, in dem eine tiefere und sich ständig erweiternde Katholizität den älteren und statischen Katholizismus der Vergangenheit ersetzen würde.

Eine solche Veränderung wurde in einer frühen Erklärung von Johannes XXIII. vorsichtig angedeutet, als er sagte: „Durch Ost und West weht ein Wind, der aus dem Geist geboren ist und die Aufmerksamkeit und Hoffnung derer weckt, die den Namen Christen tragen."

Die Worte des „guten Papstes Johannes" (wie schnell er diese lobende Beurteilung erhielt) waren nicht nur prophetisch.

Denn sie sprachen von Veränderungen in der einst monumentalen Kirche, die er selbst einleiten würde.

5.

Amerikanische Sammler kirchlicher Erinnerungsstücke werden kurz nach der Wahl von Papst Johannes bemerkt haben, dass in einigen ihrer Zeitungen bestimmte Gegenstände zum Verkauf angeboten wurden. Sie wurden als Kopien des von Johannes XXIII. ausgewählten und genehmigten persönlichen Kreuzes beschrieben.

Diese Kreuze hatten nichts mit dem Brustkreuz zu tun, das jeder Papst und Bischof als Zeichen seiner bischöflichen Autorität um den Hals trägt. Sie sind aus Gold gefertigt, mit Edelsteinen verziert und enthalten jeweils eine heilige Reliquie. Bevor er es trägt, spricht der Prälat ein vorgeschriebenes Gebet zum Gedenken an die Passion und bittet um die Gnade, die List des Bösen während des Tages zu überwinden.

Das Kreuz, das jedoch unter der Schirmherrschaft Roncallis der amerikanischen Öffentlichkeit präsentiert wurde, hatte ganz andere Assoziationen. Anstelle der Darstellung der gekreuzigten Gestalt befand sich in der Mitte das allsehende Auge der Illuminaten, umgeben von einem Dreieck oder einer Pyramide; und diese Kreuze, die in *The Pilot* und *The Tablet*, den Diözesanzeitungen von Brooklyn und Boston, beworben wurden, waren, entsprechend dem sprichwörtlichen Mangel an Würde und Ehrfurcht, für zweihundertfünfzig Dollar pro Stück zu verkaufen.

Diejenigen, die die Bedeutung der mystischen Symbole verstanden und wussten, wie tief sie uns beeinflussen, wurden erneut auf das Sonnengezicht aufmerksam, das auf Johns Handschuh abgebildet war. Es erinnerte an das Symbol der heidnischen Sonnenanbeter, während seine Geste, die Hand mit gespreizten Fingern über die Gemeinde zu strecken, als

Anrufung des weißen Mondes erkannt werden konnte, Teil eines esoterischen Codes, der seit jeher Anhänger hat.

Denjenigen, die solche Andeutungen für lächerlich halten, muss man nur vor Augen führen, dass Tausende von seriösen Geschäftsleuten mit Melone im Laufe ihrer Karriere Rituale durchgeführt und Symbole übernommen haben, die das oben Genannte geradezu harmlos erscheinen lassen.

Für die Allgemeinheit jedoch hat die Pyramide, ohne auch nur einen Deut ihrer ursprünglichen Bedeutung einzubüßen, heute den Status eines durch und durch respektablen und harmlosen Symbols. Sie ist lediglich eine Verzierung. Aber eine, die in Umlauf kommt, wann immer ein amerikanischer Ein-Dollar-Schein den Besitzer wechselt.

Denn auf der Rückseite der Banknote befindet sich das geheime Auge, umgeben von einer Pyramide, und die Jahreszahl 1776. Außerdem sind die Worte „*Annuit Coeptis*" und „*Novus Ordo Seclorum*" zu lesen.

Das Datum 1776 mag für den Unwissenden nichts weiter bedeuten als das Jahr der amerikanischen Unabhängigkeitserklärung, die von Thomas Jefferson verfasst wurde.

Das ist richtig. Aber was ist mit den Symbolen, die auch auf der Rückseite des Großen Siegels der Vereinigten Staaten zu sehen sind – warum wurden sie ausgewählt? Und 1776 war auch das Jahr, in dem Adam Weishaupt seine Bruderschaft gründete. Und Thomas Jefferson war, wie sein politischer Weggefährte Benjamin Franklin, ein glühender Illuminist.

Die oben zitierten Worte können wie folgt übersetzt werden: „Er (Gott) hat unser Vorhaben, das von Erfolg gekrönt ist, gebilligt. Eine neue Weltordnung ist geboren."

Es hat sich immer wieder gezeigt, dass die Zukunft der Welt nicht in den Händen bloßer Politiker liegt, sondern in den Händen derer, die die Macht haben, okkulte Kräfte mit internationaler Finanzmacht zu verbinden, um die Ereignisse nach ihren Plänen zu manipulieren; und wir in der heutigen Zeit sind Zeugen der Entstehung ihrer neuen Ordnung in verschiedenen Bereichen des

Lebens, darunter auch im religiösen, politischen und sozialen Bereich. Bevor die derzeitige Propaganda, die die Rolle der Frau betont, populär wurde, sprach der okkulte Autor Oswald Wirth davon, dass die Frau „keine Angst" haben müsse, männliche Riten und Bräuche zu übernehmen, und dass die Männer, wenn sie ihre volle Macht erlangt habe, ihren Anweisungen Folge leisten würden. Dieser Prozess vollzieht sich derzeit vor unseren Augen.

Der Begriff „neu" wird propagiert, als ob er notwendigerweise eine deutliche Verbesserung gegenüber dem bisher Bestehenden bedeuten würde. Er erlangte 1933, dem Jahr, in dem Roosevelts New Deal eingeführt wurde, politische Bedeutung; und im selben Jahr erschien das Illuminaten-Emblem mit den Worten „neue Weltordnung" auf der Rückseite des amerikanischen Dollarscheins. Ihre Umsetzung nimmt nun Gestalt an in der Bildung einer neuen Weltordnung, in der verschiedene Nationen, Rassen, Kulturen und Traditionen so weit absorbiert werden sollen, dass sie schließlich verschwinden.

Teil 3

Ich bin mir sicher, dass, als ich im Rat die rituellen Worte „Exeunt Omnes" (alle hinaus) aussprach, einer, der nicht gehorchte, der Teufel war. Er ist immer dort, wo Verwirrung herrscht, um sie zu schüren und auszunutzen.

Kardinal Pericle Felici,
Generalsekretär des Konzils.

Mit einer wirklich erstaunlichen Weitsicht, die aus Selbstvertrauen geboren war, hatten die Geheimgesellschaften längst beschlossen, wie sie Veränderungen in den Ansprüchen und im Charakter der katholischen Kirche und schließlich ihren Untergang herbeiführen würden. Vor mehr als einem Jahrhundert hatten sie erkannt, dass die Politik der Unterwanderung, durch die ihre eigenen Leute in die höchsten Positionen der kirchlichen Struktur gelangten, erfolgreich war; und nun konnten sie die nächste zu erreichende Etappe skizzieren.

Als einer der Hauptverschwörer, der „Bescheid wusste", sagte Giuseppe Mazzini (1805–1872): „In unserer Zeit wird die Menschheit den Papst verlassen und sich an einen Generalrat der Kirche wenden." Mazzini war nicht immun gegen die Dramatik der erwarteten Situation und sprach weiter vom „päpstlichen Cäsar", der als Opfer für das Opfer betrauert werden würde, und von einer Hinrichtung.

Ähnlich äußerte sich Pierre Virion, der in *Mystère d'Iniquité* schrieb: „Es steht ein Opfer bevor, das einen feierlichen Akt der Sühne darstellt ... Das Papsttum wird fallen. Es wird unter dem heiligen Messer fallen, das von den Vätern des letzten Konzils vorbereitet wird."

Ein ehemaliger Kirchenrechtler, Roca, der wegen Ketzerei seines Amtes enthoben worden war, drückte sich noch deutlicher aus: „Ihr müsst ein neues Dogma, eine neue Religion, ein neues Amt und neue Rituale haben, die denen der kapitulierten Kirche sehr ähnlich sind." Und Roca drückte damit nicht nur eine Hoffnung aus, sondern beschrieb einen Prozess. „Der göttliche Kult, der durch die Liturgie, die Zeremonien, Rituale und Vorschriften der römisch-katholischen Kirche geleitet wird, wird in Kürze auf einem ökumenischen Konzil einer Umgestaltung unterzogen werden."

Eines Abends Anfang 1959, als er kaum drei Monate Papst war, spazierte Johannes XXIII. durch die Vatikanischen Gärten.

Seine langsamen und bedächtigen Schritte unter den Eichen und Rosskastanien, wo Pius IX. auf seinem weißen Maultier geritten war, wurden plötzlich unterbrochen von etwas, das er als einen Impuls der göttlichen Vorsehung bezeichnete, eine Entschlossenheit, die ihn von außen erreichte und deren Bedeutung er sofort erkannte.

Ein Konzil – er hauchte die Worte fast –, er sollte ein Ökumenisches Konzil der Kirche einberufen.

Später sagte er, dass diese Idee nicht durch eine Offenbarung des Heiligen Geistes inspiriert worden sei, sondern durch ein Gespräch, das er gegen Ende des Vorjahres mit Kardinal Tardini, dem damaligen Staatssekretär, geführt hatte. Ihr Gespräch hatte sich darum gedreht, was getan werden könne, um der Welt ein Beispiel für universellen Frieden zu geben. Aber es gab noch einige Unklarheiten über den Ursprung dieses Gedankens, denn Papst Johannes sagte später, er habe ihn selbst formuliert, um ein wenig frischen Wind in die Kirche zu bringen.

In der Vergangenheit waren Konzile einberufen worden, um Krisen in der Kirche zu lösen, brennende Fragen, die eine

Spaltung drohten oder die Meinungen verwirrten. Aber Anfang 1959 gab es keine solche Frage in Bezug auf Lehre oder Disziplin, die dringend einer Antwort bedurfte. Die Kirche forderte ihre traditionellen Pflichten der Loyalität, Vernachlässigung oder Feindseligkeit ein. Es schien keine Notwendigkeit zu geben, ein Konzil einzuberufen. Warum einen Stein in ruhige Gewässer werfen, die früher oder später ohnehin durch offensichtliche Notwendigkeiten aufgewühlt werden würden? Doch Papst Johannes verkündete am 25. Januar dem Kardinalskollegium seine Absicht, und die Reaktion, die dies in der säkularen Welt hervorrief, machte schnell klar, dass dies kein gewöhnliches Konzil werden würde.

Die gleiche beispiellose Öffentlichkeit, die die Wahl von Johannes XXIII. geprägt hatte, begleitete auch diesen Plan. Er wurde nicht nur für die nicht-katholische Welt zu einer Angelegenheit von großer Bedeutung, sondern auch für Kreise, die sich stets vehement gegen die Ansprüche, Dogmen und Praktiken des Papsttums gestellt hatten. Aber nur wenige wunderten sich über dieses plötzliche Interesse seitens der Agnostiker; noch weniger hätten eine versteckte Absicht vermutet. Und wenn eine leise Stimme Zweifel äußerte, wurde sie bald zum Schweigen gebracht, als die Vorbereitungen für die erste Sitzung des Konzils voranschritten.

Sie dauerten zwei Jahre und bestanden aus der Ausarbeitung von Entwürfen oder Schemata für Dekrete und Konstitutionen, die einer Änderung würdig erschienen. Jedes Mitglied des Konzils, das sich aus Bischöfen aus allen Teilen der katholischen Welt zusammensetzte und vom Papst oder seinem Legaten geleitet wurde, konnte über die Annahme oder Ablehnung der diskutierten Angelegenheit abstimmen; und jeder war aufgefordert, eine Liste mit diskutierbaren Themen einzureichen.

Einige Tage vor Beginn des Konzils schien es, als hätten die dafür verantwortlichen Behörden die Zusicherung erhalten, dass dieser vorwiegend katholische Angelegenheit mehr als die übliche Aufmerksamkeit zuteilwerden würde. Gegenüber dem Petersdom wurde ein stark vergrößertes Pressebüro eingerichtet.

Kardinal Cicognani leitete die Eröffnung und gab ihm seinen Segen; die Herren von der Presse strömten herbei.

Unter ihnen befanden sich überraschend viele atheistische Kommunisten, die wie Jäger ankamen und darauf hofften, „bei der Jagd dabei zu sein". Die *Sowjetische Literaturzeitung*, die noch nie zuvor bei einer religiösen Versammlung vertreten gewesen war, unternahm den überraschenden Schritt, einen Sonderkorrespondenten in der Person eines gewissen M. Mchedlov zu entsenden, der sich durch seine tief empfundene Bewunderung für den Papst den Weg nach Rom ebnete. Zwei Landsleute von Mchedlov waren ebenfalls anwesend, ein Reporter der sowjetischen Nachrichtenagentur *Tass* und ein weiterer von der Moskauer Zeitschrift, die offen den Namen „*Kommunist*" trug. Ein weiteres prominentes Mitglied des bolschewistischen Clans war M. Adjubei, der nicht nur Herausgeber *der Zeitung „ Izvestia"* war, sondern auch Schwiegersohn des sowjetischen Premierministers Chruschtschow.

Er wurde von Papst Johannes XXIII. herzlich empfangen, der ihn zu einer Sonderaudienz im Vatikan einlud. Die Nachricht von diesem vielversprechenden Empfang wurde an Chruschtschow weitergeleitet, der sofort seine Absicht bekundete, dem Papst am 25. November 1963, seinem nächsten Geburtstag, Glückwünsche zu übermitteln. Eine unbekannte Anzahl von Italienern, die sich von ihrer Überraschung darüber erholt hatten, dass das Oberhaupt der Kirche freundschaftliche Beziehungen zu ihren Feinden unterhielt, beschlossen, bei der nächsten Gelegenheit ihre Stimme für den Kommunismus abzugeben.

Diese Entschlossenheit wurde noch verstärkt, als eine Sonderausgabe der *Propaganda*, dem Organ der Kommunistischen Partei Italiens, dazu beitrug, den Lobgesang auf das bevorstehende Konzil anzuschwellen. Ein solches Ereignis, hieß es, sei vergleichbar mit der Eröffnung der Generalstände, dem Auftakt zur Französischen Revolution im Jahr 1789. Mit dem gleichen Gedanken verglich die Zeitung die Bastille (die im selben Jahr fiel) mit dem Vatikan, der in seinen Grundfesten erschüttert werden sollte.

Weitere Zustimmung von links kam von Jacques Mitterrand, Großmeister des französischen Grand Orient, der wusste, dass er Papst Johannes und die Auswirkungen des Konzils im Allgemeinen ohne Bedenken im Voraus loben konnte.

Unter den russisch-orthodoxen Beobachtern befand sich der junge Bischof Nikodim, der trotz seiner strengen religiösen Haltung offenbar frei durch den Eisernen Vorhang reisen konnte. Zwei weitere Bischöfe aus seiner Region, ein Tscheche und ein Ungar, schlossen sich ihm und Kardinal Tisserant bei einem geheimen Treffen an, das kurz vor der ersten Sitzung des Konzils an einem Ort in der Nähe von Metz stattfand. Nikodim, eine etwas zwielichtige Gestalt, sollte man im Gedächtnis behalten, da er später in diesem Buch noch einmal auftaucht.

Wir wissen heute, dass die Russen ihre eigenen Bedingungen für die „Teilnahme" am Konzil diktierten. Sie wollten es als Mittel nutzen, um ihren Einfluss in der westlichen Welt auszuweiten, wo der Kommunismus von Pius XI. fünfunddreißig Mal und von seinem Nachfolger Pius XII. nicht weniger als 123 Mal verurteilt worden war. Die Päpste Johannes und Paul VI. sollten diesem Beispiel folgen, aber jeder, wie wir sehen werden, mit einer „ en" Ironie. Es war nun russische Politik, dafür zu sorgen, dass die Exkommunikationsbullen gegen Katholiken, die der Kommunistischen Partei beigetreten waren, zum Schweigen gebracht wurden und dass keine weiteren Angriffe auf den Marxismus im Konzil unternommen wurden. In beiden Punkten wurde dem Kreml gehorcht.

Das Konzil, bestehend aus 2.350 Bischöfen, darunter sechzig aus russisch kontrollierten Ländern, wurde am 11. Oktober 1962 eröffnet.

Sie bildeten eine beeindruckende Prozession, mit der größten Ansammlung von Mitren, die unsere Zeit je gesehen hat, als ihre Träger durch die Bronzetüren des Petersdoms schritten; Wächter des Glaubens, Beschützer der Tradition, auf dem Marsch; selbstbewusste Männer, überzeugt von ihrer Haltung und daher fähig, Vertrauen und Widerstand zu erwecken.... So zumindest sahen sie aus. Nur wenige, die sie sahen, konnten ahnen, dass viele dieser ernsten und ehrwürdigen Väter nach den Regeln der Kirche, deren Gewänder sie trugen und auf deren Geheiß sie zusammengekommen waren, exkommuniziert und mit dem Bann belegt waren. Allein der Gedanke daran wäre mit einem Lachen abgetan worden.

2.

Nachdem die Vorbereitungen abgeschlossen waren, konnten die Konzilsmitglieder in den verschiedenen geöffneten Cafés Fragen stellen, diskutieren und sich austauschen, und bereits breitete sich eine nüchternere und nachdenklichere Stimmung aus, die sich deutlich von der unterschied, mit der viele die Einberufung des Konzils begrüßt hatten. In einigen Fällen grenzte es an Desillusionierung. Es war nicht nur eine Frage der Sprache, obwohl natürlich viele verschiedene Sprachen gesprochen wurden. Aber einige der Anwesenden schienen nicht nur in Latein, sondern auch in den Grundlagen ihres Glaubens wenig fundiert zu sein. Ihr Hintergrund war nicht der eines orthodoxen, traditionellen Katholiken; und diejenigen, die diesem Hintergrund angehörten und mit den Schriften von Heidegger und Jean-Paul Sartre vertraut waren, konnten in den Äußerungen und sogar in beiläufigen Bemerkungen allzu vieler Prälaten die Zweideutigkeiten und den Mangel an Autorität erkennen, die für Menschen, die Produkte des modernen Denkens sind, typisch sind.

Mehr noch, einige ließen durchblicken, dass sie nicht an die Transsubstantiation und damit auch nicht an die Messe glaubten. Aber sie hielten fest an Nietzsches Lebensstolz und der Vergötterung der menschlichen Vernunft, während sie die Idee eines Absoluten und den Begriff der Schöpfung ablehnten.

Ein Bischof aus Lateinamerika drückte seine Verwirrung milde aus, indem er sagte, dass viele seiner Mitprälaten offenbar ihren Glauben verloren hätten. Ein anderer war offen entsetzt, als er feststellte, dass einige, mit denen er gesprochen hatte und die nur vorübergehend ihre Mitren abgelegt hatten, jede Erwähnung der Dreifaltigkeit und der jungfräulichen Geburt verachteten. Ihr Hintergrund hatte nichts mit der thomistischen Philosophie zu tun, und ein Veteran der Kurie, der an die Härte des römischen Pflasters gewöhnt war, machte kurzen Prozess mit den Konzilsvätern, indem er sie als „zweitausend Nichtsnutze" zusammenfasste. Unter den bitter enttäuschten Teilnehmern gab es einige, die sagten, sie würden nur ein oder zwei Wochen lang symbolisch anwesend sein und dann nach Hause gehen.

Vertreter aus dem Nahen Osten erinnerten an eine Warnung, die Salah Bitah, der Premierminister Syriens, ausgesprochen hatte, als er zum ersten Mal von der Einberufung des Konzils hörte. Er hatte Grund zu der Annahme, dass der Rat nichts anderes als eine „internationale Verschwörung" sei. Andere unterstützten diese Definition mit einem Buch, das ihnen bei der Landung am Flughafen ausgehändigt worden war und in dem es hieß, der Rat sei Teil eines Plans zur Zerstörung der Lehre und Praxis der Kirche und letztlich der Institution selbst.

Der allgemeine Ton des Konzils war bald festgelegt: Die „Nichtsnutze" oder Progressiven, wie sie genannt wurden, forderten lautstark eine Modernisierung und eine Revision der Werte innerhalb der Kirche, während ihre traditionalistischen oder orthodoxen Gegner eine weit weniger aktive und viel weniger lautstarke Opposition bildeten. Der Unterschied zwischen den beiden Seiten wurde zu Beginn der ersten Sitzung deutlich, als die Progressiven ihre eigene Botschaft an die Welt richteten, um sicherzustellen, dass das Konzil „auf dem richtigen Fuß startet".

Papst Johannes folgte darauf mit der Erklärung, dass die Asche des heiligen Petrus aufgrund des Konzils in „mystischer Begeisterung" vibriere. Aber nicht alle seine Zuhörer, und schon gar nicht die Konservativen unter ihnen, lächelten. Vielleicht ahnten sie bereits ihre Niederlage, als sie einige der Kardinäle betrachteten, Suenens, Lienart, Alfrink und so prominente Theologen wie den Dominikaner Yves Congar, der für französische linke Zeitungen schrieb; den ultraliberalen Schillebeeckx, ebenfalls Dominikaner und Professor für Dogmatik an der Universität Nimwegen, und Marie-Dominique Chenu, dessen Schriften, wie beispielsweise seine Aussage, dass „Marx' großartige Analyse mit ihrem Gedankengut sowohl die

Gegenwart als auch die Zukunft bereichert", Pius XII. die Stirn runzeln ließen; alle waren sie eifrige Verfechter des Fortschritts und gingen bei der Wahl der Mittel, mit denen sie ihn erreichen wollten, nicht besonders sorgfältig vor.

Eine weitere einflussreiche Persönlichkeit war Montini, Erzbischof von Mailand, der die Dokumente für die ersten Phasen des Konzils verfasste und beaufsichtigte. Sein Ansehen wuchs von Tag zu Tag. Er war offensichtlich ein Mann der Zukunft.

Das Schweigen der passiven Minderheit, ein Schweigen, das von vornherein eine Niederlage zugab, wurde Papst Johannes mitgeteilt, der es auf die Ehrfurcht und Feierlichkeit zurückführte, die dieser Anlass hervorrief.

3.

Diese Seiten sollen nicht versuchen, die tägliche Arbeit des Konzils zusammenzufassen. Sie sollen vielmehr versuchen, aufzuzeigen, wie getreu das Konzil die Ziele der Progressiven, Liberalen, Eindringlinge (wie auch immer man sie nennen mag) erfüllt hat, die es ins Leben gerufen hatten, und wie wenig effizient und entschlossen ihre Gegner vorgegangen sind.

Die erstgenannte Gruppe, die sich größtenteils aus deutschsprachigen Bischöfen zusammensetzte, war von Anfang an hinter den Kulissen aktiv. Sie hatten Audienzen beim Papst und diskutierten Änderungen in der Liturgie und andere Themen, die ihnen am Herzen lagen. Sie änderten die Geschäftsordnung, um sie ihrer Politik anzupassen, und sorgten dafür, dass die verschiedenen Kommissionen mit Gleichgesinnten besetzt wurden. Sie verzerrten oder unterdrückten alle Themen, die ihnen nicht passten. Sie blockierten die Ernennung von Gegnern in alle Positionen, in denen diese sich Gehör verschaffen konnten, verwarfen Beschlüsse, die ihnen nicht gefielen, und nahmen die Dokumente, auf denen die Beratungen beruhten, an sich.

Sie wurden von der Presse unterstützt, die natürlich von derselben Macht kontrolliert wurde, die das Feuer der Unterwanderung noch anfachte. Darüber hinaus finanzierten die deutschen Bischöfe ihre eigene Nachrichtenagentur. So wurden in den Berichten, die die Öffentlichkeit erreichten, die linken Bischöfe als ehrlich, brillant und hochintelligent dargestellt, während ihre Gegner als dumm, schwach, stur und veraltet erschienen. Die Linke hatte darüber hinaus die Macht des Vatikans hinter sich und einen wöchentlichen Newsletter, der von Montini verfasst wurde und den Ton angab, in dem strittige Fragen vom Konzil gelöst werden sollten. Seine Äußerungen zur

Liturgiereform wurden von der Presse verbreitet und von denen begrüßt, die die Messe auf das Niveau eines Mahls unter Freunden reduzieren wollten.

Wenn man auf diese Zeit zurückblickt, muss man sich fragen, mit welcher Nachlässigkeit oder Schwäche ihre traditionellen oder orthodoxen Gegner auf Maßnahmen reagierten, die für Männer ihres Standes den Sinn ihrer Existenz bedrohten. Sie wussten sehr wohl, was geplant war und was damals vor sich ging. Sie wussten, dass eine mächtige Fünfte Kolonne, darunter viele Mitglieder der Hierarchie, am Sturz der westlichen Kirche arbeitete. Aber sie taten nichts weiter, als das Protokoll einzuhalten und ihren Groll durch angeborenen Gehorsam zu überwinden. Es war fast so, als wollten sie (vorausgesetzt, die Moral war auf ihrer Seite) das Sprichwort veranschaulichen: „Gute Menschen sind schwach und müde; entschlossen sind die Schurken."

Ein Faktor, der zur Entscheidung beitrug, war das Alter. Die meisten Konzilsväter, die der alten traditionellen Schule angehörten, hatten ihre besten Jahre hinter sich und zählten nun, wie Kardinal Ottaviani, dessen Name einst in der Kurie Gewicht hatte, kaum mehr als eine fast verachtete Nachhut.

Eine unbewusste Anerkennung dieser Tatsache kam von einem anderen aus ihren Reihen, dem betagten Bischof von Dakar, der den Kopf schüttelte über die diktatorische Methode, mit der die Modernisten schon in der Vorphase des Konzils alles vor sich herfegten. „Das", sagte er, „war von einem Meisterhirn organisiert."

Die Modernisten ihrerseits verachteten offen alles, was von den orthodoxen Elementen im Konzil vorgeschlagen wurde. Als einer ihrer Vorschläge zur vorläufigen Diskussion kam, erklärte ein „modernisierter" Konzilsvater, diejenigen, die ihn vorbrachten, „verdienten es, zum Mond geschossen zu werden". Trotzdem waren die russischen Beobachter, trotz früher Anzeichen dafür, dass das Konzil bereit war, sich der kommunistischen Linie anzuschließen, nicht ganz zufrieden, obwohl Johannes XXIII. dafür gelobt wurde, dass er seine

Unabhängigkeit bewahrt hatte und nicht zum Handlanger der Rechten geworden war.

Der Tass-Korrespondent bedauerte jedoch die Anwesenheit zu vieler „offensichtlicher Reaktionäre" in der Versammlung, eine Meinung, die von M. Mchedlov geteilt wurde, der hinzufügte: „Bislang haben die eingefleischten Konservativen nicht gesiegt. Es ist ihnen nicht gelungen, die Kirche zu einem Werkzeug ihrer reaktionären Propaganda zu machen."

4.

Zwischen dem Ende der ersten Sitzung des Konzils am 1. Dezember 1962 und der Eröffnung der zweiten Sitzung am 29. September des folgenden Jahres verstarb Papst Johannes nach langer Krankheit am Abend des 3. Juni 1963. und jede Form der Öffentlichkeit, die in den vergangenen Wochen ausführlich über das Sterbebett in Rom berichtet hatte, setzte erneut alles daran, einen Mann zu verherrlichen, der dem Zweck, für den er den Stuhl Petri erhalten hatte, treu gedient hatte, und setzte eine Reihe von Ereignissen in Gang, die darauf abzielten, auf Kosten der Kirche einen Großteil der Ziele zu verwirklichen, die von Geheimgesellschaften über Jahrhunderte hinweg festgelegt worden waren.

Ein prominentes Mitglied der Verschwörung, die Johannes XXIII. gefördert hatte, der ehemalige Doktor des Kirchenrechts, Roca, kommentierte trocken: [11] „Der alte Papst, der das Schweigen gebrochen und die Tradition der großen religiösen Kontroverse begonnen hat, geht zu Grabe." Eine aufschlussreiche Würdigung, die jedem die Augen öffnen sollte, der noch immer Anstoß an der Erwähnung einer Verschwörung nimmt, schrieb Charles Riandey, souveräner Großmeister der Geheimgesellschaften, in seinem Vorwort zu einem Buch von Yves Marsaudon, Staatsminister des Obersten Rates der französischen Geheimgesellschaften: „In Erinnerung an Angelo Roncalli, Priester, Erzbischof von Messamaris, Apostolischer Nuntius in Paris, Kardinal der römischen Kirche, Patriarch von Venedig, Papst unter dem Namen *Johannes XXIII.*, der uns

---

[11] Ökumene aus der Sicht eines französischen Freimaurers. (Paris, 1969).

seinen Segen, sein Verständnis und seinen Schutz gewährt hat" (*Hervorhebung von mir*).

Ein zweites Vorwort des Buches war an „seinen erhabenen Nachfolger, Seine Heiligkeit Papst Paul VI." gerichtet.

Nie zuvor war der Tod eines Papstes, in der Person von Johannes XXIII., so ausführlich behandelt worden. Selbst hartgesottene Reporter weinten bei dieser Nachricht. Die Finger der sensationshungrigen Kolumnisten tasteten über die Tasten ihrer Schreibmaschinen. Nur wenige, die wussten, was sich in dem dunklen Raum in Istanbul zugetragen hatte, standen mit erhobenem Kopf und ungetrübtem Geist da und dachten daran, dass Angelo Roncalli tatsächlich, wie die Frommen zu sagen pflegten, „seine Belohnung erhalten hatte".

Die Frage nach seinem Nachfolger stand nie ernsthaft zur Debatte. Die Einberufung eines Konklaves war kaum mehr als eine Formalität. Dieselben Stimmen, die den Rosenkreuzer Johannes XXIII. gepriesen hatten, forderten nun Montini, Montini aus Mailand. Die Anglikaner, die für einen Papst mit oder ohne Politik keine Zeit hatten, waren sich einig, dass Montini der richtige Mann war.

Er war tatsächlich von Papst Johannes auf dieses Amt vorbereitet und eingewiesen worden, der Montini zu seinem ersten Kardinal ernannt hatte, während Pius XII. einem Mann, den er als kommunistenfreundlich kannte, stets den Kardinalshut vorenthalten hatte. Montini war der einzige nicht im Vatikan ansässige Kardinal, den Johannes zum Leben in den Vatikan einlud, wo sie vertrauliche und inoffizielle Gespräche über die Ergebnisse führten, die sie beide vom Konzil erwarteten; und Papst Johannes besetzte das Kardinalskollegium mit Vertrauten, um sicherzustellen, dass Montini als sein Nachfolger die von beiden befürworteten ketzerischen Dekrete weiter verkünden würde.

Die heftigsten Proteste gegen die Wahl kamen von Joaquin Saenz Arriaga, Doktor der Philosophie und des Kirchenrechts, der Gefahr darin witterte, dass ein großer Teil der Unterstützung für Montini von säkularen Kommentatoren kam, denen nicht das

Wohl, sondern der Untergang der Kirche am Herzen lag. Einige seiner Referenzen und Qualifikationen sollen übertrieben oder falsch gewesen sein.

Die Entscheidung eines Konklaves, die durch Gewohnheit festgelegt war, konnte jedoch nicht in Frage gestellt werden, und Montini, der den Namen Paul VI. annahm, wurde am 23. Juni 1963 gewählt.

5.

Giovanni Battista Montini gehörte zu jenen Sozialisten, die, obwohl sie selbst aus keineswegs bescheidenen Verhältnissen stammten, bei anderen schnell Anstoß an den geringsten Anzeichen von Privilegien nahmen. Er wurde am 26. September 1897 in Norditalien in eine hochprofessionelle Familie (vermutlich hebräischer Herkunft) geboren, die mehr als ein Jahrhundert zuvor in die Annalen des römischen Adels aufgenommen worden war.

Sein Vater, Giorgi Montini, ein prominenter Christdemokrat, gehörte höchstwahrscheinlich einer Geheimgesellschaft an, was zum Teil das spätere Engagement seines Sohnes erklären würde. Der junge Giovanni zeigte schon früh den Wunsch, in den kirchlichen Dienst zu treten, war jedoch von so zarter Konstitution, dass er zu Hause statt im Seminar studieren durfte, wodurch er sich frei entfalten konnte und soziale und politische Tendenzen entwickelte, die nicht denen eines normal ausgebildeten und disziplinierten Dieners der Kirche entsprachen.

Als er seine erste reguläre Stelle als Universitätskaplan in Rom antrat, war er bereits ein etablierter Mann der Linken. Das hinderte ihn jedoch nicht daran, sich in einem konservativen Umfeld stetig und zweifellos zu profilieren, und er wurde unter Pius XII. stellvertretender Staatssekretär im Vatikan.

Montini war seit langem ein Bewunderer der Werke des Philosophen Jacques Maritain, dessen System des „integralen Humanismus" mit seiner Ablehnung autoritärer und dogmatischer Überzeugungen zugunsten einer „ en" weltweiten Bruderschaft, die auch Nichtgläubige einschließen sollte, die Zustimmung von Johannes XXIII. gefunden hatte.

Der Mensch war nach Maritain im Wesentlichen gut, eine Sichtweise, die ihn weniger empfänglich machte für die entscheidende Unterscheidung zwischen den vom Menschen geschaffenen säkularen Existenzformen und den Anforderungen, die der Glaube an die göttliche Natur Christi und der Kirche stellte.

Sowohl Maritain als auch Montini lehnten die traditionalistische Sichtweise der Kirche als einziges Mittel zur Erreichung einer wahren Weltgemeinschaft ab. Dies mag in der Vergangenheit so erschienen sein, doch nun sei eine neue Welt entstanden, die sensibler für soziale und wirtschaftliche Probleme sei und diese auch lösen könne. Und Montini, den Maritain als seinen einflussreichsten Schüler betrachtete, sprach für alle, die dieser Überzeugung waren, als er sagte: „Kümmert euch nicht um Kirchenglocken. Wichtig ist, dass die Priester die Fabriksirenen hören können, dass sie die Tempel der Technik verstehen, in denen die moderne Welt lebt und gedeiht." Es gibt ein Dokument, dessen Inhalt, soweit mir bekannt ist, bisher kaum oder gar nicht veröffentlicht wurde. Es ist auf den 22. September 1944 datiert, nachdem es am 28. August desselben Jahres gemeldet worden war, und basiert auf Informationen vom 13. Juli desselben Jahres. Es befindet sich heute in den Akten des Office of Strategic Services, aus dem später die Central Intelligence Agency (CIA) hervorging.[12]

Sie trägt die Überschrift: „Togliatti und der Vatikan nehmen ersten direkten Kontakt auf" und befasst sich mit den Plänen für soziale und wirtschaftliche Revolutionen, die zwischen der Kirche und einem ihrer konsequentesten Feinde, der Kommunistischen Partei, ausgearbeitet wurden.

Hier ein Zitat: Am 10. Juli traf sich der amtierende Staatssekretär des Vatikans, Monsignore Giovanni Montini, im Haus eines christdemokratischen Ministers mit Togliatti, dem kommunistischen Minister ohne Geschäftsbereich in der

---

[12] Darauf wurde ich von Herrn Michael Gwynn von der Britons Library aufmerksam gemacht.

Regierung Bonomi. In ihrem Gespräch wurden die Gründe für die Annäherung zwischen der Christdemokratischen und der Kommunistischen Partei erörtert.

Seit seiner Ankunft in Italien hatte Togliatti private Treffen mit Politikern der Christdemokratischen Partei. Diese Kontakte bildeten den politischen Hintergrund für Togliattis Rede im Teatro Brancaccio am Sonntag, dem 9. Juli, und erklären die positive Aufnahme, die die Rede in der katholischen Presse fand.

„Über Führer der Christdemokratischen Partei konnte Togliatti dem Vatikan seinen Eindruck von Stalins Meinung zur Religionsfreiheit, wie sie nun vom Kommunismus akzeptiert wird, und vom demokratischen Charakter des Abkommens zwischen Russland und den Alliierten vermitteln. Andererseits erreichte der Heilige Stuhl Togliatti auf dem gleichen Weg und brachte seine Meinung zum künftigen Abkommen mit Sowjetrussland in der Frage des Kommunismus in Italien und in anderen Ländern zum Ausdruck.

„Das Gespräch zwischen Monsignore Montini und Togliatti war der erste direkte Kontakt zwischen einem hohen Prälaten des Vatikans und einem Führer des Kommunismus. Nach Prüfung der Lage erkannten sie die praktische Möglichkeit einer bedingten Allianz zwischen Katholiken und Kommunisten in Italien, die den drei Parteien (Christdemokraten, Sozialisten und Kommunisten) eine absolute Mehrheit verschaffen und ihnen damit die Beherrschung jeder politischen Situation ermöglichen würde.

Es wurde ein vorläufiger Plan ausgearbeitet, der die Grundlage für eine Vereinbarung zwischen der Christdemokratischen Partei und den kommunistischen und sozialistischen Parteien bilden sollte. Außerdem entwarfen sie einen Plan mit den Grundzügen, nach denen eine praktische Verständigung zwischen dem Heiligen Stuhl und Russland in ihren neuen Beziehungen hergestellt werden könnte."

Zusammenfassend teilte Montini Togliatti mit, dass die antikommunistische Haltung der Kirche nicht als etwas

Dauerhaftes angesehen werden sollte und dass viele in der Kurie Gespräche mit dem Kreml aufnehmen wollten.

Diese Treffen mit dem Feind missfielen Pius XII., der seinen Staatssekretär, zunehmend mit Missgunst betrachtete; Montini seinerseits suchte nach einer Schwachstelle des Papstes. Er fand eine in der Tatsache, dass Pius einigen seiner Neffen lukrative Posten verschafft hatte; und Montini spielte – sehr zur Freude seiner sozialistischen, antiklerikalen Genossen – mit diesem Beweis päpstlicher Vetternwirtschaft, so gut er konnte.

Pius reagierte darauf, indem er Montini aus seinem Vertrauensposten entließ und ihn als Erzbischof nach Mailand versetzte. Dieses Amt war zuvor rechtmäßig mit einem Kardinal besetzt gewesen, aber für Montini gab es bis 1958 keinen Kardinalhut.

Dort konnte er seinen politischen Sympathien, die sich immer deutlicher nach links verlagerten, freien Lauf lassen. Einige seiner Schriften, die in der Diözesanzeitung *L'Italia* erschienen, machten einige seiner Priester misstrauisch gegenüber ihrem Vorgesetzten, und bald darauf kündigten mehr als vierzig von ihnen ihr Abonnement der Zeitung. Aber ihre Missbilligung bedeutete Montini wenig oder gar nichts, der mit Maritain im Hintergrund einen noch aktiveren Unterstützer seiner ultraliberalen Ansichten gefunden hatte.

Das war Saul David Alinsky, ein typischer Vertreter des Typs der Agitatoren, die vorgeben, eine tiefsitzende Abneigung gegen die kapitalistischen Kreise zu hegen, in denen sie sich stets vorsichtig bewegen und von deren Großzügigkeit sie profitieren.

Montini war so beeindruckt von Alinskys revolutionärer Lehre – er war als Apostel der permanenten Revolution bekannt –, dass die beiden zwei Wochen lang zusammen verbrachten und darüber diskutierten, wie man die Forderungen der Kirche und die der kommunistischen Gewerkschaften am besten in Einklang bringen könnte. Es muss angemerkt werden, dass Alinsky in seinen persönlichen Beziehungen ebenso einzigartig glücklich war wie bei seinen finanziellen Unterstützern. Am Ende ihrer Gespräche erklärte Montini, er sei stolz darauf, sich zu Alinskys besten Freunden zählen zu dürfen, während Jacques Maritain in einer Stimmung, die den Aufweichungsprozess seiner philosophischen Weltanschauung erkennen ließ, Alinsky als einen der „wenigen wirklich großen Männer des Jahrhunderts" bezeichnete.

Einer von Alinskys reichen Geldgebern – und dieser Verfechter des Klassenkampfs hatte mehrere, darunter so seltsame Kombinationen wie die Rockefeller-Stiftung und die Presbyterianische Kirche – war der Millionär Marshall Field. Dieser Kontakt trug weiter dazu bei, Alinskys Image in Montinis Augen zu stärken, da Marshall Field, der eine kommunistische Zeitung herausgegeben hatte, verschiedene subversive Bewegungen finanzierte und sich durch zwei Scheidungsgerichte und drei Ehesachen gewunden hatte, ein treuer Sohn der Kirche geblieben war – dafür sorgte sein Bankkonto – und ein enger Freund von Bischof Shiel aus Chicago war.

Gleichzeitig knüpfte Montini eine zunächst rein geschäftliche Beziehung, die in nicht allzu ferner Zukunft weitreichende Auswirkungen auf weite Teile Italiens, einschließlich des Vatikans, haben sollte. Im Zuge der komplizierten finanziellen Angelegenheiten der Kirche begegnete er einer zwielichtigen Gestalt, Michele Sindona, der in Mailand eine Steuerberatungskanzlei betrieb (die zumindest Teil seiner vielseitigen Aktivitäten war).

Sindona war ein Sizilianer, geboren 1917, ein Produkt der heterogenen jesuitischen Ausbildung, der Jura studierte, als britische und amerikanische Truppen während des Zweiten Weltkriegs die Insel besetzten. Eine weitere Plage, die sich durch den Krieg in Sizilien erneuern konnte, war die Mafia.

Von Mussolini in den Untergrund getrieben, war sie seitdem wieder aufgetaucht, mit ihrer sprichwörtlich starken amerikanischen Unterstützung und einer hilfsbereiten Hand von Präsident Roosevelt, der wie praktisch alle amerikanischen Präsidenten seit der Zeit Washingtons (selbst ein Illuminatus) ein aktiver Unterstützer der Geheimgesellschaften war. Einer von Roosevelts zahlreichen Titeln war „Ritter von Pythias", der die Mitgliedschaft in einer Gesellschaft bekundete, die auf dem mythischen Heidenpaar Damon und Pythias basierte; außerdem trug er als Mitglied des Ancient Arabic Order of Nobles of the Mystic Shrine einen roten Fez.

Sindona profitierte von den schlimmen Bedingungen, die durch die Mafia und den Krieg entstanden waren. Er besorgte sich einen Lastwagen und verdiente gut damit, den Soldaten Kleinigkeiten und Dinge des täglichen Bedarfs zu verkaufen. Es ist fraglich, ob er, wie manche behaupten, daran beteiligt war, Informationen über die Deutschen weiterzugeben und deren Stellungen zu sabotieren. Doch bald verschmolz er mit den Gangstern, die das amerikanische Militärkommando umgaben und in einem Luxuswagen herumfuhren, den ihnen die Mafia für ihre Dienste geschenkt hatte.

Geschützt und gefördert von den Alliierten stand Sindona bald an der Spitze eines florierenden Schwarz marktes; und als der Krieg zu Ende war, folgte er denen, die seinen Appetit auf Geld geweckt hatten, kehrte dem verarmten Süden den Rücken und ging nach Mailand, wo er im Erzbischof einen geeigneten Mitarbeiter fand.

Montinis Machtübernahme war geprägt von der Ankunft von Menschen in Rom, die die eher konventionellen Beobachter der vatikanischen Zeremonien ziemlich bestürzten; und da die römische Natur zu scharfsinnig für einfache Heuchelei ist, ahnten sie mehr als nur eine Ablehnung der Zuhälter, Pseudokünstler aller Art, gewissenlosen Geistlichen und diversen Mitläufer, die in Scharen in den Süden strömten und ihre metaphorischen Zelte im Schatten der Kuppel des Petersdoms aufschlugen.

Rom, erklärten Montinis Kritiker, werde erneut von Barbaren aus dem Norden überfallen.

Andere sagten, es sei die Mafia. Sie lagen nicht ganz falsch. Denn unter den Neuankömmlingen befand sich Michele Sindona, der nicht mehr mit einer Schubkarre herumfuhr, sondern in einem glänzenden Auto mit Chauffeur herumlungerte und zweifellos die päpstlichen und kaiserlichen Denkmäler, an denen er vorbeifuhr, mit dem Blick eines Geschäftsmannes begutachtete.

6.

Papst Johannes sprach im Namen des von ihm einberufenen Konzils und erklärte dessen Ziel: „Unser größtes Anliegen ist es, das heilige Vermächtnis der katholischen Lehre zu bewahren." Die Kirche dürfe niemals „vom heiligen Erbe der Wahrheit, das wir von den Vätern empfangen haben", abweichen.

Daran war nichts Seltsames oder Revolutionäres. So viel war von Generation zu Generation als selbstverständlich angesehen worden. Aber als das Konzil begann, änderte der Papst seine Haltung und sprach davon, dass die Kirche sich nicht mit dem Studium alter Museen oder Symbolen des vergangenen Denkens befassen solle. „Wir leben, um voranzukommen. Wir müssen immer vorwärts gehen. Das christliche Leben ist keine Sammlung alter Bräuche." Und Papst Paul verkündete nur wenige Stunden nach seiner Wahl seine Absicht, das Konzil seines Vorgängers zu konsolidieren und umzusetzen, und zwar in einer Weise, die, wie wir sehen werden, die zweite Aussage von Papst Johannes bestätigte.

Für den allgemeinen Leser war das herausragendste Ergebnis des Konzils die veränderte Beziehung zwischen dem atheistischen Kommunismus und der Kirche; und die Tatsache, dass eine so überraschende Wende zustande kam, zeigt, dass Mazzini und seine Mitverschwörer sich nicht verrechnet hatten, als sie vor so vielen Jahren ihre Hoffnungen auf eine fatale Unterminierung der Kirche auf ein Generalkonzil gesetzt hatten. Es verdeutlicht auch die Methoden derer, die, so hoch ihre kirchlichen Titel auch waren, in erster Linie Anhänger des geheimen revolutionären Glaubensbekenntnisses waren.

Das Schema zum Kommunismus wurde vom polnischen Kardinal Wyszynsky begrüßt, der persönliche Erfahrungen mit dem Leben hinter dem Eisernen Vorhang hatte. Sechshundert

Konzilsväter unterstützten ihn, und 460 unterzeichneten eine Petition, in der sie forderten, die Verurteilung des atheistischen Materialismus, der einen Teil der Welt versklavte, zu erneuern.

Als jedoch der Bericht der Kommission über die Kirche in der modernen Welt bekannt wurde, wurde der Inhalt der Petition nicht erwähnt; und als die Verantwortlichen darauf drängten, eine Erklärung zu erhalten, wurde ihnen mitgeteilt, dass nur zwei Stimmen gegen den Kommunismus abgegeben worden seien.

Was aber, fragten einige der erstaunten und enttäuschten Unterzeichner, sei mit der weitaus größeren Zahl derjenigen geschehen, die die Petition befürwortet hatten? Ihnen wurde mitgeteilt, dass die Angelegenheit nicht allen Konzilsvätern zur Kenntnis gebracht worden sei, da etwa 500 von ihnen nach Florenz gereist seien, wo Feierlichkeiten zu Ehren Dantes stattfanden.

Da sie immer noch nicht zufrieden waren, drängten diejenigen, die so offensichtlich ausmanövriert worden waren, den Jesuiten Robert Tucci, ein prominentes Mitglied der zuständigen Kommission, um eine Erklärung. Ihre Vermutungen seien unbegründet, sagte er ihnen. Es habe keine Verhandlungen gegeben, keine Intrigen hinter den Kulissen. Das könne nur bedeuten, dass die Petition „unterwegs auf eine rote Ampel gestoßen" sei und daher zum Stillstand gekommen sei.

Eine andere Erklärung lautete, dass die Intervention nicht innerhalb der vorgeschriebenen Frist eingegangen sei und daher unbemerkt geblieben sei.

Die Diskussion ging weiter, wobei zwei der Konzilsväter erklärten, sie hätten die unterzeichnete Intervention persönlich und rechtzeitig beim Generalsekretariat abgegeben; und als sich dies als richtig erwies, gab es ein Einlenken seitens derjenigen, die bisher die Verurteilung des Kommunismus blockiert hatten.

Erzbischof Garonne von Toulouse wurde hinzugezogen, um die Angelegenheit zu klären, und er räumte ein, dass die Petition rechtzeitig eingegangen war, aber dass diejenigen, die sie an die Mitglieder der Kommission weiterleiten sollten, fahrlässig gehandelt hatten. Aufgrund ihres Versäumnisses war die Petition nicht geprüft worden. Aber selbst diejenigen, die Fehler eingestanden, zeigten weitere Unstimmigkeiten. Der Erzbischof sagte, dass 332 Eingaben eingegangen seien. Ein anderer nannte die Zahl 334, aber auch diese wurde widerlegt, als bekannt gegeben wurde, dass insgesamt 297 Eingaben rechtzeitig eingegangen waren.

Es gab noch einen weiteren Versuch seitens derjenigen, die eine Bekräftigung der ursprünglichen Verurteilung des Kommunismus durch die Kirche wünschten. Er bestand in der Forderung, die Namen der 450 Prälaten zu überprüfen, die die Petition unterzeichnet hatten. Aber das wurde abgelehnt. Die Petition war den gesammelten Dokumenten zu diesem Fall beigefügt worden, und diese waren einfach nicht verfügbar. So verloren die Traditionalisten, wie in allen solchen Angelegenheiten, den Mut. Ihre Sache erlosch, und die Modernisten blieben, selbstbewusst wie immer, auf dem Feld.

Ihr Sieg und der der Geheimgesellschaften, die das Konzil manipuliert hatten, war von Kardinal Frings, einem Mitglied des deutschsprachigen Konsortiums, vorweggenommen worden, als er sagte, dass jeder Angriff auf den Kommunismus dumm und absurd sei – eine Meinung, die von der international kontrollierten Presse wiederholt wurde. Und gleichzeitig, als wolle man Licht auf die weitreichende Kapitulation der Kirche vor ihrem Feind werfen (die viele Menschen vor einigen Jahren noch für undenkbar gehalten hätten), erhielt Josef Kardinal Beran, der im Exil lebende Erzbischof von Prag, der damals in Rom lebte, einen Ausschnitt aus einer tschechoslowakischen Zeitung.

Darin prahlte einer ihrer politischen Glaubensbekenner, dass es den Kommunisten gelungen sei, alle Kommissionen zu infiltrieren, die den Kurs des Konzils bestimmten – eine Behauptung, die sich bestätigte, als in jeder Phase der Sitzungen ähnliche Taktiken mit gleichem Erfolg angewendet wurden.

Ein typisches Beispiel dafür war die Debatte über die Ordensgemeinschaften. Rechtsgerichtete Redner, die zuvor ihre Redebereitschaft angemeldet hatten, durften nicht ans Mikrofon.

Ihren Gegnern von der Linken, deren Namen erst am Morgen eingereicht worden waren, wurde das Mikrofon jedoch zur Verfügung gestellt. Diejenigen, die empört darüber waren, dass sie zum Schweigen gebracht worden waren, drängten auf eine offizielle Untersuchung. Diese wurde ihnen verweigert, woraufhin sie verlangten, den Prälaten zu sprechen, der bei dieser Gelegenheit als Moderator fungiert hatte, Kardinal Dopfner. Dieser war jedoch nicht verfügbar, da er zu einem langen Wochenende nach Capri gereist war.

Als es ihnen gelang, ein Gespräch zu erwirken, entschuldigte sich der Kardinal und forderte sie dann kühl auf, auf ihr Rederecht zu verzichten. Das wurde natürlich abgelehnt, woraufhin der Kardinal versprach, eine Zusammenfassung der von ihnen vorbereiteten Reden vorzulesen. Die Versammelten im Konzilssaal konnten jedoch kaum etwas von dem erkennen, was sie hörten. Die Reden waren erheblich gekürzt, ihre Bedeutung war verworren und in einigen Fällen verfälscht. Dann gaben die Einspruchsteller, wie es ihrer Art entspricht, auf, besiegt durch ihre eigene Lethargie – oder war es durch die Ausflüchte und die Hartnäckigkeit derer, die mit einem festen Ziel und einem Muster, das sich während der gesamten Sitzungen immer wiederholte, zum Konzil gekommen waren?

An einem Tag Ende Oktober richtete sich die Aufmerksamkeit des Konzils auf eine Person, die sich erhob, um zu sprechen. Es war Kardinal Alfredo Ottaviani, eines der fähigsten Mitglieder der Kurie, der die Erinnerung an die großen Tage Pius XII. in sich trug und deshalb von einigen respektiert, von anderen gefürchtet oder abgelehnt wurde. Manche schreckten vor seinem Blick zurück, der, wie seine Feinde sagten, auf seinen bösen Blick zurückzuführen sei. Sein Blick konnte in der Tat beunruhigend sein, da er im armen Stadtteil Trastevere geboren worden war, wo eine unbehandelte Augenkrankheit viele Menschen heimgesucht hatte, und nun, mit über siebzig Jahren, war er fast blind.

Als er sich erhob, tauschten die Progressiven im Konzil vielsagende Blicke aus. Sie wussten, was kommen würde. Er würde die neue Form der Messe kritisieren, das Werk von

Monsignore Annibale Bugnini (auf das wir später noch näher eingehen werden).

Von den Progressiven bejubelt und von den Traditionalisten als fatale Neuerung beklagt, hatte sie eine tiefere Spaltung innerhalb des Konzils verursacht als jedes andere Thema.

Niemand zweifelte daran, auf welcher Seite Ottaviani stehen würde, und seine ersten Worte machten dies deutlich: Wollen wir beim christlichen Volk Verwunderung, vielleicht sogar Skandal hervorrufen, indem wir Änderungen an einem so ehrwürdigen Ritus vornehmen, der seit so vielen Jahrhunderten anerkannt ist und uns heute so vertraut ist? Der Ritus der Heiligen Messe darf nicht behandelt werden, als sei er ein Stück Stoff, das nach dem Gutdünken jeder Generation neu gestaltet werden kann....

Die Redezeit war auf zehn Minuten begrenzt. Kardinal Alfrink, der den Vorsitz führte, hielt den Finger auf der Warnklingel. Dieser Redner war übertrieben ernst, und was er zu sagen hatte, missfiel vielen. Die zehn Minuten vergingen. Die Glocke läutete, und Kardinal Alfrink gab einem Techniker ein Zeichen, das Mikrofon auszuschalten. Ottaviani bestätigte das Geschehene durch ein Klopfen auf das Gerät. Dann stolperte er völlig gedemütigt zurück zu seinem Platz, tastete mit den Händen und stieß dabei gegen das Holz. Einige der Konzilsväter kicherten. Andere klatschten.

Diese Seiten sollen sich nicht mit der päpstlichen Autorität befassen. Aber sie muss zumindest kurz angesprochen werden, da diejenigen, die noch immer an der Beteiligung der Geheimgesellschaft und dem Ausmaß der Macht, die ich ihr zugeschrieben habe, zweifeln, darauf verweisen könnten, dass eine ihrer extremsten Behauptungen, „Das Papsttum wird untergehen", sich nicht bewahrheitet hat. Denn das Papsttum existiert noch immer.

Er existiert zwar noch, aber er hat einem Geist des Kollektivismus Platz gemacht, der in den Tagen, als Petrus und seine Nachfolger aufgrund der ihnen von Christus übertragenen Autorität die höchste Gerichtsbarkeit über die Kirche innehatten, niemals für möglich gehalten worden wäre.

Noch während das Konzil tagte, lehnten viele seiner Mitglieder, angeführt vom Bischof von Baltimore, die Lehre von der Unfehlbarkeit des Papstes ab, die sich speziell auf den Glauben und die Moral bezog und damit viel eingeschränkter war, als viele denken; und ähnliche Bestrebungen an anderen Orten führten dazu, dass sie durch eine neue und ungeschickte Definition ersetzt wurde – die bischöfliche Kollegialität der Bischöfe.

Eine solche Delegation von Autorität ist nun erfolgt. Mehr Verantwortung wurde auf die Bischöfe übertragen, und die allgemeine Akzeptanz einer solchen Veränderung wurde von einem entsprechenden Rückgang des Machtmonopols des Papstes begleitet.

Das mag nur ein erster Schritt auf dem Weg zur Erfüllung der selbstbewussten Behauptung sein: „Das Papsttum wird untergehen."

7.

Annibale Bugnini, der 1972 von Paul VI. zum Titularerzbischof von Dioclentiana ernannt worden war, hatte allen Grund zur Freude. Sein lebenslanger Dienst für die Kirche auf dem Gebiet der Liturgiewissenschaft und -reform war belohnt worden. Als Sekretär der Kommission für die Umsetzung der Liturgiekonstitution war er nun eine Schlüsselfigur in der Revolution, die seit dreizehn Jahren bevorstand. Schon vor der Eröffnung des Zweiten Vatikanischen Konzils war ihm eine entscheidende Rolle in der Zukunft der Kirche sicher, die weitgehend von der Messe abhing, für die er als Zeichen des weiteren Fortschritts neue Riten und eine neue Ordnung zusammengestellt hatte.

Seine Arbeit umfasste eine Reform der liturgischen Bücher und den Übergang vom Lateinischen zur Volkssprache, die in kleinen Schritten erfolgen sollte, um die Unwissenden nicht zu beunruhigen. Die Einführung neuer und anderer Regeln verlief so erfolgreich, dass Kardinal Villot, einer ihrer Verkünder, nach nur zwölf Monaten feststellen konnte, dass bereits nicht weniger als 150 Änderungen in Kraft getreten waren; während die veraltete Vorschrift, dass „die lateinische Sprache in den lateinischen Riten beibehalten wird", bereits in 36 Dialekten, in Patois und sogar in einer Art Alltagssprache umgesetzt wurde.

Bugnini hatte nämlich mit Zustimmung Pauls VI. das Programm Luthers in die Praxis umgesetzt, in dem erkannt worden war, dass „wenn die Messe zerstört ist, das Papsttum gestürzt sein wird, denn das Papsttum stützt sich auf die Messe wie auf einen Felsen". Es stimmt, dass ein orthodoxer Gegner, Dietrich von Hildebrand, Bugnini als „den bösen Geist der Liturgiereform" bezeichnet hatte. Aber solche Überlegungen spielten im Kopf des Erzbischofs keine Rolle, als er 1975 einen Konferenzraum verließ, in dem er an einer Sitzung einer der Kommissionen teilgenommen hatte, in denen er mitreden konnte, und eine Treppe hinaufsteigen wollte. Plötzlich blieb er stehen. Seine Hände, die eine Aktentasche hätten tragen sollen, waren leer. Die Tasche mit vielen seiner Unterlagen war im Konferenzraum liegen geblieben. Da er nie ein eiliger Mensch war, denn er war ein schwerer Mann und brauchte Bewegung, rannte er nun fast zurück und suchte die Stühle und Tische ab. Die Aktentasche war nirgends zu sehen.

Sobald die Sitzung beendet war, war ein Dominikanermönch hereingekommen, um den Raum aufzuräumen.

Er bemerkte die Aktentasche sofort und öffnete sie in der Hoffnung, den Namen des Besitzers zu finden. Er legte die Dokumente, die die Kommission betrafen, beiseite und stieß dann auf einen Ordner, der „ " (Briefe an die Kommission) enthielt.

Tatsächlich fand er den Namen des Empfängers, aber – und da stockte dem Dominikaner der Atem – die Anrede lautete nicht „Seine Gnaden" oder „Hochwürdigster Annibale Bugnini, Erzbischof von Dioclentiana", sondern „Bruder Bugnini", während die Unterschriften und der Absender darauf hindeuteten, dass sie von Würdenträgern geheimer Gesellschaften in Rom stammten.

Papst Paul VI., der natürlich mit Bugnini in einen Topf geworfen wurde, unternahm umgehend Schritte, um die Ausbreitung des Skandals zu verhindern und die Bestürzung der Progressiven zu beschwichtigen, die, ohne jede Hintergedanken, keine andere Meinung hatten als die, die ihnen von den Medien diktiert wurde. Bugnini hätte seines Amtes enthoben oder zumindest zur Rechenschaft gezogen werden müssen. Stattdessen wurde er, um den Schein zu wahren, zum Apostolischen Pro-Nuntius im Iran ernannt, einem Posten, an dem es wenig oder gar keinen Bedarf an diplomatischer Beschönigung gab, da die Regierung des Schahs keine Zeit für westliche Religionen hatte und wo der Priester, der das Pech hatte, dorthin verbannt zu werden, wenn auch nur für eine gewisse Zeit, seine Funktion ebenso begrenzt fand wie seine Umgebung, die aus spärlicher Einrichtung in zwei Zimmern eines ansonsten leeren Hauses bestand.

Die Entlarvung Bugninis wurde noch einen Schritt weiter getrieben, als der italienische Schriftsteller Tito Casini, der über die Veränderungen in der Kirche beunruhigt war, dies in seinem Roman „Der Rauch Satans" veröffentlichte, der im April 1976 erschien. Dann folgten die erwarteten Dementis und Ausflüchte. Eine Quelle aus dem Vatikan erklärte, dass die Gründe für die Absetzung von „ " Bugnini geheim bleiben müssten, räumte jedoch ein, dass die Motive dafür „mehr als überzeugend" gewesen seien. Le Figaro veröffentlichte eine Gegendarstellung, in der jegliche Verbindung Bugninis zu einer Geheimgesellschaft dementiert wurde. Das Katholische Informationsbüro widerlegte seinen Namen, indem es völlige Unkenntnis des Falls bekundete. Erzbischof Bugnini bestritt mehr als einmal, einer Geheimgesellschaft anzugehören. All dies erscheint jedoch sehr sinnlos, da das italienische Register offenlegt, dass er am 23. April 1963 einer der Gesellschaften beigetreten ist und sein Deckname „Buan" lautete.

8.

Am 8. Dezember 1965 trat Papst Paul vor die versammelten Bischöfe, hob beide Arme hoch in die Luft und verkündete: „Im Namen unseres Herrn Jesus Christus, geht in Frieden."

Das Zweite Vatikanische Konzil war zu Ende, und diejenigen, die Papst Paul zuhörten, ließen den Gefühlen des Sieges oder der Niederlage freien Lauf, die während der Sitzungen in ihnen aufgekommen waren.

Die Konservativen waren verärgert, empört und deuteten eine Gegenoffensive an, die jedoch nie zustande kam. Sie waren sich einig, dass der Fortschritt der Kirche durch einen unklugen und unnötigen Schritt aufgehalten worden war. Einer ihrer Sprecher, Kardinal Siri, sprach von Widerstand. „Wir werden uns nicht an diese Dekrete halten", sagten sie, aber die Dekrete wurden tatsächlich umgesetzt, wie Papst Paul versprochen hatte, sehr zur Verwirrung der Katholiken, für die die Kirche, nun Beute von Neuerungen und Unordnung, ihre Autorität verloren hatte.

Die Liberalen oder Progressiven, die sich sicher waren, die Pläne der Geheimgesellschaften zum Erfolg geführt zu haben, waren triumphierend. Der Konzil, so der Schweizer Theologe Hans Küng, habe die Träume der *Avantgarde* mehr als erfüllt. Die gesamte Welt der Religion sei nun von seinem Einfluss durchdrungen, und kein Mitglied des Konzils werde „so nach Hause zurückkehren, wie es gekommen ist". „Ich selbst", fuhr er fort, „hätte nie so viele kühne und eindeutige Aussagen von den Bischöfen im Konzil erwartet."

In ähnlicher Stimmung verkündete der Dominikaner Yves Congar, ein lebenslanger Linker, dass die vergangenen Misserfolge der Kirche darauf zurückzuführen seien, dass sie vom Geist der lateinisch-westlichen Kultur durchdrungen gewesen sei. Aber diese Kultur, so verkündete er erfreut, habe ihre Zeit gehabt.

Der extremste Reformer, Kardinal Suenens, vollführte einen triumphalen mentalen Kriegstanz. Er blickte zurück auf das Konzil von Mailand im Jahr 313, auf dem Kaiser Konstantin den Christen vollständige Toleranz gewährte und ihren Glauben der bis dahin offiziellen Staatsreligion gleichstellte. Dieses Dekret war immer ein Meilenstein in der Kirchengeschichte gewesen. Doch nun konnte der belgische Primas, der unter seinen Mitverschwörern als Lesu bekannt war, all diese epochalen Erinnerungen über Bord werfen. Er stand auf der Seite der Sieger. Er forderte diejenigen heraus, die anderer Meinung waren als er. „Die Zeit Konstantins ist vorbei!" Darüber hinaus behauptete er, er könne eine beeindruckende Liste von Thesen aufstellen, die gestern noch in Rom gelehrt und geglaubt worden seien, aber „ " (mit einem Fingerschnippen) von den Konzilsvätern verworfen worden seien.

Diese Gefahrenzeichen wurden von Malachi Martin, einem ehemaligen Jesuiten und Professor am Päpstlichen Bibelinstitut in Rom, erkannt. „Weit vor dem Jahr 2000", sagte er, „wird es keine religiöse Institution mehr geben, die als die römisch-katholische und apostolische Kirche von heute erkennbar ist ... Es wird keine zentrale Kontrolle, keine Einheitlichkeit in der Lehre, keine Universalität in der Ausübung des Gottesdienstes, des Gebets, des Opfers und des Priestertums geben."

Lassen sich erste Anzeichen dafür in dem Bericht der Anglikanisch-Römisch-Katholischen Internationalen Kommission vom März 1982 erkennen?

Eine präzisere Einschätzung der nachkonziliaren Zeit als die von Malachi Martin erschien 1967 im *American Flag Committee Newsletter*. In einem Kommentar zur „auffälligsten und schnellsten Verschlechterung der antibolschewistischen Entschlossenheit des Vatikans" seit der Zeit Pius XII. heißt es weiter, dass sich die Kirche in weniger als einem Jahrzehnt „von einer unversöhnlichen Feindin des Kommunismus zu einer aktiven und recht mächtigen Verfechterin der Koexistenz sowohl mit Moskau als auch mit Rotchina" gewandelt habe. Gleichzeitig haben revolutionäre Veränderungen in ihrer jahrhundertealten Lehre Rom immer näher gebracht, nicht an den traditionellen Protestantismus, wie viele katholische Laien annehmen, sondern an den humanistischen Neopaganismus des Nationalen und Weltkirchenrats."

Aber wenn das Konzil sonst nichts erreicht hat, so hat es doch den Caterern zu einem Boom verholfen. Denn in den Bars wurden etwa eine halbe Million Tassen Kaffee verkauft.

Teil Vier

Der Teufel hat seine Bürgerrechte in der Republik der Kultur zurückerlangt.

Giovanni Papini.

Die öffentliche Aufmerksamkeit erreichte ihren Höhepunkt, als im Sommer 1965 bekannt wurde, dass Papst Paul später im Jahr New York besuchen würde, um vor der Generalversammlung der Vereinten Nationen zu sprechen. Es wurde als Ereignis von höchster Bedeutung angekündigt, das sicherlich Ergebnisse bringen würde, die der Welt nicht entgehen könnten; aber es gab auch Spekulationen darüber, warum nicht-katholische und sogar antikatholische Kreise ähnlich große Begeisterung zeigten wie bei der Wahl von Johannes XXIII.

Könnte es sein, dass dieselbe Macht hinter den Kulissen die Fäden zog, um den Ton in Presse, Radio und Fernsehen zu beeinflussen? Wir haben bereits in gewissem Umfang den Charakter und die Neigungen von Paul VI. bewertet. Werfen wir nun einen Blick auf die Entstehung und Zusammensetzung der Vereinten Nationen.

Sie war in erster Linie kommunistisch geprägt, ihre 1943 unterzeichnete Charta basierte auf der Verfassung der Sowjetunion, während ihr Zweck und ihre Grundsätze auf einer Außenministerkonferenz in Moskau festgelegt wurden.

Die Sekretäre des Sicherheitsrats der Vereinten Nationen waren zwischen 1946 und 1962 Arkady Sobelov und Eugeny Kiselev, beide Kommunisten. Eine führende Persönlichkeit der

Organisation der Vereinten Nationen für Erziehung, Wissenschaft und Kultur (, UNESCO) war Vladimir Mailmovsky, ein Kommunist. Die Generalsekretärin der UNESCO war Madame Jegalova, ebenfalls Kommunistin, während der Präsident, der Vizepräsident und neun Richter des „Weltgerichtshofs" allesamt Kommunisten waren.

Doch dies waren typische Vertreter jener Menschen, die Paul VI. mit Lob überschüttete und auf die er die Rettung der Welt setzte, während die Presse und der Rundfunk, die derselben internationalen Kontrolle wie die Vereinten Nationen unterstanden, weiterhin von dieser Organisation als respektwürdig sprachen.

Unter dem Deckmantel der strikten Neutralität und mit der erklärten Absicht, den Weltfrieden zu fördern, zeigte sie bald eine eindeutige Tendenz zugunsten kommunistisch inspirierter Guerillabewegungen, deren Ziel in mehreren Teilen der Welt der Sturz der etablierten Regierungen war. Dies geschah unter dem Vorwand, die Menschen von Unterdrückung zu befreien, aber das eigentliche Ziel der Versammlung war damals wie heute die Errichtung eines totalitären Systems, in dem nationale Souveränität und Kulturen verschwinden würden.

Damit einhergehend würde, wie aus den sekundären sozialen und wirtschaftlichen Organisationen, die aus der Versammlung hervorgingen, deutlich wurde, eine faktische Zensur entstehen, deren Stimme überwiegend atheistisch geprägt war.

Denn es war aufgefallen, dass die orthodoxeren Länder wie Italien, Österreich, Spanien, Portugal und Irland von der ursprünglichen Gründung der Versammlung ausgeschlossen waren, während das bolschewistische Russland von seinem ständigen Sitz im Sicherheitsrat aus über ein Veto verfügte, das die Beschlüsse der Versammlung zu bloßen Lippenbekenntnissen ohne Wirkung machen konnte – ein Urteil, das man wohl auf alle Beratungen der Vereinten Nationen seit ihrer Gründung bis heute fällen kann.

Konkretere Beweise für diese Kritik lassen sich anführen, wenn wir uns die Akte eines Berufsverbrechers ansehen, der über die

Vereinten Nationen eine führende Stellung im europäischen Leben einnahm. Es handelte sich um Meyer Genoch Moisevitch Vallakh, oder Wallach, der vor dem „Krieg von 1914" aus den stürmischen Verhältnissen des russischen politischen Lebens als „gesuchte" Persönlichkeit hervorging und es für sicherer und lohnender hielt, seine Aktivitäten auf Länder auszuweiten, die bis dahin weniger unruhig waren.

Unter verschiedenen Namen, darunter Buchmann, Maxim Harryson, Ludwig Nietz, David Mordecai und Finkelstein, trat er 1908 in Paris ins Rampenlicht, als er an einem Raubüberfall auf die Tiflis-Bank beteiligt war, bei dem 250.000 Rubel erbeutet wurden. Er wurde deportiert, geriet aber bald darauf erneut in Schwierigkeiten, weil er mit gestohlenen Banknoten handelte.

Seine Chance kam 1917, als die Russische Revolution ihn und seinesgleichen an die Oberfläche brachte. Nun wurde er unter dem respektablen Pseudonym Maxim Litvinoff sowjetischer Außenkommissar. Sein nächster Schritt führte ihn zum Vorsitz des Rates des Völkerbundes. Anschließend kam er als sowjetischer Botschafter an den St. James's Court nach London und wurde als solcher zu einer bekannten und einflussreichen Persönlichkeit in königlichen und diplomatischen Kreisen.

Als weiterer Beweis für den Niedergang unserer öffentlichen und außen en Angelegenheiten sei angemerkt, dass der erste Generalsekretär der Vereinten Nationen Alger Hiss war, der vor amerikanischen Gerichten wegen Meineids verurteilt worden war. Er war maßgeblich an der Ausarbeitung der Charta der Vereinten Nationen nach russisch-kommunistischen Vorlagen beteiligt.

Diese Überlegungen hatten jedoch keinen großen Einfluss auf die Gläubigen, die glaubten, dass die Ansprache und der Auftritt des Papstes vor einem weltweiten Publikum eine einmalige Gelegenheit für die Verbreitung der päpstlichen Lehre darstellen würden. Sie würde die zweifelnde und verunsicherte Welt mit einer Gewissheit erfüllen, die sie noch nie zuvor erlebt hatte. Viele Zuhörer würden zum ersten Mal in ihrem Leben mit der Realität der Religion konfrontiert werden. Nur die Kirche hatte etwas wirklich Wichtiges zu sagen, das dem Alltag spirituelle Bedeutung verleihen konnte.

Ein halbes Jahrhundert zuvor hatte Pius X. Anweisungen und Leitlinien herausgegeben, die überall und zu jeder Zeit relevant waren. Aber sein Publikum war ebenso begrenzt gewesen wie seine Möglichkeiten, sich Gehör zu verschaffen. Nun war es an Papst Paul, die Worte seines Vorgängers zu wiederholen, diesmal jedoch vor einer fast universellen Gemeinde, die über das Medium der Vereinten Nationen erreicht werden konnte.

Pius hatte gesagt: „Ich brauche nicht darauf hinzuweisen, dass das Aufkommen der Weltdemokratie für die Arbeit der Kirche in der Welt keine Bedeutung haben kann ... Die Reform der Zivilisation ist im Wesentlichen eine religiöse Aufgabe, denn wahre Zivilisation setzt eine moralische Grundlage voraus, und es kann keine moralische Grundlage ohne wahre Religion geben ... Dies ist eine Wahrheit, die sich aus den Beweisen der Geschichte ableiten lässt."

Papst Paul hatte jedoch nicht die Absicht, die Worte von Pius zu unterstützen. Denn statt eines religiösen Führers hätte am 4. Oktober 1965 auch ein Anhänger von Jean Jacques Rousseau über die Vergötterung der menschlichen Natur sprechen können, die in der Erklärung der Menschenrechte vom 12. August 1789 ihren Ausdruck fand und die Französische Revolution einleitete.

Die Menschenrechte, die enthusiastisch als Freiheit, Gleichheit und Brüderlichkeit definiert wurden, führten zum Menschenkult und zur Erhebung des Menschen an die Stelle Gottes; daraus folgte, dass alle religiösen Formen und Institutionen wie Herrschaft, Familienleben und Privateigentum als Teile der alten Ordnung, die kurz vor ihrem Untergang stand, verunglimpft wurden.

Als die Auswirkungen des Zweiten Vatikanischen Konzils deutlich wurden, stellte Bischof Rudolf Gruber von Regensburg fest, dass die Hauptideen der Französischen Revolution, „die ein wichtiges Element in Luzifers Plan darstellen", in vielen Bereichen des Katholizismus übernommen wurden. Und Papst

Paul gab, als er direkt in eine Reihe von Mikrofonen sprach, die die Welt übertrugen, reichlich Beweise dafür.

Er erwähnte weder spirituelle Ansprüche noch die Bedeutung der Religion. „Seht den Tag, auf den wir seit Jahrhunderten gewartet haben ... Dies ist das Ideal, von dem die Menschheit auf ihrem Weg durch die Geschichte geträumt hat ... Wir würden es wagen, es die größte Hoffnung der Welt zu nennen ... Es ist Ihre Aufgabe hier", sagte er zu den Mitgliedern der Versammlung, „die Grundrechte und Pflichten des Menschen zu verkünden ... Wir sind uns bewusst, dass Sie die Interpreten all dessen sind, was in der menschlichen Weisheit beständig ist; wir könnten fast sagen, ihres heiligen Charakters."

Der Mensch war nun erwachsen geworden und befähigt, nach einer philosophisch-moralischen Ordnung zu leben, die er selbst geschaffen hatte und die keiner Autorität verpflichtet war. Die Vereinten Nationen, die dazu bestimmt waren, die führende Rolle in der Welt zu spielen, waren „die letzte Hoffnung der Menschheit". So musste der Mensch für die Stabilität und Erlösung der Menschheit auf weltliche Strukturen schauen, mit einem Wort, auf sich selbst; Gefühle, die in den Ausschussräumen der Französischen Revolution nicht fehl am Platz gewesen wären; Gefühle, die niemand von einem Papst zu hören erwartet hätte, da sie jeglichen Bezug zu den Ansprüchen und der traditionellen Botschaft der Kirche vermissen ließen.

Dass dies verstanden und gewürdigt wurde, zeigte sich in dem Empfang, der ihm am Ende seiner Rede von den Vertretern einer bestimmten politischen Richtung bereitet wurde, die den weitaus größten Teil seines Live-Publikums ausmachten. Er war umgeben von sich auf die Schulter klopfenden und ihm die Hände schüttelnden Vertretern Russlands, Chinas und der sowjetischen Satellitenstaaten. Er vereinbarte weitere Treffen, insgesamt vier, mit dem sowjetischen Außenminister Gromyko (mit bürgerlichem Namen Katz) und dessen Frau. Es gab Glückwünsche von Nikolai Podgorny, Mitglied des Politbüros, und einen herzlichen Austausch mit Arthur Goldberg, einem prominenten Mitglied der Kommunistischen Partei.

Papst Paul hatte die Welt der Religion für ihre alten und eingefleischten Feinde geöffnet, die Verfechter sozialer Reformen, die die Offenbarung leugneten. „Dialog" war nun in Mode, und die Aussicht auf Gespräche zwischen Moskau und dem Vatikan wurde als selbstverständlich angesehen. Der führende Kirchenmann der Welt hatte das soziale Evangelium propagiert, das den Revolutionären so sehr am Herzen lag, ohne auch nur ein einziges Mal auf die religiösen Lehren einzugehen, die sie für schädlich hielten. Die Differenzen zwischen den beiden Seiten waren nicht so tiefgreifend und endgültig, wie man einst geglaubt hatte. Der Papst und diejenigen, die sich manchmal mit beiden Händen um ihn scharten, konnten fortan Verbündete sein.

Nun galt es, einen wahrhaft historischen Besuch mit einem Initiationsritus abzurunden, der diese neu gewonnene Erkenntnis besiegeln sollte.

2.

„Siehe, dein König kommt zu dir, demütig auf einem Esel reitend." So schrieb Matthäus (21,5) über den Einzug Christi in Jerusalem.

Doch nicht so fuhr der Stellvertreter Christi den Broadway entlang. Papst Paul reiste in einem Lincoln-Cabrio für sieben Personen, durch einen Wald aus Fahnen und Wimpeln, mit einer Polizeieskorte auf Motorrädern und Tausenden weiteren Polizisten, die den Weg säumten und die Menschenmenge zurückhielten, die nicht wusste, ob sie stehen, knien oder ihre Köpfe in Erwartung eines Segens neigen sollte, ob sie winken oder zum Gruß den Arm heben sollte; Zwei Hubschrauber kreisten über ihnen, Sirenen heulten, und an fast jedem Gebäude strahlten Neonlichter, die unnötigerweise mit dem Tageslicht wetteiferten, und auf dem Plaza-Gebäude der Vereinten Nationen stand in großen Buchstaben „Willkommen, Papst Paul VI."

Dies folgte auf eine Frage, die Kardinal Vagnozzi, der Apostolische Delegat in New York, Papst Paul gestellt hatte. Was sollte das nächste Ziel seines Besuchs sein?

Der Meditationsraum im Gebäude der Vereinten Nationen, sagte Paul ihm.

Der Kardinal war überrascht, schockiert. Er hatte gute Gründe zu behaupten, dass der Heilige Vater nicht dorthin gehen könne.

Aber er ging hin.

Der Raum, zusammen mit zwei weiteren Räumen dieser Art, einer im Wainwright House in der Stuyvesant Avenue in Rye, New York, und der andere im Kapitol der Vereinigten Staaten, stellte die Anfangsphase eines Plans dar, dessen Verwirklichung (in konkreter Form) durch die Errichtung des sogenannten Tempels der Verständigung auf einem 50 Hektar großen Gelände am Ufer des Potomac in Washington, D.C., gekennzeichnet sein sollte.

Es war Teil eines Plans zur Bildung einer interreligiösen Weltorganisation, der von einer gewissen Mrs. Judith Dickerman Hollister ausgeht, die durch ihren Übertritt zum Shintoismus eine antitraditionelle, mystische Neigung offenbarte. Als solche glaubte sie an den japanischen Mythos, dass zwei göttliche Eltern auf eine Insel herabgestiegen seien, die aus Salztropfen entstanden war. Dort gebar die Göttin weitere Inseln mit Bergen und Flüssen und schließlich eine ganze Galaxie von Göttern. Nach dieser erstaunlichen Leistung zog sich die Dame aus ihrer vom Meer umgebenen Heimat zurück und wurde nie wieder gesehen.

Mit dieser geheimnisvollen Aura, einem Hauch innerer Erleuchtung und einem exzentrischen Auftreten fand Mrs. Hollister eine begeisterte Unterstützerin in der Frau des Präsidenten, Eleanor Roosevelt, die von einigen ihrer Vertrauten als geistig etwas unterdurchschnittlich eingeschätzt wurde.

Von da war es nur noch ein Schritt, um sich die Unterstützung der Regierung der Vereinigten Staaten zu sichern, während John D. Rockefeller und mehrere seiner Verbündeten in der von ihm gegründeten kommunistischen Front zu dem beitrugen, was als „Spiritual United Nations" (Spirituelle Vereinten Nationen) bezeichnet wurde. Ein weiterer prokommunistischer Millionär, Marshall Field, der bereits als Förderer des Anarchisten Saul David Alinsky bekannt war, half bei der Finanzierung der Einrichtung des Raumes. Auch die Ford Foundation leistete finanzielle Unterstützung.

Ein sorgfältig redigierter Bericht, der angeblich die Bedeutung und den Zweck des Raumes behandelte, wurde von der Lucis Press herausgegeben, die Druckerzeugnisse für die Vereinten Nationen veröffentlicht. Wer misstrauisch ist, findet vielleicht Stoff zum Nachdenken in der Tatsache, dass dieser Verlag, als er zu Beginn dieses Jahrhunderts gegründet wurde, unter dem

Namen Lucifer Press bekannt war. Er hat heute seinen Sitz in 3 Whitehall Court, London, S.W.1.

Dieser Titel könnte durchaus beibehalten worden sein, als es um Mrs. Hollisters Schöpfung ging, denn der Raum (und dies erklärt den Schock, den Kardinal Vagnozzi empfand) war ein Zentrum der Illuminaten, das dem Kult des allsehenden Auges gewidmet war, das unter einem System von Allegorien und verschleierten Geheimnissen, wie sie von den Meistern der Weisheit übersetzt wurden, dem Dienst heidnischer Kulte und der Auslöschung des Christentums zugunsten humanistischer Überzeugungen gewidmet war.

3.

Zwei Türen, jeweils mit getönten Glasscheiben versehen, führen in den Raum. Ein Wachmann steht draußen, ein weiterer ist direkt hinter der Tür postiert. Der Besucher betritt einen halb dunklen Raum, in dem seine Schritte von einem dicken blauen Teppich auf dem Boden verschluckt werden. Ein gewölbter Innenraum, der noch immer von einer nächtlichen Stille umhüllt ist, öffnet sich zu einem etwa zehn Meter langen, keilförmigen, fensterlosen Raum, in dem ein einziges gelbes Licht, das scheinbar aus dem Nichts strahlt, auf der Oberfläche eines Altars in der Mitte schimmert, einem hüfthohen Block aus kristallinem Eisenerz, der zwischen sechs und sieben Tonnen wiegt.

Blaue Teppiche bedecken den Boden, der ansonsten mit blaugrauen Schieferplatten gepflastert ist. Am anderen Ende des Raumes, wo die Dunkelheit in völlige Finsternis übergeht, befindet sich ein niedriges Geländer, das nur von Privilegierten überschritten werden darf.

Das mehr als acht Fuß hohe und etwa zwei Fuß schmale Wandgemälde wird von oben beleuchtet. Eingerahmt von einer Stahlplatte, scheint es sich um eine scheinbar bedeutungslose Ansammlung von blauen, grauen, weißen, braunen und gelben geometrischen Mustern zu handeln. Aber für diejenigen, die sich mit esoterischem Wissen auskennen, bilden die Halbmonde und Dreiecke eine eindeutige Form, die in der Mitte und im äußeren Kreis des Wandgemäldes das Auge der Illuminaten erkennen lässt.

Die Haupt Aufmerksamkeit gilt jedoch nicht dem Wandbild, sondern dem Altar, der dem „Gesichtslosen" gewidmet ist und von dem eine düstere, geheimnisvolle Atmosphäre auszugehen scheint, die den gesamten Raum erfüllt. Und wenn man seine Sinne schärft, bemerkt man, dass weitere schattenhafte

Lichtquellen, die in einer abgehängten Decke versteckt sind, die der Größe des Raumes entspricht, den düsteren Eindruck des Altarstrahls noch verstärken.

Papst Paul wurde am Ende seiner Mission ein Modell des damals geplanten Tempels der Verständigung überreicht. Die Meister bereiteten Kardinal Suenens, der später den Meditationsraum besuchte, einen ähnlichen Empfang, und im Gegenzug wurden Vertreter des Tempels im Vatikan empfangen.

Der zugrunde liegende Zweck des Tempels wurde durch seinen Grundriss deutlich, in dessen zentraler Kuppel ein allsehendes Auge, facettiert wie ein Diamant, die Sonnenstrahlen durch Flügel reflektierte, die die sechs Weltreligionen symbolisierten – Buddhismus, Hinduismus, Islam, Judentum, Konfuzianismus und Christentum.

Die gleiche Symbolik fand sich auch bei einem Bankett mit etwa fünfhundert Anhängern des Synkretismus im Waldorf Astor, wo eine kleine Szene inszeniert wurde, als ein Kind mit einem Modell eines Eies in der Hand vor die Präsidentin des Tempels, dieselbe Mrs. Dickerman Hollister, trat. Sie tippte mit einem Zauberstab auf das Ei, und die Schale fiel herunter und gab den Blick auf einen Baum mit sechs goldenen Zweigen frei.

Bevor er Amerika verließ, legte Papst Paul, um seine freiwillige Abkehr von der geistlichen Autorität zu unterstreichen, demonstrativ die Insignien der Kirche ab. Er schenkte den Papstring aus Diamanten und Rubinen und sein Brustkreuz aus Diamanten und Smaragden – die beiden Schmuckstücke enthielten insgesamt 404 Diamanten, 145 Smaragde und 20 Rubine – dem Buddhisten U Thant, dem damaligen Generalsekretär der Vereinten Nationen.

Ein Juwelier hatte geschätzt, dass allein die Juwelen, abgesehen von ihrem traditionellen Wert, mehr als hunderttausend Dollar wert waren. Sie wurden bei einer Auktion für 64.000 Dollar versteigert, woraufhin der erfolgreiche Käufer sie an einen Herrn David Morton aus Orono, Minnesota, verkaufte.

Einige Stücke dieses päpstlichen Schmucks wurden später an einer Darstellerin gesehen, die in der Carson-Fernsehshow auftrat.

Der Ring „und das Kreuz wanderten weiter durch die Hände von Händlern, Auktionshäusern und hochwertigen Trödel en und tauchten zuletzt unter den Artikeln auf, die auf einem Markt in Genf zum Verkauf angeboten wurden.

Diese Entsagung folgte auf die öffentliche Darbietung von Papst Paul, die Tiara, die dreifache Krone, die die Dreifaltigkeit, die Autorität und die geistlichen Kräfte der Kirche symbolisiert, abzulegen. Die Krone wurde einem Papst bei seiner Krönung mit den Worten überreicht: „Empfange diese mit drei Kronen geschmückte Tiara und wisse, dass du der Vater der Fürsten und Könige, der Führer der Welt und der Stellvertreter Jesu Christi auf Erden bist."

Papst Paul gab bekannt, dass er die Krone zugunsten der Armen dieser Welt aufgeben würde, ein Motiv, das von der Presse aufgegriffen wurde und beim Publikum „gut ankam". Aber er gab etwas auf, das ihm von vornherein nicht gehörte und daher nicht übertragbar war. Außerdem hätte ein einziges Wort von ihm alle weltweiten Missionen und karitativen Organisationen der Kirche dazu veranlasst, ihre Geldbörsen für die Armen zu öffnen. Stattdessen machte er eine theatralische Geste, indem er äußere Zeichen religiöser Würde ablegte, die, wie er und seinesgleichen sehr wohl wussten, nur ein kleiner Schritt waren, der zusammen mit anderen seiner Art Teil des Prozesses war, der die innere Bedeutung der Kirche untergrub.

Er verwendete auch ein finsteres Symbol, das im sechsten Jahrhundert von Satanisten benutzt worden war und zur Zeit des Zweiten Vatikanischen Konzils wiederbelebt worden war. Es handelte sich um ein verbogenes oder zerbrochenes Kreuz, auf dem eine abstoßende und verzerrte Christusfigur abgebildet war, die die schwarzen Magier und Zauberer des Mittelalters verwendet hatten, um den biblischen Begriff „Zeichen des Tieres" darzustellen.

Doch nicht nur Paul VI., sondern auch seine Nachfolger, die beiden Johannes Pauls, trugen dieses Objekt mit sich und hielten es den Menschenmassen zur Verehrung hin, die nicht die geringste Ahnung hatten, dass es für den Antichristen stand. Darüber hinaus war die Zurschaustellung einer ausgetrockneten Figur auf einem verdrehten Stock durch Kanon 1279 verboten, der die Verwendung aller heiligen Bilder, die nicht dem gebilligten Gebrauch der Kirche entsprechen, verurteilte. Dass es für okkulte Zwecke verwendet wurde, geht aus Holzschnitten hervor, die im Hexenmuseum in Bayonne, Frankreich, zu sehen sind.

Ein weiteres beunruhigendes Merkmal des Besuchs von Papst Paul in den Vereinigten Staaten war sein Auftritt im Yankee Stadium in New York, wo er den Ephod trug, das alte Gewand mit einem Brustschild aus zwölf Steinen, das die zwölf Söhne Jakobs symbolisiert und von us Kaiphas, dem Hohenpriester des Sanhedrins, der die Kreuzigung Christi forderte, getragen wurde.

Als ob ihm diese völlig unnötige Neuerung noch nicht genügte, trug Seine Heiligkeit dieses nichtchristliche Symbol auch bei anderen Gelegenheiten, darunter bei der Kreuzwegprozession in Rom am 27. März 1964, bei einer Zeremonie auf der Spanischen Treppe in Rom am 8. Dezember 1964, beim Besuch von Dr. Ramsay, Erzbischof von Canterbury, im Vatikan im Jahr 1966, bei einem Empfang von Gemeindepfarrern in der Sixtinischen Kapelle und im Sommer 1970 in Castelgandolpho.

Der Ton der Ansprache von Papst Paul vor den Vereinten Nationen hatte den Progressiven oder linken Elementen innerhalb der Kirche nicht wenig Mut gemacht. Denn innerhalb weniger Tage nach Pauls Rückkehr nach Rom erklärte der Bischof von Cuernavaca, Mendes Arceo, dass „der Marxismus notwendig ist, um das Reich Gottes in der heutigen Zeit zu verwirklichen", während Papst Paul bekannt gab, dass Rom bereit sei, Geheimgesellschaften neu zu betrachten, um eine alte Feindschaft zu beenden.

Im Rahmen dieses Prozesses wurde Monsignore Pezeril mit der Aufgabe betraut, mit einem Leitungsgremium dieser

Gesellschaften zu verhandeln, um freundschaftliche Kontakte herzustellen.

Die Merkfähigkeit derjenigen, die für Zeitungen schreiben, ist ebenso sprichwörtlich gering wie das Gedächtnis derer, die sie ernst nehmen. Da die Rede des Papstes in New York jedoch gut zum vorherrschenden Trend passte, ist es nicht verwunderlich, dass der dort gegebene Impuls einige Zeit später von der vatikanischen Zeitung *L'Osservatore Romano* aufgegriffen wurde, die bekannt gab, dass die traditionelle Botschaft der Kirche einem unorthodoxeren Konzept gewichen sei, indem sie verkündete:

„Es gibt keinen wahren Reichtum außer dem Menschen."

(Die beiden ineinander verschlungenen Dreiecke erklären Lantoines Bemerkung, dass Satan ein gleichwertiger und unverzichtbarer Teil Gottes ist, wie man sieht, wenn man das Bild umdreht. Einfach übersetzt bedeutet das Motto: „Was oben ist, ist gleich dem, was unten ist." Es offenbart eine verbreitete okkulte Vorstellung, dass Gott sowohl gut als auch böse ist und dass Satan ein Teil von ihm ist.)

Teil Fünf

Der Schleier, der die größte Täuschung bedeckt, die jemals den Klerus verwirrt und die Gläubigen verblüfft hat, beginnt zweifellos zu zerreißen.

Erzbischof Marcel Lefebvre.

Ein Beobachter der römischen Szene, Georges Virebeau, berichtet in „[13]", wie sich eines Morgens im Jahr 1976 im Vatikan ein Gefühl der Überraschung, das fast einer Bestürzung gleichkam, ausbreitete. Studenten in ihren Soutanen, die je nach Nationalität violett, lila oder schwarz gefärbt waren, standen in Gruppen zusammen und diskutierten über die neueste Ausgabe einer Zeitschrift, der *Borghese*. Einige, so der Autor, schwitzten sogar vor Aufregung, denn obwohl es ein heißer Morgen war, wirkte das, was sie lasen, stärker auf sie als das Wetter.

Denn die Zeitung enthielt eine detaillierte Liste von Geistlichen, darunter einige mit höchsten Ämtern, die angeblich Mitglieder geheimer Gesellschaften waren.

Es war eine erschütternde Nachricht, denn die zweifelnden, kopfschüttelnden Studenten kannten das Kirchenrecht, und das kanonische Recht 2335 erklärte ausdrücklich, dass ein Katholik, der einer solchen Gesellschaft beitrat, ipso facto exkommuniziert wurde.

---

[13] In *Prélats et Francs-Maçons.* (Henri Coston, Paris, 1978.)

Wir haben gesehen, dass die Geheimgesellschaften der Kirche, die sie als das einzige große Hindernis auf ihrem Weg zur Weltherrschaft betrachteten, längst den Krieg erklärt hatten; und die Kirche reagierte darauf mit der Verurteilung der Gesellschaften und der Schaffung von Gesetzen zu ihrem eigenen Schutz. Canon 2335 wurde zu diesem Zweck formuliert, während Canon 2336 sich mit Disziplinarmaßnahmen befasste, die gegen Geistliche zu ergreifen waren, die zur Mitgliedschaft in einer Gesellschaft verleitet worden waren. Im Falle eines Bischofs würde er alle juristischen Befugnisse verlieren und von der Ausübung priesterlicher Funktionen, einschließlich der Ordination und Weihe, ausgeschlossen werden.

Dass die Kirche diese Vereinigungen als eine äußerst gefährliche Bedrohung für ihre eigene Existenz betrachtete, zeigt sich an der Vielzahl der Warnungen und Verurteilungen, die vom Vatikan ausgesprochen wurden. Der erste offizielle Fall dieser Art ereignete sich unter Papst Clemens XII. (1730-40), der betonte, dass die Mitgliedschaft in einer solchen Vereinigung mit der Mitgliedschaft in der Kirche unvereinbar sei.

Elf Jahre später bestätigte Benedikt XIV. dies in der ersten päpstlichen Bulle gegen die Gesellschaften. Pius VI. und Pius VII. folgten diesem Beispiel, wobei letzterer besonders besorgt war über die Bedrohung durch die Carbonari. Drei nachfolgende Päpste, Leo XII., Pius VIII. und Gregor VI., schlossen sich den Restriktionen an. Eine weitere Verurteilung kam von Pius IX., der übrigens selbst dem Vorwurf ausgesetzt war, von den Grafen Mastai-Feretti abzustammen, die mit ziemlicher Sicherheit mit den Gesellschaften in Verbindung standen. Leo XIII. sprach von den Verschwörern, die darauf abzielten, „die gesamte religiöse und soziale Ordnung, die aus den christlichen Institutionen hervorgegangen ist, von Grund auf zu zerstören" und den Glauben an das Übernatürliche durch eine Art zweitklassigen Naturalismus zu ersetzen.

So wie die Schriften von Voltaire, Diderot und Helvetius den Weg für die Französische Revolution geebnet hatten, so arbeiteten die Geheimgesellschaften, so Pius X. (1903-14), daran, den Katholizismus im modernen Frankreich zu zerstören.

Die Gefahr war für Benedikt XV. so groß, dass selbst die Sorgen, die ihm der Krieg von 1914 bereitete, ihn nicht endgültig aus seinem Kopf verdrängen konnten, während Pius XI. wiederholte, dass die Geheimgesellschaften einen Großteil ihrer Stärke aus der Verschwörung des Schweigens bezogen, die sie seit jeher umgab.

Obwohl weitgehend hinter den Kulissen und damit fernab der Öffentlichkeit ausgetragen, war der Kampf zwischen der Kirche und den Geheimgesellschaften erbitterter und langwieriger als jeder internationale Konflikt. Der Grund dafür liegt darin, dass er sich zum großen Teil um *Ideen* drehte, um eine geistige und damit moralische Grundlage. Und obwohl nicht allgemein anerkannt, beeinflusst die moralische Weltanschauung die gesamte Natur des Menschen mehr als jeder Konflikt um persönlichen Gewinn, Territorium oder positive Macht.

Auf der einen Seite stand eine Religion, die, wie ihre Anhänger behaupteten, auf Tatsachen, dem objektiven Wert der offenbarten Wahrheit und der Einhaltung der Sakramente beruhte. Auf der anderen Seite stand ein System, das auf humanitären Idealen gründete, an denen alle Menschen, befreit von den Fesseln des Dogmas und der Orthodoxie, teilhaben und sich einigen konnten. Die Wahrheit, so sagten sie, sei relativ, daher seien die Behauptungen einer objektiven und offenbarten Wahrheit nicht nur wertlos, sondern grundlegend falsch.

So entwickelte sich über die Jahrhunderte hinweg ein Kampf zwischen den Anhängern des Atheismus, des Positivismus oder Materialismus, der mit der Französischen Revolution seinen Höhepunkt erreichte, auf der einen Seite und den Verurteilungen verschiedener Päpste, von Clemens XII. Mitte des 18. Jahrhunderts bis zu Pius XI., der 1939 starb, auf der anderen Seite.

Die am wenigsten verurteilenden dieser Verurteilungen bezeichneten die Gesellschaften als „Verschwörungen des Schweigens".

Die vernichtendsten bezeichneten sie als „Synagogen Satans".

Aber nicht alle ihre Mitglieder betrachteten die Verbindung zu Satan als Schande. So wandte sich einer ihrer wichtigsten Archivare, Albert Lantoine, im August 1943 an Pius XII.: „Ich freue mich, sagen zu können, dass wir, die wir einen kritischen Geist besitzen, Diener Satans sind. Sie verteidigen die Wahrheit und sind Diener Gottes. Die beiden Herren ergänzen sich und brauchen einander.

Sie wollen uns ausrotten. Seien Sie vorsichtig! Der Tod Satans wird den Tod Ihres Gottes bedeuten. Sie müssen das Bündnis mit Satan akzeptieren und zugeben, dass er Gott vervollständigt."

Die Nachricht in der *Borghese*, die die Studenten so alarmierte, war der Höhepunkt einer Angst, die seit einiger Zeit unter den konservativeren Elementen im Vatikan herrschte. Die Enthüllungen über „ " von Erzbischof Bugnini während des Zweiten Vatikanischen Konzils waren schon erschütternd genug gewesen.

Die Enthüllungen in der *Borghese* waren jedoch von größerem Ausmaß und kamen gefährlich nahe daran, den Nerv der Kirche zu treffen.

Es war bekannt, dass feindliche Agenten schon lange an ihrem Gefüge nagten. Aber solange die kirchliche Disziplin stark blieb, war es selbst für den eifrigsten Eindringling schwierig, im Priestertum Fuß zu fassen. Doch die allgemeine Lockerung und die Reformen, die auf das Konzil von Papst Johannes folgten, öffneten Türen, durch die Agenten nicht nur in die Seminare, sondern auch in die Kurie, das Leitungsgremium der Kirche, eindringen konnten.

Da einige dieser Agenten in der Kirche hohe Ämter bekleideten und Kardinäle und Bischöfe wurden, wurden viele, die sonst misstrauisch gewesen wären, getäuscht. Die kirchlichen Titel und die damit verbundenen Ämter galten als ausreichender Schutz (obwohl sie in Wirklichkeit nur äußerlich waren). Die Hände der Manipulatoren wurden zum Segen erhoben, und die Gläubigen knieten nieder.

Die Warnungen vor ihnen blieben weitgehend ungehört oder prallten gegen die historisch beeindruckenden Mauern, die die

Kirche umgaben. „Es gibt eine fünfte Kolonne innerhalb des Klerus", schrieb Pater Arrupe, Generaloberer der Jesuiten, „die unermüdlich für den Atheismus arbeitet."

Ein ähnliches Thema wurde von einer Reihe von Theologen angesprochen, die 1976 in Genf als Internationales Komitee zur Verteidigung der katholischen Lehre zusammenkamen. „Die Präsenz der Feinde der Kirche innerhalb der kirchlichen Struktur ist Teil des Geheimnisses der Ungerechtigkeit und muss aufgedeckt werden."

Bislang hatten diese Befürchtungen jedoch keine greifbarere Form angenommen, als die Gemüter der Studenten zu verunsichern, die ihre Zukunft durch die Enthüllungen gefährdet sahen, die bei ihren Vorgesetzten und Lehrern im Vatikan jedoch wenig oder gar keine Wirkung zeigten. Die üblichen Untersuchungen wurden angeordnet (von einigen der als schuldig bezeichneten Kirchenmännern) mit dem erklärten Ziel, die Quelle der Gerüchte ausfindig zu machen. Aber es geschah nichts, und keiner der Beschuldigten gab jemals eine klare oder eindeutige Gegendarstellung ab.

Der Artikel *von Borghese* behauptete, über eine detaillierte Liste der Verschwörer zu verfügen, die in die Kirche eingedrungen waren, zusammen mit Daten, Zahlen und Codenamen. Diese Behauptungen wurden von einem Autor in *L'Aurora, M.* Jacques Ploncard, beantwortet, der versicherte, dass seit der Zeit Karls X., des letzten Bourbonen, der 1824 den Thron bestieg und durch die Revolution von 1830 vertrieben wurde, kein Prälat mehr einer Geheimgesellschaft angehört habe.

Dies war offensichtlich falsch, wie entschlossene Ermittler bewiesen, die den Angriff in feindliches Gebiet trugen. Auf die eine oder andere Weise, manchmal als Mitglieder der Regierung getarnt, verschafften sie sich Zugang zum italienischen Register der Geheimgesellschaften und stellten eine viel längere und beeindruckendere Liste zusammen als die in der *Borghese* veröffentlichte.

Die folgenden Angaben beziehen sich auf Kardinäle, Erzbischöfe und Bischöfe, die laut denjenigen, die das Register geprüft haben, darin aufgeführt sind. Einige sind seit der Erstellung der Liste verstorben – zeitweise soll sie 125 Prälaten umfasst haben. Einige Ämter haben den Besitzer gewechselt.

Die Namen und kirchlichen Titel, zusammen mit den Daten, an denen sie in eine Gesellschaft aufgenommen wurden, und ihre geheimen Codenamen müssen jedoch ernsthaft hinterfragt werden, außer von jenen Katholiken, die blind den Regeln folgen, sich an die Worte eines Priesters klammern und es als Teil ihres Glaubens betrachten, keinen Makel an der Kirche zu sehen.

Es sei angemerkt, dass der Deckname oft die ersten beiden Buchstaben des Namens des Geistlichen enthält.

2.

- **Agostino, Kardinal Casaroli.** Staatssekretär. Präfekt der Heiligen Kongregation für die öffentlichen Angelegenheiten, der Heiligen Kongregation für die Bischöfe und der Päpstlichen Kommission für die Revision des Kirchenrechts. Mitglied der Kommission für Russland und der Kommission für Lateinamerika. Der einflussreichste Prälat im Vatikan nach dem Papst, dessen Platz er während dessen Abwesenheit einnimmt. Er ist bekannt als der „Kissinger der vatikanischen Diplomatie". Am 28. September 1957 in eine Geheimgesellschaft aufgenommen. Geheimer Codename: Casa.

- **Leon Joseph, Kardinal Suenens.** Primas von Belgien. Mitglied der Päpstlichen Kommission für die Revision des Kirchenrechts. War in der Heiligen Kongregation für die Glaubensverbreitung, der Heiligen Kongregation für die Riten und Zeremonien und der Heiligen Kongregation für die Seminare und Universitätsstudien tätig. Er war Delegierter und Moderator des Zweiten Vatikanischen Konzils und stand in Verbindung mit der protestantischen Pfingstbewegung, die Menschen in eine hysterische Erweckungsstimmung versetzt. Initiiert am 15. Juni 1967. Codename Lesu.

- **Jean, Kardinal Villot.** Er war Staatssekretär von Paul VI. und Camerlengo (der Kammerherr, der bei Tod eines Papstes die Geschäfte im Vatikan übernimmt). Präfekt der Heiligen Kongregation für die Ordensleute und Säkularinstitute und Verwalter des Vermögens des Heiligen Stuhls. Er stammte aus einer Familie, die in den letzten zweihundert Jahren von Generation zu Generation Großmeister von Geheimgesellschaften hervorgebracht hatte, darunter die Rosenkreuzer. Da er wusste, dass dies bekannt geworden war, bestritt er vehement, in irgendeiner Weise mit solchen Gesellschaften in Verbindung zu stehen. Eine seiner Dementis war in einem Brief vom 31. Oktober 1976 enthalten, der vom Vatikan über die Päpstliche Nuntiatur in Paris an den Direktor der monatlich erscheinenden Zeitschrift *Lectures Françaises* geschickt wurde. Darin hieß es: „Nachdem wir festgestellt haben, dass Sie in Ihrer Rezension vom September 1976 Kardinal Villot als Mitglied einer Geheimgesellschaft bezeichnet haben, erklärt Kardinal Villot auf das Entschiedenste, dass er zu keinem Zeitpunkt seines Lebens auch nur die geringste Verbindung zu einer Geheimgesellschaft hatte. Er hält sich strikt an die Verurteilungen der Päpste. Kardinal Villot bittet den Direktor von *Lectures Françaises*, diese Gegendarstellung in einer zukünftigen Ausgabe zu veröffentlichen, und dankt ihm im Voraus." Man fragt sich unweigerlich, wie Kardinal Villot, der offenbar unter einem ungewöhnlich kurzen Gedächtnis litt, sein Amt als Staatssekretär ausüben konnte. Aus den Akten geht nämlich hervor, dass er am 6. August 1966 in einen Geheimbund aufgenommen wurde und dass er in der Hoffnung, nicht identifiziert zu werden, zwei Decknamen erhielt: Jeani und Zurigo.

> **Achille, Kardinal Lienart.** Bischof von Lille. Er war früher Hauptmann der französischen Armee und zeitlebens ein Ultra-Liberaler. Er führte die progressiven Kräfte beim Zweiten Vatikanischen Konzil an, weshalb man sagte, „seine Ideen seien roter als seine Roben". Kurz vor seinem Tod erschreckte er die Anwesenden mit dem plötzlichen Ausruf: „Menschlich gesehen ist die Kirche tot." Initiiert am 15. Oktober 1912. Deckname konnte nicht überprüft werden.

> **Ugo, Kardinal Poletti.** Generalvikar der Diözese Rom und somit Oberhaupt des gesamten Klerus der Stadt. Mitglied der Heiligen Kongregation für die Sakramentenordnung und den Gottesdienst. Präsident der Päpstlichen Werke und der

Liturgischen Akademie. Erzpriester der Patriarchalbasilika Lateran. Initiiert am 17. Februar 1969. Deckname Upo.

> **Franco, Kardinal Biffi.** Leiter der Päpstlichen Universität St. Johann im Lateran. Initiiert am 15. August 1969. Deckname Bifra.

> **Michele, Kardinal Pellegrino.** Erzbischof von Turin, wo das Heilige Grabtuch aufbewahrt wird: Initiiert am 2. Mai 1960. Codename Palmi.

> **Sebastiano, Kardinal Baggio.** Präfekt der Heiligen Kongregation der Bischöfe. Initiiert am 15. August 1957. Codename Seba.

> **Pasquale, Kardinal Macchi.** Ehrenprälat und Sekretär von Paul VI. Nach seiner Exkommunikation wegen Ketzerei wurde er von Kardinal Villot wieder eingesetzt. Initiiert am 23. April 1958. Deckname Mapa.

> **Salvatore, Kardinal Pappalardo.** Erzbischof von Palermo, Sizilien. Initiiert am 6. Mai 1943. Deckname Salpo.

> **Kardinal Garrone.** Präfekt der Kongregation für das Katholische Bildungswesen. Er gab unverhohlen bekannt, dass er Mitglied einer Geheimgesellschaft war, wurde jedoch weder seines Amtes enthoben noch öffentlich gerügt. Das Datum seiner Initiierung und sein Deckname konnten nicht überprüft werden.

> **Erzbischof Annibale Bugnini.** Berater in der Heiligen Kongregation für die Verbreitung des Glaubens und in der Heiligen Kongregation für die Heiligen Riten. Die Geschichte seiner Entlarvung während des Zweiten Vatikanischen Konzils ist bekannt. Gestorben am 3. Juli 1982. Initiiert am 23. April 1963. Deckname Buan.

> **Erzbischof Giovanni Benelli.** Erzbischof von Florenz. Er sicherte die Ernennung von Kardinal Villot zum Staatssekretär anstelle des orthodoxen Kardinals Cicognani. Das Datum der Initiierung und der Codename konnten nicht überprüft werden.

> **Erzbischof Mario Brini.** Berater der Päpstlichen Kommission für die Revision des Kirchenrechts. Sekretär der Heiligen Kongregation für die Orientalischen Kirchen und Mitglied der Päpstlichen Kommission für Russland. Initiiert am 13. Juli 1969. Deckname Mabri.

> **Bischof Michele Buro.** Prälat der Päpstlichen Kommission für Lateinamerika. Initiiert am 21. März 1969. Deckname Bumi.

> **Bischof Fiorenzo Angelini.** Titularbischof von Massene, Griechenland. Delegierter des Kardinalvikars von Rom für Krankenhäuser. Initiiert am 14. Oktober 1957. Deckname konnte nicht überprüft werden.

> **Monsignore Mario Rizzi.** Ehrenprälat des Heiligen Vaters. Er war verantwortlich für die Abschaffung bestimmter kanonischer Gesetze, die seit apostolischen Zeiten Teil der Gründung der Kirche waren. Initiiert am 16. September 1969. Deckname Mari oder Monmari.

> **Monsignore Pio Vito Pinto.** Attaché des Staatssekretärs und Notar der Zweiten Sektion des Obersten Gerichtshofs und der Apostolischen Signatur. Er wird als sehr wichtige Person in den Gesellschaften geführt. Initiiert am 2. April 1970. Deckname Pimpi.

> **Monsignore Francesco Marchisano.** Ehrenprälat des Heiligen Vaters. Sekretär der Kongregation für das Katholische Bildungswesen. Initiiert am 14. Februar 1961. Deckname Frama.

> **Aurelio Sabattani.** Erzbischof von Giustiniana, Provinz Mailand, Italien. Erster Sekretär der Apostolischen Signatur. Initiiert am 22. Juni 1969. Deckname Asa.

> **Abino Mensa.** Erzbischof von Vercelli, Piemont, Italien. Initiiert am 23. Juli 1969. Deckname Mena.

> **Enzio D'Antonio.** Erzbischof von Trivento. Initiiert am 21. Juni 1969. Deckname konnte nicht überprüft werden.

> **Alessandro Gottardi.** Erzbischof von Trient, Italien. Er kontrolliert Kandidaten, die für die Erhebung zum Kardinal

in Frage kommen. Bei Treffen der Geheimgesellschaft wird er mit „Doktor" angesprochen. Initiiert am 13. Juni 1959. Deckname Algo.

➢ **Antonio Travia.** Titularbischof von Termini Imerese. Er ist Leiter der katholischen Schulen. Initiiert am 15. September 1967. Codename Atra.

➢ **Giuseppe Mario Sensi.** Titularbischof von Sardi, Kleinasien. Päpstlicher Nuntius in Portugal. Initiiert am 2. November 1967. Deckname Gimase.

➢ **Francesco Salerno.** Bischofspräfekt. Initiiert am 4. Mai 1962. Deckname Safra.

➢ **Antonio Mazza.** Titularbischof von Velia. Initiiert am 14. April 1971. Deckname Manu.

➢ **Mario Schierano.** Titularbischof von Acrida, Provinz Cosenza, Italien. Oberster Militärseelsorger der italienischen Streitkräfte. Initiiert am 3. Juli 1959. Deckname Maschi.

➢ **Luigi Maverna.** Bischof von Chiavari, Genua, Italien. Initiiert am 3. Juni 1968. Deckname Luma.

➢ **Aldo Del Monte.** Bischof von Novara, Piemont, Italien. Initiiert am 25. August 1969. Deckname Adelmo.

➢ **Marcello Morganta.** Bischof von Ascoli, Piceno, Ostitalien. Initiiert am 22. Juli 1955. Deckname Morma.

➢ **Luigi Bettazzi.** Bischof von Lyrea, Italien. Initiiert am 11. Mai 1966. Deckname Lube.

➢ **Gaetano Bonicelli.** Bischof von Albano, Italien. Initiiert am 12. Mai 1959. Deckname Boga.

➢ **Salvatore Baldassarri.** Bischof von Ravenna, Italien. Initiiert am 17. Februar 1958. Deckname Balsa.

➢ **Vito Gemmiti.** Mitglied der Heiligen Kongregation der Bischöfe. Initiiert am 25. März 1968. Deckname Vige.

- **Pier Luigi Mazzoni.** Mitglied der Heiligen Kongregation der Bischöfe. Initiiert am 14. September 1959. Deckname Pilum.

- **Ernesto Basadonna.** Prälat von Mailand. Initiiert am 14. September 1963. Deckname: Base.

- **Mario Bicarelli.** Prälat von Vicenza, Italien. Initiiert am 23. September 1964. Deckname Bima.

- **Salvatore Marsili.** Abt des Ordens des Heiligen Benedikt von Finalpia, in der Nähe von Modena, Italien. Initiiert am 2. Juli 1963. Deckname Salma.

- **Annibale Ilari.** Abt von Sua Santita. Initiiert am 16. März 1969. Deckname Ila.

- **Franco Gualdrini.** Rektor von Capri. Initiiert am 22. Mai 1961. Deckname Grefra.

- **Lino Lozza.** Kanzler der Römischen Akademie des heiligen Thomas von Aquin. Initiiert am 23. Juli 1969. Deckname Loli.

- **Daimazio Mongillo.** Professor für Dominikanische Moraltheologie, Heiliger Engel Institut, Rom. Initiiert am 16. Februar 1969. Deckname Monda.

- **Flaminio Cerruti.** Leiter des Büros für Universitätsstudien der Kongregation. Initiiert am 2. April 1960.

- **Enrico Chiavacci.** Professor für Moraltheologie an der Universität Florenz. Initiiert am 2. Juli 1970. Deckname Chie.

- **Carmelo Nigro.** Rektor des Päpstlichen Priesterseminars für höhere Studien. Initiiert am 21. Dezember 1970. Deckname Carni.

- **Carlo Graziani.** Rektor des Kleinen Priesterseminars des Vatikans. Initiiert am 23. Juli 1961. Deckname Graca.

- **Luigi Belloli.** Rektor des Lombardischen Priesterseminars. Initiiert am 6. April 1958. Deckname Bella.

- **Virgilio Noe.** Leiter der Heiligen Kongregation für den Gottesdienst. Initiiert am 3. April 1961. Deckname Vino.
- **Dino Monduzzi.** Regent des Präfekten des Päpstlichen Hauses. Initiiert am 11. März 1967. Deckname Mondi.
- **Vittorio Palistra.** Rechtsberater der Heiligen Rota des Vatikanstaates. Initiiert am 6. Mai 1943. Deckname Pavi.
- **Giuseppe Ferraioli.** Mitglied der Heiligen Kongregation für die öffentlichen Angelegenheiten der Kirche. Initiiert am 24. November 1969. Deckname Gife.
- **Alberto Bovone.** Stellvertretender Sekretär des Heiligen Offiziums. Initiiert am 30. April 1967.
- **Terzo Nattelino.** Vizeprefekt des Archivs des Sekretariats des Vatikans. Initiiert am 17. Juni 1957. Deckname Nate.
- **Georgio Vale.** Priester der Diözese Rom. Initiiert am 21. Februar 1971. Deckname Vagi.
- **Dante Balboni.** Assistent der Päpstlichen Kommission für Bibelstudien im Vatikan. Initiiert am 23. Juli 1968. Deckname Balda.
- **Vittorio Trocchi.** Sekretär für katholische Laien im Konsistorium der Vatikanischen Staatsberatung. Initiiert am 12. Juli 1962. Deckname Trovi.
- **Piero Vergari.** Protokollchef der Segnatura des Vatikanstaates. Er kontrolliert Änderungen des kanonischen Rechts. Initiiert am 14. Dezember 1970. Deckname Pive.
- **Dante Pasquinelli.** Mitglied des Rates des Nuntius in Madrid. Initiiert am 12. Januar 1969. Deckname: Pada.
- **Mario Pimpo.** Vikar des Amtes für Allgemeine Angelegenheiten. Initiiert am 15. März 1970. Codename Pima.
- **Igino Rogger.** Beamter in der Diözese Rom. Initiiert am 16. April 1968. Deckname Igno.

➢ **Pietro Rossano.** Mitglied der Heiligen Kongregation für die Nichtchristlichen Studien. Initiiert am 12. Februar 1968. Deckname Piro.

➢ **Francesco Santangelo.** Stellvertretender Generalsekretär des Verteidigungsrechtsrats. Initiiert am 12. November 1970. Deckname Frasa.

➢ **Gaetano Scanagatta.** Mitglied der Kommission von Pompeji und Loreto. Initiiert am 23. September 1971. Deckname Gasca.

➢ **Pio Laghi.** Apostolischer Delegat in Argentinien. Initiiert am 24. August 1969. Deckname Lapi.

➢ **Pietro Santini.** Vizeoffizieller des Gerichts des Vikariats des Vatikans. Initiiert am 23. August 1964. Deckname Sapa.

➢ **Domenico Semproni.** Mitglied des Gerichts des Vikariats des Vatikans. Initiiert am 16. April 1960. Deckname Dose.

➢ **Angelo Lanzoni.** Leiter des Staatssekretariats. Initiiert am 24. September 1956. Codename Lana.

➢ **Giovanni Lajola.** Mitglied des Rates für öffentliche Angelegenheiten der Kirche. Initiiert am 27. Juli 1970. Deckname Lagi.

➢ **Venerio Mazzi.** Mitglied des Rates für öffentliche Angelegenheiten der Kirche. Initiiert am 13. Oktober 1966. Deckname Mave.

➢ **Antonio Gregagnin.** Er ist der Tribun der ersten Instanz für Selig- und Heiligsprechungsprozesse. Initiiert am 19. Oktober 1967. Deckname Grea.

➢ **Giovanni Caprile.** Direktor für katholische Zivilangelegenheiten. Initiiert am 5. September 1957. Deckname Gica.

➢ **Roberto Tucci.** Generaldirektor des Vatikanischen Rundfunks. Ein äußerst wichtiger Posten, da dieser Sender rund um die Uhr Nachrichten in zweiunddreißig Sprachen ausstrahlt. Initiiert am 27. Juni 1957. Deckname Turo.

➢ **Virgilio Levi.** Stellvertretender Direktor der vatikanischen Tageszeitung *L'Osservatore Romano* und des Radiosenders Radio Vatikan. Initiiert am 4. Juli 1958. Deckname: Vile.

In Italien gibt es 526 Freimaurerlogen. Angesichts dieser Zahl ist die Angabe von nur 20.000 Mitgliedern fragwürdig.

Das französische Register der Geheimgesellschaften wird strenger bewacht als das italienische, sodass Einzelheiten über kürzlich erfolgte Initiationen nicht genannt werden können. Die vollständigste Liste von Geistlichen, die französischen Geheimgesellschaften angehörten, umfasst einige Jahrzehnte vor der Französischen Revolution und zählte selbst zu einer Zeit, als die Unterwanderung der Kirche durch ihre Feinde noch nicht so weit fortgeschritten war wie später, etwa 256 Mitglieder.

Teil Sechs

Wenn Geld spricht, schweigt die Wahrheit.
Russisches Sprichwort.

Der Abenteurer Michele Sindona stand bereits an der Spitze eines riesigen Finanzimperiums, als sein Freund Papst Paul VI. 1969 seine Dienste als Finanzberater des Vatikans in Anspruch nahm. Der Einfluss des Sizilianers auf beiden Seiten des Atlantiks reichte aus, um ihm universellen Respekt zu sichern, unabhängig von seinem persönlichen Charakter. Der amerikanische Botschafter in Rom bezeichnete Sindona als „Mann des Jahres", und das *Time* Magazine nannte ihn später „den größten Italiener seit Mussolini".

Seine Verbindung zum Vatikan erhöhte seinen Status, und seine Geschäfte, die er mit der Geschicklichkeit einer Spinne, die ihr Netz webt, abwickelte, brachten ihn bald auf Augenhöhe mit den politischeren und öffentlich bekannteren Rothschilds und Rockefellers. Er verschaffte sich Zugang zu Banken und Devisenagenturen, überlistete Partner und Konkurrenten und ging immer als Sieger hervor.

Er investierte Geld unter falschen Namen oder unter dem Namen anderer Personen, veräußerte und umleitete Gelder, immer mit einem bestimmten Ziel vor Augen, und zog die Fäden für die geheimen Aktivitäten der Central Intelligence Agency sowie für noch geheimere Organisationen, die politische Auswirkungen in den europäischen Zentren hatten. All dies geschah unter dem Deckmantel der Vertraulichkeit und mit Methoden, die selbst der oberflächlichsten Prüfung durch den unfähigsten Buchhalter nicht standgehalten hätten.

Einer seiner ersten Kontakte im Bankwesen war Hambro, woraufhin eine Liste folgte, die unter anderem die Privata Italiana, die Banca Unione und die Banco di Messina umfasste, eine sizilianische Bank, die er später besaß. Er hielt eine Mehrheitsbeteiligung an der Franklin National Bank of New York, kontrollierte ein Netzwerk von neun Banken und wurde Vizepräsident von drei davon. Das Vermögen dieser Banken wurde in Steueroasen wie der Schweiz, Luxemburg und Liberia transferiert.

Bald darauf übernahm er die Franklin National mit ihren 104 Filialen und einem Vermögen von mehr als fünf Milliarden Dollar, obwohl ein amerikanisches Gesetz den direkten Besitz von Banken durch Konzerne mit anderen finanziellen Interessen verbot. Eine Möglichkeit, dieses Verbot zu umgehen, fanden der damalige Präsident Nixon und Sindonas Freund und Aktienmanipulator David Kennedy, ein ehemaliger Sekretär des US-Finanzministeriums und Botschafter der Vereinigten Staaten bei der NATO.

Zu einem Zeitpunkt wurde geschätzt, dass allein seine Spekulationen im Ausland einen Wert von über zwanzig Milliarden Dollar hatten. Abgesehen von den bereits genannten Interessen waren zwei russische Banken und die National Westminster tief in seine Geschäfte verwickelt. Er war Präsident von sieben italienischen Unternehmen und Geschäftsführer mehrerer weiterer, mit Anteilen an der Paramount Pictures Corporation, Mediterranean Holidays und dem dominikanischen Zuckerhandel. Er hatte ein Mitspracherecht im Vorstand von Libby's, dem Lebensmittelkonzern aus Chicago. Er kaufte eine Stahlgießerei in Mailand.

Es war nur zu erwarten, dass bei der Einschätzung eines solchen Mannes seine Vergangenheit und sein Charakter weniger zählten als das Klimpern in seiner Tasche. Neue Freunde, Bekannte, Persönlichkeiten des öffentlichen Lebens und entfernte Verwandte drängten sich, um einen Blick auf Sindonas Lächeln zu erhaschen; unter ihnen war auch ein Kirchenmann,

Monsignore Ameleto Tondini. Durch ihn lernte der Finanzier Messimo Spada kennen, der die Geschäfte der Vatikanbank, oder, um es harmloser auszudrücken, des Instituts für religiöse Werke, leitete.

Seine Hauptaufgabe bestand in der Verwaltung der Investitionen des Vatikans, die bis zu einem gewissen Grad einer Einrichtung namens „Patrimonium Apostolicum" unterstanden. Diese war 1929 als Finanzinstitution gegründet worden, als eine der Bedingungen des Lateranvertrags mit Mussolini.

Seitdem war sie über die durch den Vertrag auferlegten Beschränkungen hinausgewachsen und hatte unter einem Konglomerat von Bankiers, darunter John Pierpont Morgan aus New York, die Pariser Rothschilds und die Hambros Bank aus London, eine wahrhaft internationale Dimension angenommen. Ihr kirchlicher Aufseher war Monsignore (und bald darauf Kardinal) Sergio Guerri.

Spada, der Vorsitzender von Lancia war, wurde Vorsitzender einer teils kirchlichen, teils finanziellen Institution, bekannt als die Pius XII. Stiftung für das Laienapostolat, ein sehr wohlhabendes Unternehmen, das später von Kardinal Villot übernommen wurde, der in vielerlei Hinsicht ein Spiegelbild von Paul VI. war.

2.

Große Geldgeschäfte haben immer eine finstere Seite, und einer von Sindonas Mitarbeitern, Giorgio Ambrosoli, wurde zunehmend nervös, als die zunehmenden Betrügereien mit den Gewinnen Schritt hielten und sich in mehreren europäischen sozialen, wirtschaftlichen und politischen Strukturen auswirkten. Er äußerte seine Zweifel gegenüber Sindona, der sie jedoch beiseite wischte. Mit Ambrosoli verfuhr er jedoch anders. Er machte ihn zum Gegenstand von Gerüchten und umgab ihn mit einem Netz des Verdachts. Und als Ambrosoli vor seinem Haus von „unbekannten Attentätern" erschossen wurde, kam ein weiterer ungelöster Mordfall in die italienischen Polizeiakten.

Schon bevor Sindona sich mit seiner Investitionspolitik befasste, war der Vatikan trotz seiner früheren Verurteilung der Macht des Geldes stark in das kapitalistische System verstrickt. Er hatte Beteiligungen an der Rothschild Bank in Frankreich und an der Chase Manhattan Bank mit ihren 57 Filialen in 44 Ländern, an der Credit Suisse in Zürich und auch in London, an der Morgan Bank und an der Banker Trust. Er hielt große Anteile an General Motors, General Electric, Shell Oil, Gulf Oil und Bethlehem Steel.

Vertreter des Vatikans saßen im Vorstand von Finsider, die mit einem Kapital von 195 Millionen Lire, verteilt auf vierundzwanzig Unternehmen, neunzig Prozent des italienischen Stahls produzierte und außerdem zwei Reedereien und die Firma Alfa Romeo kontrollierte. Die meisten italienischen Luxushotels, darunter das Rome Hilton, gehörten ebenfalls zum Aktienportfolio des Vatikans.

Sindonas Einfluss im Vatikan, der auf seine frühere Freundschaft mit Paul VI. und die jüngsten Treffen mit Spada zurückging, machte sich bald in ähnlicher Weise bemerkbar wie in der

Außenwelt. Er übernahm die vollständige Kontrolle über die Banca Privata. Er kaufte „ ", den Feltrinelli-Verlag, und der Vatikan war an dessen Einnahmen beteiligt, obwohl einige seiner Veröffentlichungen zu Straßengewalt und Propaganda für Geheimgesellschaften aufriefen. Derselbe Kreis unterstützte linke Gewerkschaften und die nicht gerade seriösen, oft an der Grenze zur Legalität operierenden Aktivitäten der Central Intelligence Agency. Die gleiche mangelnde Unterscheidungskraft zeigte sich darin, dass eines der Unternehmen, die zur Aufstockung der Sindona-Gelder des Vatikans beitrugen, zumindest zeitweise Antibabypillen herstellte.[14]

Weitere und direktere Verbindungen des Vatikans bestanden zur Ceramica Pozzi, die Wasserhähne, Sanitäranlagen und Bidets lieferte, sowie zu einem Chemiekonzern, hinter dem ebenfalls Hambros stand und der synthetische Fasern für Textilien herstellte. Vertreter des Vatikans saßen in den Vorständen italienischer und schweizerischer Banken, und ihr Einfluss wurde in der Geschäftsführung von Holdinggesellschaften in vielen Teilen der westlichen Welt immer stärker spürbar.

Eine weitere „Augenzwinker"-Aktion war der Abschluss eines Abkommens zwischen Kardinal Casaroli und den kommunistischen Behörden, wonach eines der vatikanischen Unternehmen eine Fabrik in Budapest errichtete.

Fast in Hörweite dieser Arbeiten befand sich ein anderer Kardinal, Mindszenty, Erzbischof von Ungarn, der wegen seiner antikommunistischen Haltung von Rom fallen gelassen worden war und nach dem gescheiterten Aufstand von 1956 in der amerikanischen Botschaft Zuflucht gefunden hatte.

Wäre es damals möglich gewesen, eine echte Untersuchung durchzuführen, wären die Namen von Vatikanbeamten in einigen der komplizierten Unternehmungen von Präsident Nixon

---

[14] Doch Papst Paul kritisierte das kapitalistische System in seiner Sozialenzyklika Populorum Progressio über die Entwicklung der Völker.

aufgetaucht. So viel kommt zum Vorschein, wenn man sich durch eine Vielzahl oft widersprüchlicher Manöver hindurcharbeitet und die Eigentümerschaft des Vatikans an der General Immobiliare ausmacht, einem der weltweit größten Bauunternehmen, das mit Grundstücksspekulationen handelte, Autobahnen und die Büros der Pan Am baute, um nur einige seiner „ en" Aktivitäten zu nennen, und auch einen Großteil des Watergate-Komplexes in Washington kontrollierte.

Dadurch konnte sie eine Reihe von Luxusgebäuden am Ufer des -Potomac errichten und besitzen, die 1972 zum Hauptquartier der Wahlkampagne der Demokraten wurden.

Die Leitung der Generale Immobiliare lag in den Händen von Graf Enrico Galeazzi, dem Direktor einer Investment- und Kreditgesellschaft (geschätztes Kapital: 25 Milliarden Lire), der sich im Vatikan so frei bewegen konnte, dass er als „Laienpapst" bekannt war.

Der Heilige Stuhl wurde im Frühjahr 1969 zu einem wichtigen Partner in Sindonas Handels- und Industrieimperium, als der Finanzier auf Bitten von Paul VI. mehrere Besuche im Vatikan absolvierte, wo sich die beiden Männer um Mitternacht im Arbeitszimmer des Papstes im dritten Stock trafen. (Allerdings war es, soweit es die niederen Geistlichen und Mitarbeiter des Vatikans betraf und laut dem Terminkalender des Papstes, der vor der Eintragung ordnungsgemäß „gefälscht" worden war, nicht Seine Heiligkeit, der sich mit Sindona beriet, sondern Kardinal Guerri, der zu diesem Zeitpunkt aller Wahrscheinlichkeit nach schlief. Neben dem Wunsch, die Investitionspolitik des Vatikans zu stärken, war der Papst daran interessiert, die Unabhängigkeit der Kirche von staatlicher Kontrolle in Form von Steuern, Währung und Vermögen zu wahren. Diese Ausnahmeregelung war seit dem Ende des Zweiten Weltkriegs, als die Christdemokraten eine Vierparteienkoalition anführten, nie ernsthaft in Frage gestellt worden. Doch nun wurden neue Stimmen laut. Der Vatikan wurde als größter Steuerhinterzieher im Nachkriegsitalien bezeichnet, und die Forderung nach Begleichung seiner Steuerrückstände wurde immer lauter.

Ein weiteres Mitglied dieses geheiligten Geschäftskreises war Paul Marcinkus, der aus einer nach Chicago emigrierten litauischen Familie stammte. Er stand in der Gunst von Monsignore Pasquali Macchi, dem persönlichen Sekretär des Papstes, und hatte sich bis dahin in keinem pastoralen Bereich besonders hervorgetan. Seine praktischste Erfahrung im kirchlichen Bereich hatte er gesammelt, als er aufgrund seiner Größe von 1,93 m und seiner langen, kräftigen Arme (die ihm den Spitznamen „Gorilla" einbrachten) die Bewachung von Paul VI. während dessen Reisen beaufsichtigte. Paul ernannte ihn zum Bischof.

Als Kontrolleur der Vatikanbank, ein Amt, das ihm von Paul VI. übertragen wurde, war er für mehr als 10.000 Konten von Orden und Privatpersonen, darunter auch des Papstes, verantwortlich. Die Kontonummer des Papstes lautete übrigens 16.16. Er verwaltete die Geheimfonds des Vatikans und dessen Goldreserven in Fort Knox und transferierte einen erheblichen Teil der Gelder in der Hoffnung auf schnelle Gewinne an die Sindona-Holding.

Er war außerdem Präsident des Instituts für religiöse Ausbildung und Direktor der Continental Illinois Bank of Nassau. Sein Aufstieg kam weder unerwartet noch ohne Einflussnahme zustande, denn am 2. Juli 1963 folgte Marcinkus dem Beispiel vieler Geistlicher, die sich unter Missachtung des Kanon 2335 einer Geheimgesellschaft angeschlossen hatten. Sein Deckname war Marpa.

Marcinkus nutzte die Tatsache, dass die Priesterkleidung nicht mehr zwingend erforderlich war, und drängte sich durch die Randbereiche in das bunte, laute Herz der römischen Gesellschaft. Er war der wohlhabende Manager einer der einflussreichsten, privilegiertesten und angesehensten Banken der Stadt. Er lungerte in Bars herum, trat exklusiven Clubs bei, die für ihn bisher unerreichbar und neidauslösend gewesen waren, und stellte seine animalische Kraft auf dem Golfplatz unter Beweis, indem er zahlreiche Golfbälle ins Nirwana schlug. Mit der Zeit verärgerte sein offensichtliches Playboy-Verhalten die etablierte römische Gesellschaft, die ihm die kalte Schulter zeigte. Es schien, als hätte er außer seiner schlaksigen Muskelkraft wenig zu bieten. Aber es gab immer genug Amerikaner, die geschäftlich dort waren, um seinen Platz einzunehmen, obwohl selbst sie schockiert waren, als bekannt wurde, dass der Bischof in einen betrügerischen Konkurs verwickelt war.

Unterdessen erreichten Sindona und den Vatikan aus vielen Teilen der Welt erste Warnungen in Form von Andeutungen über drohende Gefahren. Der aktuelle Aufruf lautete, Geld in die Vereinigten Staaten zu transferieren, da die Ereignisse in Europa auf politische Unruhen und einen wirtschaftlichen Zusammenbruch hindeuteten; und die Zukunft der Franklin Bank, an der Sindona und der Vatikan maßgeblich beteiligt waren, wurde nach einer Reihe katastrophaler Spekulationen höchst zweifelhaft. Es wurden verzweifelte Anstrengungen unternommen, um sicherere Banken davon zu überzeugen, die Franklin Bank vollständig zu kaufen oder zumindest durch eine „ " wieder flott zu machen. Montini rief dazu auf, die Übertragung der Investitionen des Vatikans in einen sichereren Hafen zu arrangieren.

Es war nicht so, dass Sindona sein Gespür verloren hatte, aber die Weltmächte, unterstützt von Feinden in der Mafia, die Sindonas Aufstieg beneideten, erwiesen sich als zu stark für die Aufrechterhaltung weitreichender Unternehmungen, wie er sie geleitet hatte. Sindona war sich bewusst, dass er auf wackligem Boden stand, und versuchte, die Unterstützung der Nixon-Regierung zu gewinnen, indem er eine Million Dollar für den Wahlkampf des Präsidenten anbot, die vielleicht nur dann hätte gezahlt werden können, wenn das Angebot angenommen worden wäre. Da Sindona jedoch aus offensichtlichen Gründen darauf bestand, nicht namentlich genannt zu werden, und da die Annahme anonymer Geschenke für eine Wahl gesetzlich verboten war, wurde sein Angebot abgelehnt. Für alle Beteiligten war es enttäuschend, dass damit eines der wenigen Gesetze verletzt wurde, die selbst das flexible föderale System nicht offen auslegen konnte.

Sindona machte eine letzte Geste im Stil eines Hollywood-Gangsters. Er gab eine verschwenderische und spektakuläre Abendparty in Roms vornehmstem Hotel (das wahrscheinlich dem Vatikan gehörte), an der der amerikanische Botschafter, Kardinal Caprio (der vor der Ankunft von Marcinkus für die Investitionen des Vatikans verantwortlich gewesen war) und der entgegenkommende Kardinal Guerri teilnahmen.

Marcinkus wurde lediglich eine große Schuld zugeschrieben. Seine Geschäfte mit Vatikan-Geldern seien unerträglich gewesen, sagte Monsignore Benelli, einer seiner Kritiker. Aber Marcinkus, der zu viel über die Hintergründe im Vatikan wusste, konnte nicht fallen gelassen werden und erhielt einen diplomatischen Posten in der Kirche.

Sindona war von einem seiner Handlanger, der auch für den Geheimdienst arbeitete, gewarnt worden, dass ein Haftbefehl gegen ihn vorlag. Aber er bluffte und trank sich durch die Feierlichkeiten, fuhr für eine Weile in seine Luxusvilla in Genf und flog dann nach New York.

Dort wurde er bis zur Erhebung der Anklage unter einer Art milder Überwachung gestellt.

Aber es scheint, dass einige derjenigen, die ihn überwachen sollten, zur Mafia gehörten, und das Nächste, was der Papst von seinem ehemaligen Berater hörte, war, dass er bei einer Schlägerei angeschossen und verwundet worden war.

Es war leicht genug, ihn vor Gericht zu bringen, indem man in seiner Vergangenheit, die mehr als nur knöcheltief in große und kleine Betrügereien verstrickt war, wühlte, zumal er nun keine Macht mehr hatte, mit der man rechnen musste. Zu den Anklagepunkten kamen nun noch ein versuchter Entführungsfall und weitreichende Bestechung hinzu. Als der entgegenkommende Kardinal Guerri davon hörte, schien er plötzlich davon überzeugt zu sein, dass Sindona ein viel verleumdeter Mann war, vielleicht weil sein Name in den Verhandlungen zwischen dem Papst und dem Finanzier eine Rolle gespielt hatte. Er wollte nach New York reisen und für ihn aussagen.

Aber der Papst, der Guerris leichtfertige Art kannte und nicht wollte, dass das Ausmaß seiner eigenen Zusammenarbeit mit dem Angeklagten im Zeugenstand ans Licht kam, hielt Guerri in Rom zurück.

Der Prozess endete im Herbst 1980 mit einer Verurteilung Sindonas zu 25 Jahren Haft. Nur wenige, abgesehen von denjenigen Bürgern, die ihre Empörung zum Ausdruck brachten, als sie zum ersten Mal von den finanziellen Machenschaften Sindonas erfuhren, glauben, dass eine solche Strafe jemals verbüßt werden wird. Mindestens eine antiklerikale Zeitung meinte, Papst Paul habe Glück gehabt, dass er nicht zusammen mit seinem Bankier in den Zeugenstand gestellt worden sei.

So blieben dem Papst zwei Erinnerungen an ihre Partnerschaft. Die Kirche hatte einen schweren finanziellen Verlust erlitten, was, wie der Papst in seiner Ansprache „ " mit einer völlig unnötigen Brustschläge betonte, bedeutete, dass die Braut Christi vor dem Bankrott stand; gleichzeitig gab es eine neue Verwaltungsbehörde für Finanzen, die er dank Sindonas Hilfe gegründet hatte.

An ihrer Spitze stand Kardinal Vagnozzi, Apostolischer Delegat in New York. Er wurde von Kardinal Hoeffner aus Köln und Kardinal John Cody aus Chicago unterstützt.

3.

Der zuletzt genannte dieser drei Männer sollte bald für Aufsehen sorgen. Kardinal John Patrick Cody, dreiundsiebzig Jahre alt, Sohn eines Feuerwehrmanns aus St. Louis, war Erzbischof der größten römisch-katholischen Diözese Amerikas. Er verwaltete daher viele Tausende steuerbefreite kirchliche Gelder. Und im Herbst 1981 wurde seine Gemeinde, wie es nur treuen Kirchenmitgliedern passieren kann, von Gerüchten überwältigt, die sich bald als wahr herausstellten, dass die Staatsanwaltschaft in Chicago Codys Finanzgeschäfte untersuchte.

Ein Bundesgroßgeschworenengericht hatte außerdem die Unterlagen einer Investmentgesellschaft in St. Louis angefordert, bei der eine gewisse Mrs. Helen Dolan Wilson ein Konto hatte, um diese zu überprüfen.

Die Untersuchung, die im Fall eines zeitgenössischen Kardinals höchst ungewöhnlich war, drehte sich um die sogenannte Umleitung, Veräußerung oder Veruntreuung von Kirchengeldern in Höhe von mehr als 500.000 Pfund Sterling. Außerdem kam ans Licht, dass die Nationale Konferenz der Katholischen Bischöfe in einem einzigen Jahr, in dem der Kardinal Schatzmeister war, mehr als vier Millionen Dollar verloren hatte.

Die erwähnte Mrs. Wilson, die im gleichen Alter wie der Kardinal war, wurde unterschiedlich als seine angeheiratete Verwandte, als seine Schwester oder als seine Nichte bezeichnet, während Cody sie gewöhnlich als seine Cousine bezeichnete.

Ihr Vater, so behaupteten genauere Urteile, habe die Tante des Kardinals geheiratet, während andere sicher waren, dass zwischen ihnen keine echte Blutsverwandtschaft bestand. Das betroffene Paar sagte, dass eine Geschwisterbeziehung, die in ihrer Kindheit in St. Louis begonnen hatte, ihre einzige Verbindung sei.

„Wir sind zusammen aufgewachsen", erklärte Mrs. Wilson. Dass sie enge Freunde geblieben waren, war daher eine natürliche Entwicklung. Sie reisten zusammen, und in den letzten fünfundzwanzig Jahren war sie ihm auf Schritt und Tritt in der Diözese gefolgt. Er war im religiösen Sinne ihr „Vorgesetzter" geworden, eine Rolle, die sie als hilfreich empfand, als ihre Ehe, aus der ein Sohn hervorgegangen war, vor dem Scheidungsgericht endete.

Für den Kardinal war es ein Leichtes, ihr eine Stelle als Managerin in einem Büro der Kirche in St. Louis zu verschaffen. Sie erschien dort zwar nicht regelmäßig, aber unabhängig davon, ob sie arbeitete oder nicht, blieb sie auf der Gehaltsliste der Kirche. Er half auch ihrem Sohn, sich in derselben Stadt als Versicherungsagent niederzulassen, eine Stelle, die Wilson aufgab, als er zusammen mit dem Kardinal begann, mit „Immobilien" zu handeln.

Mrs. Wilson ging mit einem bescheidenen Jahresgehalt von 4.000 Pfund in den Ruhestand, aber schon bald war bekannt, dass sie fast eine Million Dollar besaß, hauptsächlich in Aktien und Anleihen. Sie war auch Begünstigte einer Lebensversicherung des Kardinals in Höhe von 100.000 Dollar, auf die sie einen Kredit aufnahm.

Die Ermittlungen der Bundesgrandjury, die von der Chicago *Tribune* und *der Sun-Times* veröffentlicht wurden, brachten eine Flut von Anschuldigungen ans Licht. Der Kardinal hatte ihr den größten Teil des verschwundenen Geldes übergeben. Ein Teil davon war für den Kauf eines Hauses in Boca Raton in Florida verwendet worden. Außerdem gab es ein Luxusauto, teure Kleidung und Pelze sowie Bargeldgeschenke für den Urlaub.

Der Kardinal war zwar traurig und fühlte sich aufgrund der Anschuldigungen zurückgewiesen, erklärte jedoch entschieden, dass er keine Gelegenheit brauche, um sie zu widerlegen. Er sei bereit, allen Verantwortlichen zu vergeben. Frau Wilson erklärte ebenso entschieden, dass sie kein Geld vom Kardinal erhalten habe. Zu behaupten, dass zwischen ihnen mehr als Freundschaft gewesen sei, sei eine bösartige Lüge oder sogar ein Witz. Sie empfand es als große Kränkung, skandalisiert und als Unterhaltungsdame oder (wie ihre Landsleute es ausdrückten) als „Schlampe" dargestellt zu werden.

Wären nicht die vielen Skandale, die die moderne Kirche erschüttert haben, wäre ein Fall wie dieser kaum mehr als eine Erwähnung wert gewesen. Aber jetzt wirft er Fragen auf. War es eine Verschwörung, Teil des jahrhundertealten Wunsches, die Kirche in Verruf zu bringen? War der Kardinal persönlich korrupt? Oder war er einer der Eindringlinge, die ohne echte religiöse Überzeugung heimlich in die Kirche eingeschleust wurden, mit dem einzigen Ziel, ihr moralisches und traditionelles Gefüge zu untergraben?

Angesichts anderer seltsamer Ereignisse ist diese Vermutung nicht abwegig und scheint durch einen langen Bericht in *The Chicago Catholic* vom 29. September 1978 bestätigt zu werden. Ein liturgischer Kongress der Erzdiözese wurde abgehalten, um, wie einer der jargonverrückten Modernisten sagte, die Kirche „lebendig, beweglich, veränderlich, wachsend und erneuernd zu halten, nach einigen Jahrhunderten teilweiser Lähmung".

Als Teil dieses Prozesses tummelten sich Tanzgruppen unter blinkenden bunten Lichtern, Trompeten schmetterten, Menschen griffen nach mit Gas gefüllten Ballons und stürmten um sie herum und trugen Anstecker mit der Aufschrift „Jesus liebt uns". während ein Priester, der als Experte für die neue Liturgie galt, mit einem Gesicht, das weiß wie das eines Clowns war, in einem Zylinderhut und mit einem übertriebenen Bauch, der unter seinem Umhang hervorschaute, herumstolzierte.

Den Hintergrund bildeten Gewänder, Banner und ein zusammengewürfeltes Wandgemälde, die alle im anerkannten Stil der „modernen Kunst" nicht mehr als beiläufig aufgetragene Farbspritzer waren. Die Messe, die den Abschluss dieses wahrhaft lächerlichen Kongresses bildete (der, wie wir sehen werden, nur ein schwacher Abglanz dessen war, was anderswo geschah, und der vor den Tagen des „guten Papstes Johannes" undenkbar gewesen wäre), wurde von Kardinal Cody geleitet.

Zu einem anderen Zeitpunkt berichtete *die Chicago Tribune* in einem Artikel über einen sogenannten „Schwulenaltar" und erwähnte dabei eine Konzelebration (d. h. die Feier der Eucharistie durch zwei oder mehr Priester) in einer Kirche dieser Stadt: Einhundertzweiundzwanzig Priester waren bei dieser Messe anwesend, und jeder einzelne von ihnen war ein bekennender moralischer Perverser.

Keine dieser Entweihungen rief ein Wort des Protests von John Patrick, Kardinal Cody, hervor.

Er starb im April 1982 an einem Herzinfarkt, während dieses Buch in Vorbereitung war.

Teil Sieben

Wehe dem, der nicht weiß, wie er seine Maske tragen soll, sei er König oder Papst.

Pirandello.

Das Geben und Nehmen in menschlichen Beziehungen stellt ein schwierigeres Problem dar als diejenigen, die normalerweise der Wissenschaft zugeschrieben werden. Denn letztere werden aller Wahrscheinlichkeit nach mit der Zeit gelöst werden; aber wenn es um Menschen geht, insbesondere um diejenigen, die nicht mehr unter den Lebenden weilen, stehen wir vor Fragen, die in unserer Welt kaum zu beantworten sind.

So muss man sich beispielsweise fragen, warum zwei Prälaten innerhalb weniger Monate unter Umständen starben, die normalerweise nicht mit Geistlichen in Verbindung gebracht werden, insbesondere nicht mit hochrangigen Geistlichen.

Als eine Gruppe von Parisern am späten Sonntagabend, dem 19. Mai 1974, von einem religiösen Fest auf dem Land in die Hauptstadt zurückkehrte, bemerkten einige von ihnen, dass der Priester, der sie begleitet hatte, krank und müde aussah.

Es handelte sich um Jean Danielou, 69 Jahre alt und Kardinal; kein Mensch mit klar umrissener Persönlichkeit, sondern jemand, den man sich nur schwer vorstellen konnte, wenn man ihn nicht näher kannte. Er war 1929 in den Jesuitenorden eingetreten und neun Jahre später zum Priester geweiht worden. Er war Autor von vierzehn theologischen Büchern, Leiter der

Theologischen Fakultät der Universität Paris und Mitglied der Académie Française.

Er gab zwar wenig preis, machte aber bestimmte Aussagen über sich selbst, die Fragen aufwarfen, ja sogar Kontroversen auslösten. „Ich bin von Natur aus Heide und nur mit Mühe Christ", war eine davon, obwohl dies natürlich eine Ansicht ist, die viele seiner Glaubensgenossen vertreten, die wissen, dass zwischen Bekenntnis und Unglauben nur ein schmaler Grat liegt. Er war sich neuer Elemente bewusst, die sich innerhalb der Kirche bildeten und an Stärke gewannen, und obwohl er frei urteilte – „Eine Art Angst hat sich verbreitet, die angesichts fleischlicher Exzesse zu einer echten intellektuellen Kapitulation geführt hat" –, konnten ihn die Konservativen ebenso wenig zu den ihren zählen wie die lautstarken Progressiven. Er war 1967 einer der Gründer der Bruderschaft Abrahams, einer interreligiösen Gruppe, die die drei monotheistischen Religionen Islam, Judentum und Christentum vereint.

„Heute ist eine Zeit, in der wir gegen die Intelligenz sündigen." Beide Seiten hätten dies als Diktum für sich beanspruchen können. Einige warfen ihm vor, er sei prüde, als er sich zurückhaltend zeigte. Aber er behauptete stets, ungebunden zu sein. „Ich fühle in meinem Innersten, dass ich ein freier Mensch bin." Aber Freiheit, wenn sie kein politisches Schlagwort ist, kann in der Welt ebenso wenig toleriert werden wie die Wahrheit (wie die Bauernmagd Jeanne d'Arc schon Jahrhunderte zuvor erkannt hatte). Und je mehr Danielou sich aus der Gesellschaft zurückzog und ruhig in seiner Wohnung in der Rue Notre-Dame des Champs lebte, ohne Sekretärin und ohne Auto, desto mehr wurde er verdächtigt oder offen abgelehnt.

All das entging ihm nicht, aber er versuchte, sich nicht damit zu beschäftigen. Hätte er das getan, wäre er, wie er selbst zugab, entmutigt worden, ein offensichtlicher Versager, der die Chancen, die ihm sein Aufstieg in der Kirche geboten hatte, nicht genutzt hatte. Später stellte er fest, oder glaubte zumindest, dass seine Gegner gegen ihn intrigierten und Komplotte schmiedeten. Tatsächlich gab es eine gezielte Kampagne aus Gerüchten und Andeutungen in der Presse, die ihn dazu zwangen, eine zwar stabile, aber relativ unscheinbare Position am Rande des Geschehens einzunehmen, wobei dies eher eine Frage der Entscheidung als der tatsächlichen Macht der Opposition war.

So blieb er eine problematische Figur, die an diesem Sonntag um Mitternacht nach einem anstrengenden Tag auf dem Land nach Hause kam. Aber der Montag, der „ ", brachte keine Veränderung in seinen Tagesablauf. Er hielt wie üblich um acht Uhr die Messe, arbeitete dann in seinem Büro und empfing einige Besucher. Er aß in einem Restaurant zu Mittag und besuchte anschließend einen Professor an der Sorbonne.

Aus unerklärlichen Gründen scheint ein Teil seiner Post an eine Adresse in der Rue Monsieur gegangen zu sein, denn er holte sie ab, war um drei Uhr wieder zu Hause und ging eine Viertelstunde später mit der Bemerkung, er werde voraussichtlich um fünf zurück sein.

Doch das tat er nicht. Um 15:48 Uhr erhielt die Polizei einen dringenden Anruf von einer Madame Santoni, die in der Rue Dulong 56, einem nicht gerade seriösen Viertel nördlich des Boulevard des Batignolles, in einem der oberen Stockwerke wohnte. Ihre Nachricht veranlasste die Polizei, sich sofort zum Tatort zu begeben, denn sie teilte ihnen mit, dass niemand Geringeres als ein Kardinal in ihrer Wohnung tot aufgefunden worden sei.

Er, Danielou, habe kurz nach halb vier dort angerufen. Jemand habe ihr erzählt, er sei vier Stufen auf einmal die Treppe hinaufgerannt, dann oben zusammengebrochen, mit purpurrotem Gesicht, und kurz darauf bewusstlos geworden. Sie habe ihm die Kleider vom Leib gerissen und Hilfe geholt. Aber es sei unmöglich gewesen, ihn wiederzubeleben, und die Ersthelfer hätten hilflos zugesehen, als sein Herz aufgehört habe zu schlagen.

Auf eine Radioansage über den Tod des Kardinals hin trafen der Apostolische Nuntius, der Provinzial der Jesuiten in Frankreich und Pater Coste, Oberer der Jesuiten in Paris, zusammen mit Reportern von *France Soir* und Nonnen, die gerufen worden waren, um sich um die Leiche zu kümmern, die jedoch bereits zu stark verstarrt war, um für die Beerdigung vorbereitet zu werden, in der Wohnung ein.

Pater Coste wandte sich an die Reporter. Es sei unerlässlich, dass sie äußerste Diskretion wahren, sagte er und erklärte dann, der Kardinal sei auf der Straße gestorben, möglicherweise auch auf der Treppe, nachdem er auf der Straße gestürzt war.

„Oh nein, das war es nicht", unterbrach Madame Santoni. Pater Coste protestierte gegen ihre Unterbrechung, die anderen Geistlichen schlossen sich an, die Polizei meldete sich zu Wort, die Reporter stellten Fragen, und auf dem Höhepunkt der Auseinandersetzung verschwand Madame Santoni, obwohl niemand sie tatsächlich gehen sah, und tauchte bei der Untersuchung nicht mehr auf.

Nun, die betreffende Dame verdiente den Titel „Madame" durchaus. Sie war der Polizei und der Presse bestens bekannt, eine vierundzwanzigjährige Blondine, die unter dem Namen Mimi arbeitete, manchmal als Hostess in einer Bar, als Go-Go-Tänzerin in einem Nachtclub oder als Striptease-Tänzerin im Pigalle. Sie war nie zu Hause anzutreffen, das von ihrem Mann als Bordell betrieben wurde. Zu diesem Zeitpunkt war das Haus jedoch vorübergehend geschlossen, da er nur drei Tage zuvor wegen Zuhälterei verurteilt worden war.

Die Erklärungen, die die Kirche abgab, waren vage und entsprachen alle der allgemeinen Meinung, dass der Kardinal einen Schlaganfall oder einen Herzinfarkt erlitten hatte. Kardinal Marty, der Erzbischof von Paris, lehnte eine Forderung von Katholiken und säkularen Kreisen nach einer Untersuchung des Todes des Kardinals ab. Schließlich, so erklärte er, könne der Kardinal nicht mehr für sich selbst sprechen. Es mag ein unglücklicher Nachsatz gewesen sein, der den Erzbischof dazu veranlasste, davon zu sprechen, dass der Kardinal sich selbst verteidigen müsse. Die Trauerrede wurde in Rom von Kardinal Garrone gehalten, der sagte: „Gott gewähre uns Vergebung. Unser Dasein kann nicht ohne Schwäche und Schatten sein."

Man mag sich fragen, wie tief Garrones Gewissensprüfung seitdem gegangen ist, denn obwohl er bekanntermaßen einer

Geheimgesellschaft angehörte, hielt er sich dreist aus der Affäre heraus und behielt seinen roten Hut. Ein Kommentar der orthodoxen Zeitung *La* Croix war kürzer und prägnanter: „Was auch immer die Wahrheit ist, wir Christen wissen sehr wohl, dass jeder von uns ein Sünder ist."

Diese Art von Ereignissen lieferte den linksgerichteten antiklerikalen Zeitungen eine Woche lang Stoff für ihre Berichterstattung. Eine davon, *Le Canard Enchainé*,[15] , hatte einige Jahre zuvor in einer Kontroverse um den Besitz einer Reihe von Bordellen nur wenige Meter von der Kathedrale in Le Mans entfernt einen großen Erfolg erzielt. Die Zeitung behauptete, dass diese einem hohen Würdenträger der Kirche gehörten. Seine Freunde und Kollegen bestritten dies vehement. Aber die Zeitung sollte Recht behalten. Nun zögerte dieselbe Quelle nicht, zu behaupten, der Kardinal habe ein Doppelleben geführt.

Er stand seit einiger Zeit unter Beobachtung, eine Maßnahme, die von niemand Geringerem als Premierminister Chirac angeordnet worden war. Er und Jacques Foccard, ein ehemaliger Innenminister, wussten beide ganz genau, dass der Kardinal Mimi regelmäßig besucht hatte.

Dies wiederum wurde von Danielous Anhängern lächerlich gemacht, woraufhin die Zeitung entgegnete, dass möglicherweise noch weitere Enthüllungen folgen würden. „Wenn wir alle Details veröffentlichen würden, würde das ausreichen, um für den Rest Ihres Lebens zum Schweigen zu bringen."

Die Wahrheit dieser seltsamen Geschichte könnte in einer von vier möglichen Erklärungen liegen.

Einer davon hat seinen Ursprung möglicherweise in den Auswirkungen des Zweiten Vatikanischen Konzils. Danielou soll dies als positive Katastrophe betrachtet haben, und wir

---

[15] Dies ist eine etwas radikalere französische Entsprechung zu Private *Eye*.

wissen, dass er die liberalere Theologenschule, die durch das Konzil entstanden war, als beklagenswert, erbärmlich, abscheulich und elend bezeichnete. Viele nahmen ihm das übel, insbesondere als er sie als „Mörder des Glaubens" bezeichnete. Er war entschlossen, alles in seiner Macht Stehende zu tun, um eine Säkularisierung und Entwertung des Glaubens zu verhindern, und kam zu dem Schluss, dass er in Gefahr war, da die Gemüter innerhalb der Kirche ebenso erhitzt waren wie außerhalb. Das würde sein eher zurückgezogenes Leben in Paris erklären.

Aber er ließ wissen, dass er entschlossen war, Widerstand zu leisten, und er stellte eine Liste derer auf, die er als Verräter der Kirche bezeichnete. Einige derjenigen, deren Namen darauf standen, schimpften heftig gegen ihn, aber er verkündete öffentlich, dass er die Liste veröffentlichen wolle.

Vier Tage später wurde er, nach einer Theorie, die von vielen, sicherlich nicht unbedeutenden Personen vertreten wird, von denen ermordet, die er nennen wollte. Dann ließen diejenigen, die er „Mörder" genannt hatte, in einer Art makabrem Humor seine Leiche herausholen und in einem Bordell abladen. Danach konnte die überraschende Entdeckung leicht arrangiert werden.

Das schreibe ich in voller Kenntnis dessen, wie empörend es auf diejenigen wirken muss, die die Kirche aus einer rein provinziellen Perspektive betrachten und in glücklicher Unkenntnis ihrer mittelalterlichen Geschichte sind, die dazu bestimmt war, sich in wenigen Jahren innerhalb der Mauern des Vatikanpalastes mit all den Intrigen und vergifteten Kelchen dieser Zeit zu wiederholen.

Oder könnte Danielou früher einmal zu den Infiltratoren gehört haben, deren Einfluss er später verabscheute? Hat er, nachdem er in einen der gegen die Kirche gerichteten Geheimorden aufgenommen worden war, einen Sinneswandel vollzogen, der ihn zu einer Bedrohung machte? Es gibt zahlreiche Belege dafür, dass diese Orden keine Skrupel hatten und haben, mit Abtrünnigen abzurechnen.

Diese Vermutung ist nicht unbegründet. Denn in der Rue Puteaux in Paris gibt es eine alte Kirche, deren Krypta als Großtempel der Großloge von Frankreich dient. Etwa drei Jahre vor Danielous Tod wurde der Weihbischof von Paris, Daniel Pezeril, dort in die Loge aufgenommen, nachdem er eine Erklärung veröffentlicht hatte, um sein Vorgehen zu rechtfertigen. Darin sagte er: „Nicht die Kirche hat sich verändert. Im Gegenteil, die Freimaurerei hat sich weiterentwickelt." Monsignore Pezeril war es, der von Papst Paul gebeten wurde, einen Weg zu finden, um die Kluft zwischen der Kirche und den Gesellschaften zu überbrücken.

Kardinal Danielou war ein häufiger Besucher der Krypta, wo er in Beratung mit einem der Logenmeister gesehen wurde, der mit dem Titel eines Großsekretärs der Obedienz geehrt worden war. Es muss daher die Frage gestellt werden, ob die Antwort auf das Rätsel bei denen liegt, mit denen Danielou in der Krypta konferiert hatte.

Die von den Satireblättern verbreitete Geschichte war jedoch die schrillste und hartnäckigste und auch die bekannteste. Sie behaupteten, dass es für diejenigen, die vor dem Eintreffen der Polizei in Madame Mimis Wohnung gewesen waren, offensichtlich gewesen sei, dass Danielous Leiche in aller Eile angezogen worden war. Und wenn er nicht einer ihrer Kunden gewesen war, warum war er dann mit dreitausend Francs in seiner Brieftasche dorthin gegangen?

Die Verbreiter solcher Skandale kamen zu dem Schluss, dass der Kardinal, wenn nicht in Gnade, so doch in Ekstase gestorben sei.

Eine weitere Version bringt die Geschichte auf den neuesten Stand, mit einem Prozess, der nun (wir schreiben November 1981) in Paris seine erste Phase durchlaufen hat.

Am Heiligabend 1976 wurde Prinz Jean de Broglie beim Verlassen des Hauses eines Freundes von einem Schützen erschossen. Die notwendigen Ermittlungen brachten ein weitreichendes Netz aus Betrug, Komplizenschaft und Erpressung ans Licht, in das der ehemalige Präsident Giscard d'Estaing und ein Freund von ihm, Prinz Michel Poniatowski, verwickelt waren.

Letzterer hatte kurz zuvor Jacques Foccard als Minister für Inneres und s aus seinem Amt verdrängt und dessen Platz eingenommen. Foccard benutzte nun eine Frau, die auch Giscard kannte, um Geld vom Prinzen zu erhalten. Foccard wurde bereits im Zusammenhang mit dem Fall Danielou erwähnt.

Da die bekannte Operation offensichtlich Teil einer groß angelegten Vertuschungsaktion ist, ist es weder möglich noch notwendig, hier die Details aufzudecken, die alle Beteiligten in ein sehr trübes Licht rücken würden. Es wird jedoch behauptet, dass sie Danielous Anwesenheit im Bordell und die dreißigtausend Francs, die bei ihm gefunden wurden, erklären. Es handelte sich um eine der Raten, die er in den letzten drei Monaten für jemanden gezahlt hatte, der als sein Freund bezeichnet wurde und erpresst wurde.

Ein höchst entwaffnendes Finale fand diese Geschichte in ein oder zwei Zeilen in einer englischen religiösen Wochenzeitung, dem *Catholic Herald*, in denen kurz mitgeteilt wurde, dass Kardinal Danielou in Paris verstorben sei.

2.

So kurz das Gedächtnis der Öffentlichkeit auch sein mag, so mögen doch einige Pariser, die am Nachmittag des 12. Januar 1975 einen Bischof aus dem Südwesten ihres Landes aus einem Zug steigen sahen, noch einige Gedanken an den mysteriösen Tod von Kardinal Danielou gehabt haben.

Es handelte sich um Monsignore Roger Tort, 57 Jahre alt und Bischof von Montauban an der Tam nördlich von Toulouse. Er sollte an einer Sitzung der französischen Bischofskommission teilnehmen und begab sich direkt in ein Zimmer, das er im Hauptquartier der Katholischen Hilfsgesellschaft in der Rue de Bac gebucht hatte. Seine Bewegungen in den nächsten Tagen sind nicht dokumentiert, aber am Donnerstag, dem 15. Januar, aß er in der Rue du Regard, am linken Ufer der Seine, zu Mittag, wo die Kommission tagte. Möglicherweise traf er sich dort mit einem Freund, den er aus Kriegszeiten kannte, aber wir wissen nichts Genaues über ihn, bis in der Nacht des 16. Januar Alarm geschlagen und die Polizei alarmiert wurde.

Die Aufregung konzentrierte sich auf die Rue du Ponceau, ebenfalls am linken Ufer, einer schmalen Seitenstraße der Rue Saint-Denis, einem Viertel, das für Bordelle, Prostituierte und Sexshops bekannt war und in dem rote Lichter einladend leuchteten. Die Frau, die Alarm schlug, betrieb eines der Bordelle. Sie war vor ihrer Tür auf einen Mann gestoßen, der offensichtlich krank war, und hatte zwei Kolleginnen um Hilfe gebeten, um ihn hinein zu ziehen. Da war er bereits tot.

Wer war er? Sie wusste es nicht und es interessierte sie auch nicht. Sie hatte ihn noch nie zuvor gesehen. Sie hatte aus rein „humanitären Gründen" getan, was sie konnte. Die roten Lampen blinkten, als weitere Menschen eintrafen und die widersprüchlichen Geschichten weitergingen. Der Fremde war zwischen sieben und elf Uhr an einem Herzinfarkt gestorben, auf der Straße, im Flur oder in einem der Zimmer. Ein nach Neuigkeiten hungernder Reporter der Zeitung „ " berichtete, dass der Bischof, nachdem seine Identität bestätigt worden war, einen weiten Weg von seiner Unterkunft und vom Tagungsort der Kommission zurückgelegt hatte. Der Reporter fuhr fort und stützte sich dabei auf eine voreilige Einschätzung der Polizei, dass die Leiche, wie im Fall Danielou, offenbar hastig angezogen worden war.

Ein kirchlicher Apologet riet später allen Interessierten, solche Gedanken als völlig unangebracht zu verwerfen. Er wies darauf hin, dass Monsignore Tort, als er gefunden wurde, noch seinen Bischofsring und sein Brustkreuz trug und dass sich sein Rosenkranz noch in seiner Tasche befand. Sicherlich reichte das Vorhandensein dieser Gegenstände als Beweis dafür, dass ihn „keine unzulässigen Absichten" in den Bezirk geführt hatten?

Die Fakten, soweit sie bekannt waren, ließen keine schändliche Interpretation zu.

Die Kirche sprach den Toten von jeder moralischen Schuld frei, und innerhalb weniger Wochen wurde in der kleinen Kathedrale von Montauban ein neuer Bischof eingesetzt.

Eine oberflächliche Lektüre dieser beiden Episoden könnte als Beweis dafür angesehen werden, dass Geistliche (insbesondere katholische und vor allem solche mit hohem Rang) heuchlerisch und korrupt sein können. Das wird natürlich niemand bestreiten, außer vielleicht diejenigen, die sich bewusst blind stellen. Die Tatsache, dass sie möglicherweise Mitglieder geheimer Gesellschaften sind und daher keine echte religiöse Überzeugung haben, ist das Thema dieser Seiten. Es gibt jedoch keine Beweise, die einen Zusammenhang zwischen den Todesfällen herstellen.

Im Fall des Kardinals gibt es jedoch, wenn auch nur vage, Anzeichen dafür, dass er überredet worden war, eine Nebenrolle in einem großen politischen Skandal zu spielen, oder dass er in einer religiösen Auseinandersetzung klar Stellung bezogen hatte; und religiöse Auseinandersetzungen lassen, wie Bürgerkriege, keine Gnade zu. Es gibt jedoch keine Hinweise darauf, dass

Monsignore Tort in irgendetwas Aufsehenerregendes verwickelt war. Man kann nur vermuten, dass er Opfer seiner persönlichen Schwäche, eines Unfalls oder des Wunsches eines anderen war, die Religion in Verruf zu bringen.

Aber so wie es ist, ist die Ähnlichkeit zwischen den beiden Todesfällen erschreckend.

Achter Teil

Die christliche Atmosphäre, die christliche Tradition und Moral ... schwinden und werden in hohem Maße durch eine Lebensweise und Denkweise verdrängt, die der christlichen entgegensteht.

Papst Pius XII.

Dieser Abschnitt befasst sich mit einigen der dramatischsten Veränderungen in der gesamten Geschichte; Veränderungen, deren letztendliche Bedeutung im allgemeinen Verständnis weitgehend unbeachtet geblieben ist und die deshalb von der Weltöffentlichkeit ohne Kommentar hingenommen wurden. Aber es sind Veränderungen, die den Ton unserer Gegenwart bestimmen, unsere Zukunft gestalten und in Zukunft so fest etabliert sein werden, dass es töricht oder exzentrisch erscheinen wird, sie in Frage zu stellen. Auch auf die Gefahr hin, langweilig zu werden, muss zur Betonung eines wichtigen Punktes wiederholt werden, dass das religiöse Rom vor weniger als einer Generation als das einzige feste Zentrum des Glaubens galt, das sich niemals ändern würde. Es war immun gegen alles Neue. Es verachtete Moden und ragte über den sogenannten Zeitgeist hinaus.

Sicher in sich selbst, ließ es keine Spekulationen zu, keine Vermutungen, die allzu oft als Entdeckungen bezeichnet werden. Es behielt eine Haltung bei und lehrte Jahrhundert für Jahrhundert eine Botschaft, die immer dieselbe war. So viel wurde von ihm selbst beansprucht, von seinen Anhängern bestätigt und von seinen Feinden anerkannt.

Aber so wie wir in unserer Zeit die Ausbreitung des Kommunismus erlebt haben, so bedrohte um die Jahrhundertwende eine andere Bewegung, der „us", die eher statische Ordnung des Denkens. Grob gesagt war er eine Mischung aus den liberalen und wissenschaftlichen Anliegen des 19. Jahrhunderts und hatte zum Ziel, die Bibel derselben Kritik zu unterziehen, der die politische und wissenschaftliche Welt ausgesetzt war. Die Evolution, im Gegensatz zu feststehenden und akzeptierten Wahrheiten, lag in der Luft; Dogmen wurden in Frage gestellt, und viele sahen darin, auch wenn einige ihrer Verbreiter dies vielleicht nicht so weit treiben wollten, eine Leugnung der übernatürlichen Religion.

Der damalige Papst Pius X. verurteilte den Modernismus, wie die neue Bewegung genannt wurde, als nichts weniger als Freidenkertum, eine höchst gefährliche Häresie. Eine Enzyklika, die 1907 veröffentlicht wurde, und eine Bedingung, die er einige Jahre später stellte, wonach Geistliche einen antimodernistischen Eid ablegen mussten, zeugten von seiner entschiedenen Ablehnung. Eine ähnliche Situation entstand später, als Pius XII., mit dem Kommunismus konfrontiert, diesen wiederholt verurteilte und 1949 die Exkommunikation aller Katholiken verkündete, die ihn in irgendeiner Weise billigten oder unterstützten.

Doch schon bald zeigte sich ein erheblicher Unterschied in der Rezeption der von den beiden Päpsten zum Ausdruck gebrachten Opposition. Pius X. wurde vor allem Arroganz und Intoleranz vorgeworfen. Pius XII., der die Ansichten von Pius IX., Leo XIII. und Pius XI. wiederholte, wurde jedoch nicht nur von avantgardistischen Journalisten verspottet, von denen einer ihn als „Kleinstadtaristokraten" bezeichnete, sondern auch von dem Mann, der 1963 als Paul VI. den Papstthron bestieg, offen bekämpft und widersprochen.

Seine Sympathie für die linke Politik stand nie in Zweifel. Er hatte mit Kommunisten zusammengearbeitet. Seine Enzyklika Populorum Progressio, die 1967 über die Entwicklung der Welt veröffentlicht wurde, wurde vom Wall Street Journal als „aufgewärmter Marxismus" kritisiert. [16] Aber seine offene Parteinahme für sie und seine Abkehr von früheren päpstlichen Urteilen markierten einen Neuanfang für einen Pontifex mit dem Namen „ ", dessen Worte den größten Teil der christlichen Welt erreichten.

Er war ganz auf der Höhe der Zeit und ging auf die Strömungen seiner Zeit ein. Er war bereit, Türen zu öffnen, die alle seine Vorgänger, selbst diejenigen mit zweifelhaftem Charakter, verschlossen gehalten hatten. Dies wurde 1969 deutlich, als er sagte: „Wir stehen vor einer größeren Freiheit im Leben der Kirche und damit auch im Leben ihrer Kinder. Diese Freiheit wird weniger Verpflichtungen und weniger innere Verbote bedeuten. Formale Disziplinen werden reduziert ... jede Form von Intoleranz und Absolutismus wird abgeschafft."

Solche Aussagen wurden von einigen begrüßt, während andere unter seinen Zuhörern mit Besorgnis reagierten; und als er einige allgemein akzeptierte religiöse Standpunkte als „ " und „verzerrt" bezeichnete, die nur von polarisierten oder extremistischen Menschen vertreten würden, schienen die Hoffnungen oder Befürchtungen beider Denkweisen berechtigt zu sein. Ebnete er den Weg für eine quasi neue Religion, befreit von etablierten Vorstellungen und Praktiken und offen für alle Vorteile der modernen Welt, oder war er darauf aus, die etablierte Religion so weit zu beschneiden, dass sie nicht mehr als entscheidend und einzigartig hervorstach, sondern nur noch als eine Glaubensrichtung unter vielen erschien?

So warteten beide Seiten. Die eine Seite hoffte auf eine versprochene Lockerung, die andere befürchtete, dass viele ihrer traditionellen Stützen abgebaut werden würden.

---

[16] Robert Kaiser, der die Neuerungen des Zweiten Vatikanischen Konzils befürwortete.

2.

Auch hier halte ich es für notwendig zu wiederholen, dass das Folgende weder eine Anklage noch eine Verteidigung ist. Es handelt sich um eine einfache Zusammenfassung der Ereignisse und der abgegebenen Erklärungen; und wenn sie parteiisch erscheinen, so ist dies nicht die Schuld des Verfassers, sondern die des Papstes Paul, der sie alle in denselben Ton gehalten hat.

Er stellte die von Pius X. gegenüber dem Modernismus gebildete geschlossene Front in Frage und verurteilte sie. Die von Pius X. eingeführte Verpflichtung zum Antimodernisteneid wurde als Fehler bezeichnet, weshalb Paul VI. sie abschaffte. Der Index der verbotenen Bücher und die Vorrechte des Heiligen Offiziums mit seinem historischen Recht, Verbote und Exkommunikationen zu verhängen, gehörten nun der Vergangenheit an. Die Kanonischen Rechte der Kirche, die bisher als Säulen, Hüter und Verkünder von Entscheidungen und Urteilen galten, wurden der Kritik und, falls nötig, der Revision geöffnet. Geschichtsbücher und Lehrbücher, die aus einer überwiegend katholischen Sicht geschrieben waren, wurden zensiert oder neu herausgegeben.

Die Kontakte der Kirche zur Welt und zu anderen Religionen sollten offener werden und nicht mehr aus einer Position der Überlegenheit in Bezug auf Autorität, Wissen und Erfahrung heraus geführt werden. Es wurde erklärt, dass es keine Festlegung einer absoluten Wahrheit gebe. An die Stelle von Erklärungen sollten Diskussionen und Dialoge treten. Aus diesen Veränderungen sollte eine neue Gesellschaft humanistischer Kultur hervorgehen, deren vordergründig katholischer Hintergrund von fortschrittlichen Theologen geprägt war, die unter Pius XII. an den Rand der Kirche gedrängt worden waren.

Zu ihnen gehörte Hans Küng, dessen Ansichten als noch antiorthodoxer galten als die von Luther. Er behauptete, von Paul

VI. besonders verteidigt worden zu sein. Der deutsche Jesuit Karl Rahner, dessen Denkweise zuvor als zu extrem abgelehnt worden war, wurde nun von Paul aufgefordert, „ " voranzuschreiten. Der Dominikaner Schillebeeckx verbreitete mit Aussagen wie der, dass das Christentum früher oder später dem Atheismus weichen müsse, da der ehrlichste und natürlichste Mensch derjenige sei, der an nichts glaube, Bestürzung unter den ohnehin schon entmutigten niederländischen Geistlichen.

Lehrer wie diese wurden nicht nur nicht gerügt, sondern behielten ihre sicheren Posten und erhielten in der Presse eine für Geistliche ungewöhnliche Aufmerksamkeit. Sogar eine irische Zeitung bezeichnete Hans Küng und Schillebeeckx als „die herausragendsten Theologen der Welt", und die Überzeugung, dass sie sich auf mächtige Unterstützung verlassen konnten, wurde noch verstärkt, als in kirchlichen Kreisen bekannt wurde, dass Prälaten wie Suenens und Alfrink mit der Gründung einer „Kardinalgewerkschaft" gedroht hatten, falls Hans Küng und seine Schriften verurteilt würden.

Das totale Verbot des Kommunismus und seiner Anhänger durch Pius XII. wurde als selbstverständlich angesehen, obwohl es nie wirklich durchgesetzt worden war. Dennoch gab es Forderungen nach seiner Aufhebung.

Anstelle eines eisigen Widerstands gegen den Kommunismus, der ein akzeptiertes Merkmal der historischen Kirche gewesen war, setzte eine Auftaupolitik ein, und bald war es nicht mehr ungewöhnlich, dass Priester sich für den Marxismus aussprachen und einsetzten. Einige begleiteten ihren Sinneswandel mit einer Verachtung der Vergangenheit, wie Robert Adolphs, Prior des einflussreichen Augustinerklosters in Eindhoven in Holland.

In *seinem Buch* „The Church is Different" (Burns and Oates) schrieb er, die Philosophie des heiligen Thomas von Aquin stelle „eine ziemlich ausgetrocknete Form des westlichen Denkens" dar. Er verurteilte den Antimodernismus von Pius X. als „faschistoide Bewegung innerhalb der Kirche" und verspottete die

Warnungen von Pius XII. verspottete, der sich eingebildet hatte, „gegen eine Art modernistische Untergrundverschwörung kämpfen zu müssen, die sich einer weit verbreiteten geheimen Organisation bediente, um die Grundlagen der katholischen Kirche zu untergraben".

Der flämische Professor Albert Dondeyne äußerte sich in *Geloof en Wereld (Glaube und Welt)* noch deutlicher und kritisierte die Geisteshaltung der Kirche, die immer von der totalen Perfidie des Kommunismus überzeugt gewesen sei. Er bezeichnete es als äußerst gefährlich, dass die Kirche die Dinge so darstelle, als stehe das Christentum einfach und ohne Einschränkung im Gegensatz zur kommunistischen Gesellschaftsordnung.

„Die christliche Gesellschaft", fuhr er fort, „macht Gott zum Diener einer Art christlicher Parteiinteressen.

Sie mag den Kommunismus mit dem Teufel gleichsetzen, aber was ist, wenn dieser Teufel durch die Irrtümer und Unzulänglichkeiten des Christentums selbst heraufbeschworen wurde?" Er räumte ein, dass der unmenschliche Aspekt des Marxismus nicht geleugnet werden könne. „Das schließt jedoch nicht aus, dass es im Kommunismus wichtige positive Werte gibt, denen das Christentum des 19. Jahrhunderts offen hätte sein müssen und denen das Christentum auch heute noch offen bleiben muss."

Ein ähnlicher Appell kam aus einer höchst unerwarteten Ecke, nämlich aus der halboffiziellen Vatikanzeitung *L'Osservatore Romano*, die empfahl, Katholiken zu lehren, mit Marxisten zum Wohle aller zusammenzuarbeiten. Der Kommunismus, so wurde betont, habe sich seit der Zeit Lenins und Stalins dramatisch verändert, und es gebe nun keinen Grund mehr, warum die Kirche ihn, schon allein wegen seines humanitären Aspekts, nicht als Verbündeten betrachten sollte. Alte Differenzen zwischen ihnen verschwinden, und die Kirche sollte nun, wie es mehr als eine westeuropäische Regierung im Begriff ist, anerkennen, dass der Kommunismus eine wichtige Rolle bei der Gestaltung der Zukunft zu spielen hat.

Traditionalisten betrachteten diese Fortschritte mit nicht geringer Besorgnis. Ihrer Ansicht nach wurde eine Tür geöffnet, durch die marxistische Elemente in ihre Hochburg eindringen könnten; und diese Befürchtungen verstärkten sich, als kommunistische und vatikanische Vertreter Anzeichen für eine bisher undenkbare Partnerschaft zeigten.

Prälaten, deren Namen der Öffentlichkeit bekannt sein dürften, wie die stets dienstbereiten Suenens, Willebrands, Bea und König von Wien, zeigten sich bereit, Hand in Hand mit Agenten aus Moskau zu gehen, die noch kurz zuvor den Anspruch der Kirche auf moralische Souveränität über die Gedanken der Menschen lächerlich gemacht hatten. Von diesem Anspruch war nun von keiner Seite mehr die Rede. Stattdessen zeigte eine Liste alltäglicher „ er" Details, die im Laufe der Jahre stetig wuchs, wie atheistische und orthodoxe Sprecher vom Dialog zu einer Reihe freundschaftlicher Austauschbesuche übergingen.

Erzbischof Casaroli, der als Vermittler zwischen dem Vatikan und den Satellitenstaaten fungierte, flog in einem roten Flugzeug in die sowjetische Hauptstadt. Er und Mitglieder des Zentralkomitees stießen im Kreml miteinander an. Er speiste mit KGB-Offizieren in Bulgarien und später in der Tschechoslowakei.

Die säkulare Presse verbreitete solche Meldungen als Beweis dafür, dass die Kirche endlich von ihrem Sockel heruntergestiegen sei und die Demokratie akzeptiere; und die Nervosität, die zuvor unter Traditionalisten zu spüren war, schlug in regelrechte Angst um, als Paul VI. zwischen *1967* und *1978* durch seine Worte und Taten diesen ganz eindeutigen Wandel in *der Politik* des Vatikans bekräftigte.

Lassen Sie uns die vielsagenden Ereignisse dieser Zeit zusammenfassen. Lokale bewaffnete Aufstände in Afrika nahmen überall zu, und der Papst unterstützte diese Bewegungen, auch wenn sie nicht selten zum Massaker an Frauen und Kindern führten. In einer überraschenden Kehrtwende erklärte er, dass die Christen in diesen Gebieten die Terroristen seien und die von ihnen vertriebenen Weißen immer einen schlechten Einfluss ausgeübt hätten. Als die Roten schließlich die Provinzen

Mosambik und Angola übernahmen, begrüßte er sie als legitime Vertreter des Volkes und äußerte den persönlichen Wunsch, einige der Guerillaführer zu treffen.

Drei von ihnen, Amilcar Cabral, Agostino Neto und Marcellino dos Santos, reisten daraufhin in den Vatikan, wo es zu Handkusszeremonien kam, als der Papst ihnen einen Brief überreichte, in dem er die faktische Anerkennung ihres kommunistischen Regimes zum Ausdruck brachte. Weniger entgegenkommend zeigte er sich jedoch, als ihm eine Delegation Bilder von mörderischen Aktivitäten westafrikanischer Terroristen zeigte, von denen einige besonders grauenhaft waren.

Skeptische Journalisten tauschten vielsagende Blicke aus, als er ganz offensichtlich versuchte, diese beiseite zu schieben.

Ebenso überraschend war die liebevolle Hochachtung, die er Obote aus Uganda entgegenbrachte, der eine lange Geschichte der Gewalt hinter sich hatte und zum Zeitpunkt der Abfassung dieses Artikels immer noch als „ " (der „Blutgott") in den Nachrichten ist, ein noch blutrünstigerer Tyrann als der gestürzte Amin. Die Schwarzen Ugandas wurden vom Papst – es muss der erste Aufruf dieser Art gewesen sein, der jemals aus solchen Kreisen kam – tatsächlich dazu aufgefordert, gegen die Weißen zu den Waffen zu greifen.

In Algier wurden viele der dort lebenden halben Million Katholiken unter Monsignore Duval abgeschlachtet, als sich die überwältigende muslimische Bevölkerung gegen sie wandte. Duval ließ seine Schützlinge im Stich und schloss sich ihren Feinden an, ein Verrat, der von Papst Paul mit dem Titel eines Kirchenfürsten belohnt wurde.

Eine weitere rätselhafte Situation ereignete sich in Spanien, zu einer Zeit, als die Schüsse baskischer Bewaffneter auf Polizisten ein erschreckend hohes Niveau erreichten. Fünf der Bewaffneten wurden gefasst und zum Tode verurteilt.

Es war eine Zeit der Trauer für Papst Paul, der die darauf folgenden Hinrichtungen als „mörderischen Akt der Unterdrückung" bezeichnete. Er sprach besondere Gebete, aber nur für die Mörder.

Ihre Opfer wurden nie erwähnt. Durch Rom ermutigt, kam es zu einem Aufschwung des Kommunismus in Mexiko und in lateinamerikanischen Staaten. Monsignore Ignaccio de Leon erklärte im Namen der mexikanischen Bischöfe, seine Kirche habe sich angesichts der sozialen Probleme als nutzlos erwiesen. Die meisten fairen Menschen werden zustimmen, dass dies wahrscheinlich der Fall war. Aber kein besseres Beispiel dafür hätte der Marxismus liefern können, den er offen von der Kanzel predigte.

Kardinal Henriquez feierte in seiner Kathedrale ein *Te Deum*, als Salvador Allende, der sich als Atheist rühmte, Präsident von Chile wurde. Viele Katholiken, die sich von der Hierarchie beeinflussen ließen, hatten ihm mit ihrer Stimme zur Macht verholfen. Der Name Christi war in diesen einst so streng orthodoxen Ländern nur noch selten zu hören, außer wenn er verwendet wurde, um einen abwertenden Vergleich mit Größen wie Lenin und Mao Tse Tung anzustellen. Der revolutionäre Fidel Castro aus Kuba wurde als von Gott inspirierter Mann geehrt.

Verdächtige Ursachen werden manchmal mit euphemistischen Begriffen verschleiert, und Beobachter, die über die politische Ausrichtung von Papst Paul alarmiert waren, wurden gerne davon überzeugt, dass er eine expansionistische Politik verfolge: „Aber wie auch immer sie beschaffen waren, seine Sympathien erstreckten sich zweifellos über einen weiten Bereich. Er bekannte sich zu einer engen geistigen Verbundenheit mit Rotchina. Er entsandte seinen akkreditierten diplomatischen Vertreter, den „ ", zur kommunistischen Regierung in Hanoi. Er bekundete seine Unterstützung für die atheistischen Regime in Jugoslawien und Kuba. Er nahm Gespräche mit der von Russland kontrollierten Regierung Ungarns auf.

Weniger herzlich waren jedoch seine Beziehungen zu einem traditionell orthodoxen Land wie Portugal.

Sein Besuch dort im Mai *1967* sorgte für Aufsehen, sowohl wegen der fast beiläufigen Vereinbarungen, die er für ein Treffen mit dem katholischen Präsidenten Salazar getroffen hatte, als auch wegen der Art und Weise, wie er (wie einer seiner engsten

Mitarbeiter bemerkte) bei der Messe, die den Höhepunkt seines Besuchs bildete, praktisch vor sich hin murmelte.

Es war als selbstverständlich angesehen worden, dass er ein Treffen mit Lucia dos Santos, der letzten Überlebenden der drei Kinder, die *1917* in der kleinen Stadt Fatima die Erscheinungen und die damit einhergehenden seltsamen Phänomene miterlebt hatten, begrüßen würde. Doch der Papst wies sie mit einem gereizten „Jetzt nicht, später" ab.

„Jetzt nicht, später." Nach einem kurzen Nachdenken verwies er sie an einen Bischof.

Eine andere Art von Empfang wurde Claudia Cardinale und Gina Lollobrigida zuteil, als der Papst sie im Vatikan empfing. Sie waren sicherlich nicht in der für eine Papstaudienz angemessenen Kleidung erschienen, und die Menge, die sich versammelt hatte, um die Stars zu bestaunen, drückte ihre Bewunderung für die Großzügigkeit des Heiligen Vaters aus.

An dieser Stelle scheint es angebracht, einen Bericht zu erwähnen, der mir von M. Maurice Guignard, einem ehemaligen Studenten der Gesellschaft Jesu am College St. Francis de Sales in Evreux, Normandie, zugekommen ist. Der Bericht vom 7. August 1972 stammt von einer Organisation zur Verteidigung des Glaubens mit Sitz in Waterloo Place, Hannover. Er wurde „in Gehorsam gegenüber den Anweisungen von Pater Arrupe, Generaloberer der Gesellschaft Jesu, verfasst" und ist das Werk von Pater Saenz Arriaga, Doktor der Philosophie und des kanonischen Rechts.

Abgesehen von diesen einflussreichen Jesuiten wurde es von den folgenden Mitgliedern der Gesellschaft bestätigt und gegengezeichnet:

> ➢ Kardinal Danielou, dessen mysteriöser Tod im Jahr 1974 in Teil 7 dieses Buches geschildert wird.
>
> ➢ Pater Grignottes, Privatsekretär und Beichtvater von Pater Arrupe.
>
> ➢ Pater de Bechillon, ehemaliger Rektor von Evreux.

> Pater de Lestapis, ehemals in Evreux und einige Zeit lang verantwortlich für die Sendungen von Radio Vatikan.
> Pater Bosc, ehemals Professor in Evreux und Professor für Soziologie an der Universität von Mexiko.
> Pater Galloy, Mitglied der Fakultät des Kollegs von Lyon.

In Bezug auf die Vergangenheit von Paul VI. heißt es, dass er von 1936 bis 1950 eine prominente Rolle in einem weitreichenden Spionagenetzwerk spielte, das einige der am Zweiten Weltkrieg beteiligten Länder auf beiden Seiten umfasste.

Weiter heißt es, dass er zusammen mit einem maronitischen Erzbischof,[17] , Hauptanteilseigner einer Bordellkette in Rom war. Er beschaffte das Geld für verschiedene Filme, darunter den Erotikfilm *„Temptations of Marianne"*, den er unter der Bedingung finanzierte, dass die Hauptrolle an eine bestimmte Schauspielerin namens Patricia Novarini vergeben wurde. Wenn sie nicht im Filmstudio arbeitete, trat diese junge Dame als Striptease-Künstlerin im Crazy Horse Saloon, einem exklusiven Nachtclub in Rom, auf.

Die Toleranz, die Filmstars entgegengebracht wurde, galt jedoch nicht für diejenigen, die sich selbst unter großen Opfern weigerten, mit den Russen zu kooperieren. Einer von ihnen war Kardinal Slipyi, der als Patriarch der ukrainischen Kirche den Tod, die Deportation oder das ungeklärte Verschwinden von etwa zehn Millionen seiner katholischen Glaubensbrüder miterlebt hatte. Er wurde schließlich verhaftet und verbrachte einige Jahre im Gefängnis.

Nach seiner Freilassung prangerte er die „Verräter in Rom" an, die mit seinen Unterdrückern kooperierten. „Ich trage noch immer die Spuren des Terrors an meinem Körper", rief er denen

---

[17] Die Maroniten sind eine Gruppe östlicher Katholiken, benannt nach ihrem Gründer Maro, die hauptsächlich im Libanon leben.

zu, die wie Papst Paul plötzlich von Taubheit befallen waren. Der Papst weigerte sich nämlich, ihn als Patriarchen anzuerkennen, und von da an stieß Slipyi auf Schritt und Tritt auf überraschend viele Hindernisse und Schikanen.

3.

Es war nur zu erwarten, dass sich die Haltung des Vatikans früher oder später in einer ähnlichen Kehrtwende der römischen Bevölkerung widerspiegeln würde, und die dortigen Wahlen von 1978 brachten ein Ergebnis, das einst als Katastrophe gegolten hätte, nun aber als alltäglich galt. Denn der neu gewählte Präsident war Sandro Pertini, ein lebenslanges Mitglied der Kommunistischen Partei, der bald Maßnahmen einführte, die alle Bereiche des bisher geregelten italienischen Familienlebens betrafen.

Viele Katholiken, beeinflusst von den freundschaftlichen Beziehungen, die zwischen den roten Führern und dem guten Papst Johannes bestanden hatten, gaben Pertini ihre Stimme.

Traditionalisten erinnerten an die Anweisungen, die der Marquis de Franquerie in *L'infaillibilité Pontificale* an diejenigen gerichtet hatte, die vorhatten, die Kirche zu unterwandern: „Lasst uns das Laster unter den Massen verbreiten. Was auch immer ihre fünf Sinne begehren, soll befriedigt werden ... Schafft Herzen voller Laster, und ihr werdet keine Katholiken mehr haben." Und nun, wie der Marquis richtig vorausgesehen hatte, kam es zu einem allgemeinen Zusammenbruch in allen sozialen Schichten und allen Bereichen des Lebens, von den Grundschulen bis zu den Fabriken, auf den Straßen und in den Familien.

Die Zahl der Morde stieg, ebenso wie die Entführungen wohlhabender Menschen, die gegen Lösegeld festgehalten wurden. Verbrechen und Chaos blühten, während eine Flut von Anti-Polizei-Propaganda das Gesetz schwächte. Nicht nur unter den Jugendlichen herrschte die Überzeugung, dass alles erlaubt sei. Pornografie blühte. Hammer und Sichel wurden auf Kirchentüren gemalt, und an Wänden und Plakatwänden tauchten Schmierereien auf, die Priester, die Kirche und die Religion im Allgemeinen verspotteten.

Die Reaktion des Papstes darauf überraschte diejenigen nicht, die bereits von seinen prokommunistischen Ansichten enttäuscht waren. Er lud Pertini in den Vatikan ein, wo sich herausstellte, dass die beiden Männer so viel gemeinsam hatten, dass der Papst ihr Treffen anschließend als emotional bezeichnete. „Die Begegnung hat uns sehr nahe gebracht", sagte er. „Die Worte des hohen Gastes waren einfach, tiefgründig und voller Sorge um das Wohlergehen des Menschen, um die gesamte Menschheit."

Im selben Jahr wurde Giulio Argan Bürgermeister von Rom. Auch er war ein überzeugter Kommunist, und seine Wahl war ein weiterer Beweis dafür, wie das politische Pendel in Italien schwang. Papst Paul zeigte sich zufrieden mit der Wendung der Ereignisse und freute sich auf die Zusammenarbeit mit dem Bürgermeister im Geiste des „Wunsches, des Vertrauens und der vorweggenommenen Dankbarkeit".

Wir haben bisher Beispiele für das persönliche Engagement des Papstes für marxistische Prinzipien angeführt. Dass er keineswegs abgeneigt war, Kompromisse einzugehen oder die Lehre der Kirche aufzugeben, bewies er durch seine Haltung im Fall Alighiero Tondi, einem Priester, der aus der Kirche austrat und ein glühender Anhänger Moskaus wurde.

Tondi heiratete Carmen Zanti, die er wegen ihres melancholischen Blicks und ihrer sanften Stimme ausgewählt hatte. Tondi war nie von seinem früheren Gelübde entbunden worden, aber Papst Paul hatte keine Schwierigkeiten, seine Ehe, die ohne jede religiöse Form geschlossen worden war, für kanonisch gültig zu erklären.

In der Zwischenzeit hatte Carmen ihre Stimme so gut eingesetzt, dass sie in die sowjetische Abgeordnetenkammer und anschließend in den Senat gewählt wurde. Dann gingen beide als KGB-Agenten nach Berlin, wo Carmen, die offensichtlich ehrgeiziger war als Tondi (der Gewissensbisse hatte), zur Leiterin der kommunistischen Frauenorganisation wurde.

Tondi, der seine Priesterweihe nie ganz vergessen hatte, litt unter einer vorzeitigen Angst vor der Hölle und wollte zur Kirche zurückkehren. Nichts leichter auf der Welt, sagte der keineswegs zimperliche Papst Paul. Er hob die Exkommunikation des Reumütigen auf, versicherte ihm, dass er nicht widerrufen müsse, und erklärte seine Ehe für weiterhin gültig.

Die Tatsache, dass dem Kommunismus „ein menschliches Gesicht gegeben wurde", und zwar von keinem Geringeren als dem Oberhaupt der Kirche, blieb auch in anderen Ländern nicht ohne Wirkung. Als sich das Nationale Komitee der Katholischen Arbeiterbewegung in Frankreich traf, nahmen sieben Mitglieder der Kommunistischen Partei daran teil. Die französischen Bischöfe übersahen ihre antinationalen und zerstörerischen Tendenzen.

In England bekundete Kardinal Hume von Westminster Sympathie für Bewegungen, die die Autorität der gegen die Linke gerichteten Regierungen in Frage stellten. Und im Februar 1981 riefen Kardinal Gray und sein Weihbischof Monsignore Monaghan, die Oberhäupter der Erzdiözese St. Andrews und Edinburgh, die Katholiken dazu auf, Amnesty International zu unterstützen, eine Bewegung, die unter dem Banner der Menschenrechte Agitatoren, die in verschiedenen Teilen der Welt für den Sturz der bestehenden Ordnung arbeiteten, moralische und andere Hilfe leistete.

Unzufriedene Elemente innerhalb der Kirche, die keine starke Stimme und keine geballte Faust hatten, um ihrem Protest Nachdruck zu verleihen, stellten bald fest, dass sie kein Recht hatten, gegen die Auferlegung dessen, was für sie eine tödlichere Gefahr darstellte als Ketzerei, Berufung einzulegen. Ein Sprecher der traditionellen Katholiken in Amerika, Pater Gommar de Parrw, erklärte dem Vatikan ihre Verwirrung und bat um Rat. Sein Brief wurde nicht einmal zur Kenntnis genommen. Als bekannt wurde, dass in Saragossa ein Kongress spanischer Priester zur Verteidigung der Messe stattfinden sollte, verhinderte ein fast in letzter Minute erlassenes Edikt von Papst Paul die Versammlung.

4.

Die einst so stolz unabhängigen Farben der katholischen Kirche wurden spürbar gesenkt, als Papst Paul den „Dialog" mit dem Ökumenischen Rat der Kirchen aufnahm.

Zu dieser Zeit, im Jahr 1975, waren mehr als zweihundertsiebzig religiöse Organisationen verschiedener Art im Rat zusammengeschlossen, und es wurde schnell klar, dass er für die Befreiungstheorien stand, die von Johannes XXIII. eingeführt und seitdem von Paul VI. weiter vorangetrieben worden waren. Er verfügte über Mittel für subversive Bewegungen in der sogenannten Dritten Welt, so dass sogar unsere Presse sich gezwungen sah, sich über die von ihm gewährte Unterstützung zu beschweren.

Seine Zuwendungen waren nicht gerade gering. So gingen beispielsweise, wie der Daily *Express* beklagte, 45.000 Pfund an Terroristen, die für das Massaker an weißen Frauen, Kindern und Missionaren verantwortlich waren; und in der anglikanischen Zeitung *Church Times* hieß es, der Ökumenische Rat der Kirchen habe „eine politische Ausrichtung entwickelt, die in ihrer Präferenz für eine Revolution linker Prägung erkennbar marxistisch ist".

Die katholische Kirche hatte sich immer vom Ökumenischen Rat distanziert. Aber das Aufkommen der Ökumene hatte all das verändert, und die gefährlichen Tendenzen des Rates wurden heruntergespielt, um die Harmonie zwischen den verschiedenen Religionen zu fördern.

Papst Paul, der als stets bereit, mit der Zeit zu gehen, gepriesen wurde, war bereit, sich mit dem Rat zu einigen. Aber er musste vorsichtig vorgehen, da die katholische Meinung weltweit bisher gut darauf trainiert war, jeglichen Eingriff in ihre Rechte und historischen Ansprüche abzuwehren.

Auf die Frage, ob ein Bündnis zustande kommen könne, antwortete er daher diplomatisch mit „noch nicht". Er zeigte jedoch, wo seine Sympathien lagen, indem er dem eine persönliche Spende von 4.000 Pfund für die Arbeit des Konzils und dessen Unterstützung der Guerillas folgen ließ.

Der derzeitige Papst, Johannes Paul II., hat seine Absicht bekundet, die Verhandlungen mit den Terroristen wieder aufzunehmen.

5.

Diese Zusammenfassung der Unnachgiebigkeit von Papst Paul hat einen düsteren Beigeschmack.

Der Name eines bekennenden Teufelsanbeters, Cardonnel, ist hierzulande praktisch unbekannt, aber in anderen Ländern lösten seine Schriften bei den Lesern unterschiedliche Reaktionen aus, die von ehrfürchtiger Bewunderung bis zu Entsetzen reichten.

Als Mitglied des Dominikanerordens erhielt er Mitte der Fastenzeit 1968 die Erlaubnis, in der Pariser Notre-Dame zu sprechen. Die Zuhörer waren schockiert von seinen fanatischen antichristlichen Äußerungen, weshalb er als „le théologien de la mort Dieu" (der Theologe des Todes Gottes) bezeichnet wurde. Er rühmte sich dieses Titels, verließ seinen Orden und schließlich die Kirche und wurde ein überzeugter Teufelsanbeter. In einem typischen Ausbruch verglich er den christlichen Gott mit Stalin, mit einem Tier und schließlich mit Satan.

Papst Paul bewunderte sein Werk; und obwohl er die Bitten von Katholiken, die ihre Religion bewahren wollten, ignorierte, schrieb er Cardonnel eigens einen Brief, in dem er ihm gratulierte und ihm alles Gute wünschte.

Neunter Teil

O Veränderung jenseits aller Berichte, Gedanken und Vorstellungen!

Milton.

Der folgende Abschnitt wurde mit einigen Bedenken verfasst. Denn einerseits führt er in einem späteren Teil zu Ereignissen, die erschreckend, obszön und entweihend sind und sich in Gebäuden zugetragen haben, die durch Rituale und Geschichte geweiht sind, sodass praktizierende Katholiken sie lieber ignorieren möchten. Andererseits befasst er sich mit der Lehre der Kirche über die Messe, oder besser gesagt, mit dem, was die Kirche über die Messe lehrte, als sie noch mit einer Autorität sprach, die selbst von denen anerkannt wurde, die sie nicht akzeptieren wollten.

Um das Verständnis derjenigen zu klären, die mit dieser Lehre möglicherweise nicht vertraut sind, ist es daher notwendig, einige wesentliche Aspekte dieser Lehre zu beleuchten.

Die Messe war nicht nur ein Gottesdienst. Sie war der zentrale Akt im Leben der Kirche, ein großes Geheimnis, durch das Brot und Wein geweiht wurden und so zum tatsächlichen Leib und Blut Christi wurden. Sie war die Wiederholung des Opfers von Golgatha, ein Unterpfand für die Erlösung, die Christus unter den heiligen Gestalten von Brot („Das ist mein Leib") und Wein auf dem Altar bewirkt hatte.

Wann immer sich ein Katholik in einer fremden Umgebung befand, war die Messe ein Sammelpunkt für seine Verehrung. So war es, mit nur wenigen geringfügigen Änderungen, für die lateinischen Katholiken seit den frühesten Jahrhunderten des Christentums (etwa seit dem 7. Jahrhundert) gewesen. Und so würde es bleiben, lehrte die Kirche „ ", und so glaubten die Gläubigen bis zum Ende der Zeit, ein Bollwerk gegen Irrtümer, das eine Atmosphäre der Heiligkeit – oder beeindruckender Heuchelei, wie man es auch nennen mag – schuf, die von Gläubigen und Ungläubigen gleichermaßen anerkannt wurde.

Typisch für diejenigen, die dies wussten, war der liberale und protestantische Augustine Birrell (1850–1933), der zeitweise Sekretär für Irland war. „Es ist die Messe, die zählt", sagte er. „Es ist die Messe, die den so schwer zu definierenden Unterschied zwischen einem katholischen und einem protestantischen Land, zwischen Dublin und Edinburgh ausmacht."

Die einzigartige Qualität dessen, was man salopp als Meilenstein der Religion bezeichnen könnte, hat immer die Pläne derer beeinflusst, die sich vorgenommen hatten, die Kirche zu überwinden. Die Messe stand ihnen immer im Weg, ein Stolperstein, der beseitigt werden musste, bevor ihr Angriff vorankommen konnte. Sie wurde als niederträchtiger Aberglaube verunglimpft, als bloße Handbewegung, begleitet von Worten, die die Leichtgläubigen täuschte.

Der Angriff gegen sie war im 16. Jahrhundert am heftigsten und teilweise erfolgreich. Als die Kirche wieder zu Atem gekommen war, berief sie ein Konzil ein, das seinen Namen von der kleinen Stadt Trient erhielt, die später eine italienische Provinz wurde, wo die Grundsätze der Gegenreformation festgelegt wurden. Und diese Grundsätze nahmen weitgehend Gestalt an als Verteidigung des Mittelpunktes, der nie aus den Augen verloren worden war – der Messe.

Sie wurden von Pius V. kodifiziert, dem späteren Heiligen, der als Hirtenjunge begonnen hatte und der in Übereinstimmung mit dem Urteil Roms, dass die Ehe Heinrichs VIII. mit Anne Boleyn ungültig gewesen sei, erklärte, dass deren Kind, die englische Königin Elisabeth I., daher sowohl Ketzerin als auch Bastard sei. Und von da an hallte der Klang seiner entschlossenen, kompromisslosen und doch stets würdevollen Worte in der alten romanischen Kathedrale von Trient nach, dem Ort, der der Tridentinischen Messe ihren Namen gab, die für die gesamte Kirche und für alle Zeiten gelten sollte.

Das von ihm verfasste Messbuch, in dem dies verfügt wurde, lässt keinen Zweifel daran: Zu keiner Zeit in der Zukunft darf ein Priester gezwungen werden, eine andere Art der Messfeier zu verwenden. Und um ein, jegliche Gewissensbisse und Furcht vor kirchlichen Strafen und Zensuren auszuschließen, erklären wir hiermit, dass wir kraft unserer apostolischen Autorität verfügen und vorschreiben, dass diese unsere Ordnung auf ewig Bestand haben soll und niemals in Zukunft widerrufen oder rechtmäßig geändert werden darf."

Das Dekret warnte ausdrücklich alle Personen in Autoritätspositionen, unabhängig von ihrer Würde oder ihrem Rang, einschließlich der Kardinäle, und befahl ihnen unter strengem Gehorsam, niemals andere Zeremonien und Messgebete zu verwenden oder zuzulassen als die in diesem Messbuch enthaltenen.

Dies wurde wiederholt, als wolle man selbst denjenigen, die bereits bekehrt waren, doppelt klar machen, dass er als Papst sprach: „Und so gelangt dieses Konzil zu der wahren und unverfälschten Lehre über dieses ehrwürdige und göttliche Opfer der Eucharistie – die Lehre, die die katholische Kirche immer gehalten hat und bis zum Ende der Welt halten wird, wie sie sie von Christus, unserem Herrn, von den Aposteln und vom Heiligen Geist gelernt hat."

Nur wenige päpstliche Aussagen sind eindeutiger. Die Messe, wie sie allgemein bekannt war, sollte für alle Zeiten unverändert und unveränderlich erhalten bleiben. Aber Kardinal Bugnini, der auch nach Bekanntwerden seiner Mitgliedschaft in einer Geheimgesellschaft an seinem Amt festhielt, und Paul VI., der vorgab, von einer solchen Offenbarung nichts zu wissen, machten kurzen Prozess mit der Erklärung von Papst Pius V.

Später wurde bekannt, dass etwa zwanzig Jahre bevor das Zweite Vatikanische Konzil das traditionelle Messbuch zu Brei verarbeitete, ein Priester und Professor damit beauftragt worden war, Pläne für schrittweise liturgische Änderungen auszuarbeiten; im Dezember 1963 führte das Konzil dann neue Praktiken und eine neue Ausdrucksweise ein, die zunächst kaum Auswirkungen auf die Öffentlichkeit hatten.

Nun aber gingen Papst Paul und Kardinal Bugnini, unterstützt von Kardinal Lercaro, mit Hilfe von Nichtkatholiken, die sie als „maßgebliche Experten der heiligen Theologie" bezeichneten, direkt voran.

2.

Zu den Experten, die hinzugezogen wurden, um das Allerheiligste Sakrament der katholischen Kirche zu ändern, gehörten ein oder zwei Protestanten, Kanon Ronald Jasper, Robert McAfee Brown, ein Presbyterianer, Biother Thurion, ein Lutheraner, ein Calvinist, ein Rabbiner und ein gewisser Joachim Jeremias, ein ehemaliger Professor der Universität Göttingen, der die Göttlichkeit Christi leugnete.

Bugnini sagte, dass sie lediglich als Beobachter anwesend waren und bei der Diskussion der Änderungen kein Mitspracherecht hatten. Aber abgesehen davon, dass sie behaupteten, eine aktive Rolle im Konzil gespielt zu haben, dass sie Kommentare abgegeben und Vorschläge gemacht haben, muss man sich nur fragen: Warum wurden sie ohne einen bestimmten Zweck überhaupt zur Teilnahme eingeladen?

Was auch immer diese sehr heterogene Gruppe beschließen würde, so sagte Papst Paul, würde „im Einklang mit Gottes Willen" stehen. Es sollte auch dem Gemütszustand des „modernen Menschen" entsprechen. Und das Ergebnis ihrer Beratungen war ein Novus *Ordo* (Neues Messbuch), ein wahres Zeichen der Zeit, das bedeutete, dass die Ära der „Minimesse" und der „Popmusik" in der Kirche mit all den damit verbundenen Entheilungen beginnen würde.

Solche Neuerungen verlangten blinden Gehorsam von denen, die glaubten, dass es eine Tugend sei, sich allem anzupassen, was die Priesterschaft sagte und tat, insbesondere in der Kirche. Einige, die die Veränderungen in Frage stellten, wurden ermahnt, sich nicht weiter einzumischen. Man sagte ihnen, dies sei widerspenstig und missfalle Gott. Die Tatsache, dass viele entschlossen waren, sich den Veränderungen zu widersetzen und dem Novus *Ordo* den Rücken kehrten, führte zu dem Vorwurf, sie begingen eine Todsünde und fügten dem liebenden Vater, der darauf wartete, sie willkommen zu heißen, eine weitere Wunde zu.

Schließlich hatten der Vatikan und sein oberster Sprecher, Papst Paul, die Änderungen gebilligt. Eine Revolution war vollbracht, und alles war zum Besten. Das alte römische Messbuch war passé. Die Progressiven waren in Hochstimmung. Und nun gingen sie über ihr ursprüngliches Ziel hinaus und drängten weiter voran.

Eine Reihe von Praktiken, die auf den ersten Blick unbedeutend erscheinen mögen, gerieten unter ihre Lupe.

Das Knien und die Kniebeuge beim Empfang der Heiligen Kommunion wurden für unnötig befunden. Wer eine Kirche betrat, deren Innenraum ihm seit langem vertraut war, erlitt einen Schock, als er sah, dass der vielleicht unschätzbare Travertinaltar durch einen Tisch ersetzt worden war, an dem der Priester, der nun manchmal als „Präsident" bezeichnet wurde, den Gläubigen zugewandt stand und sie in einer unbeholfenen Volkssprache anstelle der alten Wortmusik (denn Latein wurde von den Feinden der Kirche immer gehasst) einlud, mitzusingen.

Die Art und Weise, wie die Kommunion empfangen wurde, unterschied sich nun stark. Die Hostie konnte in die Hand gegeben werden, wie es sich zeigte, als Papst Paul in Genf eine neue Messe feierte. Eine Reihe von Hostien wurde an ein Mädchen weitergereicht, das günstig in der Nähe stand, und dieses verteilte sie in die Hände der Umstehenden, die manchmal schmutzig oder klebrig waren, oder in die Hände von zufälligen Zuschauern, die herbeikamen, um zu sehen, was verteilt wurde.

Eine andere Methode bestand darin, die einmaligen heiligen Elemente in einen Kelch zu legen und dann die Menschen einzuladen, nach vorne zu kommen und sich selbst zu bedienen. Eine besondere Würze konnte man dem Brot verleihen, indem man es in den Wein tauchte. Bislang war es für Nichtkatholiken undenkbar gewesen, in der Messe die Kommunion zu empfangen. Doch Papst Paul führte eine Neuerung ein, indem er einer bekennenden Presbyterianerin, Miss Barberina Olsen, erlaubte, die Hostie zu empfangen.

Seinem Beispiel folgten andere. Zuerst ermächtigte Kardinal Bea, und nach ihm Kardinal Willebrands, ihre Bischöfe, eine offene Einladung auszusprechen; und dann rief Kardinal Suenens am Ende eines Kongresses in Medellion, Kolumbien, alle und jeden auf, mit offenem Mund oder bereiter Hand nach vorne zu kommen.

Eine entscheidendere Schlacht wurde in Rom geschlagen, wo Bugninis Neue Messe in der Sixtinischen Kapelle gefeiert wurde. Eine große Mehrheit der anwesenden Prälaten stimmte dagegen. Die tatsächlichen Zahlen lauteten 78 Ja-Stimmen und 207 Nein-Stimmen. Der orthodoxe Kardinal Ottaviani, der nie seine Haltung verlor, untersuchte den Text der verwüsteten Fassung und stellte fest, dass er etwa zwanzig Häresien enthielt.

„Die Neue Messe", sagte er, „weicht radikal von der katholischen Lehre ab und zerstört alle Verteidigungsanlagen des Glaubens." Die gleiche Meinung vertrat Kardinal Heenan von Westminster: „Die alte Behauptung, die Messe sei überall gleich, ... ist nicht mehr wahr."

Ottaviani war Leiter des Heiligen Offiziums, das die Aufsicht über Glauben und Moral ausübte.

Papst Paul schränkte die Befugnisse des Amtes ein und stutzte die Flügel des Kardinals. Er war über das negative Abstimmungsergebnis so verärgert, dass er verbot, jemals wieder über die neue Messe abzustimmen. Von da an war sie zwar offiziell, aber nicht mehr populär. Tausende von Menschen, die eine Form der Messe, die weniger würdig war als der protestantische Abendmahlsgottesdienst, nicht tolerieren wollten, verließen die Kirche oder gingen nicht mehr zur Messe. Viele Priester folgten ihrem Beispiel. Diejenigen, die an der unumstößlichen Entscheidung von Pius V. über die Messe festhielten, wurden mit Suspendierung oder sogar Exkommunikation bedroht.

Einer der ersten, der wegen der Feier der alten Messe exkommuniziert wurde, war ein Priester, der etwas abseits der

Spannungen lebte, ein Pater Carmona aus Acapulco in Mexiko. Bischof Ackermann von Covington in Amerika beklagte sich angesichts einer Reihe orthodoxer und daher widerspenstiger Priester in seiner Diözese hilflos: „Was soll ich tun? Ich kann sie doch nicht ins Gefängnis werfen." Ihre Zweifel fanden ihren Ausdruck in einer Frage, die Papst Paul zu beantworten hatte: War die Einführung der neuen Messe der Beginn eines neuen Zeitalters der Finsternis auf Erden oder der Vorbote einer beispiellosen Krise innerhalb der Kirche?

Er weigerte sich zu antworten. Auf dieselbe Mauer des Schweigens stieß eine Abordnung von Priestern, die um die Rückkehr zur traditionellen Messe „ " baten, während Tausende aus verschiedenen Teilen Europas, die mit dem gleichen Ziel nach Rom gereist waren, abgewiesen wurden.

Diejenigen, die die Veränderungen herbeigeführt hatten, hatten nicht blindlings gehandelt. Sie waren einem Plan gefolgt, der mit dem geheimen Entwurf übereinstimmte, der das Thema dieser Seiten bildet. Sie hatten nun die Zukunft in ihren Händen, und die Zuversicht, mit der sie dies akzeptierten, wurde durch einen Artikel in *L'Osservatore Romano* deutlich, der die ziemlich hoffnungslose Zukunft beschrieb, die jene Priester erwartete, die sich dem Zorn des Vatikans stellten, indem sie die Aufgaben erfüllten, für die sie ausgebildet worden waren.

Sie würden, so der Artikel, kopflose, autonome Priester werden, die ein trostloses, elendes Leben führen würden. Keine gesicherte Zukunft, keine Beförderung in die Hierarchie, keine Aussicht auf eine Rente am Ende ihres Dienstes.

Einer der eifrigsten Befürworter der Veränderungen lobte sie mit folgenden Worten: Es handelt sich um eine andere Liturgie der Messe. Wir wollen es klar sagen. Der römische Ritus, wie wir ihn kannten, existiert nicht mehr. Er ist verschwunden. Einige Mauern des Gebäudes sind eingestürzt, andere wurden verändert. Wir können es nun als Ruine oder als Fundament eines neuen Gebäudes betrachten. Wir dürfen nicht über Ruinen weinen oder von einer historischen Rekonstruktion träumen. Wir müssen neue Wege beschreiten, sonst werden wir verurteilt werden, wie Jesus die Pharisäer verurteilt hat."[18]

Papst Paul war ebenso extrem, als er die Ergebnisse der Liturgiekommission des Zweiten Vatikanischen Konzils billigte: „Der alte Ritus der Messe ist in der Tat Ausdruck einer verzerrten Ekklesiologie."

Beim Lesen dieser Worte mögen sich manche an den alten Krönungseid erinnert haben, der wie folgt lautete:[19]

Ich gelobe, nichts an der überlieferten Tradition zu ändern und nichts, was ich vor mir gefunden habe und was von meinen gottesfürchtigen Vorgängern bewahrt wurde, zu antasten, zu verändern oder irgendwelche Neuerungen zuzulassen.

„Im Gegenteil, mit glühender Zuneigung werde ich das überlieferte Gute mit meiner ganzen Kraft und meinem größten Eifer ehrfürchtig bewahren. „Ich werde alles reinigen, was im Widerspruch zur kanonischen Ordnung steht und zutage treten könnte.

„Die gesamten Kanones und Dekrete unserer Päpste ebenso zu bewahren wie göttliche Gebote des Himmels, weil ich mir Deiner bewusst bin, dessen Platz ich durch die Gnade Gottes einnehme.

„Sollte ich etwas Gegenteiliges tun oder zulassen, dass es getan wird, so wirst du mir am schrecklichen Tag des göttlichen Gerichts keine Gnade gewähren.

„Dementsprechend unterwerfen wir ohne Ausnahme jeden – sei es mich selbst oder einen anderen –, der es wagen würde, etwas Neues zu unternehmen, das im Widerspruch zu dieser etablierten evangelischen Tradition und der Reinheit des orthodoxen Glaubens und der christlichen Religion steht, oder der durch

---

[18] Pater Joseph Gelineau. *Die Liturgie – heute und morgen.* (Darton, Longman und Todd, 1978.)

[19] Übersetzt von Dr. Werner Henzellek aus *„Vatikan II, Reformrat oder Verfassung einer neuen Kirche?"* Von Anton Holzer.

seine gegenteiligen Bemühungen etwas zu ändern versuchen würde, oder der sich denen anschließen würde, die ein solch blasphemisches Unterfangen wagen, der strengsten Exkommunikation."

Wann dieser Eid bei einer Krönung geleistet wurde, weiß ich nicht. Aber seine Grundsätze wurden bis zur Ära Roncalli stillschweigend akzeptiert und als fester Bestandteil der päpstlichen Observanz anerkannt.

So wiederholte beispielsweise einer der größten und begabtesten Päpste, Pius II. (1458-64), in seiner Bulle *Execrabilis* ein Gesetz, das über Jahrhunderte hinweg bestätigt und ohne Änderungen von dem, was immer als das „ " Lehramt der Kirche bezeichnet wurde, akzeptiert worden war: „Jedes Konzil, das einberufen wird, um drastische Veränderungen in der Kirche vorzunehmen, ist im Voraus für null und nichtig erklärt."

Doch Paul VI., der Freund der Kommunisten, der mit dem Anarchisten Alinsky und dem Mafia-Gangster Sindona zusammenarbeitete, veröffentlichte am 22. April 1971 in der englischen Ausgabe *des L'Osservatore Romano* seine eigene Grundsatzerklärung:

„Wir Modernen, Menschen unserer Zeit, wollen, dass alles neu ist. Unsere Alten, die Traditionalisten, die Konservativen, haben den Wert der Dinge nach ihrer Beständigkeit gemessen.

Wir hingegen sind Aktualisten, wir wollen, dass alles immer neu ist, dass es sich in einer ständig improvisierten und dynamischen, ungewöhnlichen Form ausdrückt.

Es war solch ein Geschwätz (das an den Sarkasmus von „Peter Simple" *im Daily Telegraph* erinnert), das dazu führte, dass Speisen wie Roastbeef, Gelees und Hot Dogs, heruntergespült mit Coca-Cola, in die Heilige Messe eingeführt wurden und Nonnen mit den Fersen klackerten und ihre Körper in einer Art *Carmagnole* drehten, um den Offertorium zu begleiten.

„Der Antichrist", sagte Hilaire Belloc 1929, „wird ein Mensch sein."

Die vielleicht lächerlichste Rechtfertigung für die Änderung kam jedoch von einem unserer „fortschrittlichsten" Bischöfe, der dem Verfasser dieses Artikels sagte: „Die neue Messe hatte gestern einen fulminanten Start. In meiner ganzen Diözese waren Gitarren zu hören."

3.

Die dogmatischen und liturgischen Veränderungen in der Kirche zeigten bald die von den Konservativen vorhergesagten Auswirkungen; und obwohl viele davon erschreckend waren, sind sie selbst den Menschen, die in den Ländern leben, in denen sie stattfanden, noch weitgehend unbekannt.

Früher wurde es als Skandal höchsten Grades angesehen, als während der Französischen Revolution eine Dirne auf den Altar der Notre Dame gehoben wurde, wo sie gekrönt und als Göttin der Vernunft verehrt wurde, oder als die Kathedrale von Chartres kurz davor stand, in einen Tempel der Vernunft umgewandelt zu werden.

Aber solche Dinge verblassen angesichts der Entweihungen und Obszönitäten, die , oft mit Zustimmung von Prälaten, in einigen der ehrwürdigsten katholischen Kirchen auf beiden Seiten des Atlantiks stattgefunden haben.

Es gab eine deutliche Abkehr von den etablierten Ritualen, als Dinge wie ein gemeinsames Abendessen an die Stelle einer feierlichen Messe traten; als der Priester, bewaffnet mit einem Brotmesser, einen großen Laib vor sich platziert bekam, den er in Stücke schnitt, den anderen half und dann selbst aß, bis ein allgemeines Schmatzen der Kiefer ihre Wertschätzung für den Leib Christi zeigte. Solche Abendessen, die im Haus eines Gemeindemitglieds serviert wurden, wurden zu einem festen Bestandteil des niederländischen Familienlebens. Manchmal leitete die „Herrin des Hauses" anstelle eines Priesters die Messe, die in ihrem „besten Zimmer" abgehalten wurde.

Es gab nicht wenige Orte, an denen das traditionelle Amt des Priesters von einer Frau übernommen wurde, die zwischen den Gläubigen umherging und allen, die mit offenem Mund und ekelerregender Zunge und Zähnen dastanden, das Sakrament reichte. Manchmal wurde es in die verschwitzte Hand eines Kindes gelegt oder zwischen die zitternden Finger und die Handfläche eines Greises, der es sofort auf den Boden fallen ließ, wo es zertreten werden konnte; oder es wurde selbst eingenommen.

Ein kleines Mädchen kam aus der Messe in einem der „fortgeschritteneren" Viertel Hollands und sagte, sie habe dort mehr gelernt als jemals zuvor, als sie ihren Bruder beim Baden beobachtet hatte. Denn der Messdiener, der in England als Viertklässler durchgegangen wäre, war nackt gewesen.

Papst Paul, entschlossen, im Wettlauf um den Fortschritt nicht zurückzubleiben, unterzeichnete ein Sonderedikt, wonach jeder, der sich am Blut Christi bedienen wollte, es durch einen Strohhalm saugen durfte. Auf diese Weise glichen einige Kirchen eher einer Kaffeebar, besonders wenn aus dem Altarraum die laute Musik einer Disco dröhnte, begleitet vom Geschrei, Gitarrengeklimper und Fußstampfen, das die Feier einer Jazzmesse, einer Beatmesse und einer „Yeah-Yeah"-Messe begleitet. Es gab Jugendmessen, bei denen anstelle des sakramentalen Brotes und Weines Hot Dogs, Brötchen und Coca-Cola serviert wurden. Bei anderen ersetzten Whisky und Cracker die Elemente. Einige Priester empfanden das Tragen einer Albe beim Zelebrieren der Messe als unbequem und griffen daher zu Hemdsärmeln.

Die neue Freiheit bot politischen Extremisten die Möglichkeit, für ihre meist linken Grundsätze zu werben. Eines der führenden Priesterseminare Kanadas wurde an chinesische Kommunisten verkauft, die den Tabernakel herausrissen und an seiner Stelle ein Porträt des Massenmörders Mao Tse Tung aufhängten. Später wurde es zu einem Ausbildungszentrum für revolutionäre Straßenkämpfer.

Im September 1971 führte die katholische Schule in Val d'Or, Abitibi, Quebec, ein neues Spiel für Jungen ein. Es bestand darin, auf die Figur Christi am Kreuz zu spucken, und derjenige, der das Gesicht mit dem größten Spucke bedeckte, wurde zum Sieger erklärt. Darüber berichtete die französisch-kanadische Zeitung *Vers Demain* im September 1971.

In einer südamerikanischen Provinz, in der es selten zu Unruhen kam, stellte sich der örtliche Bischof Casaldaliga auf die Seite der von Russland inspirierten Aufständischen. Er legte sich die raue Kleidung eines Guerillakämpfers zu, komplett mit Patronengurt, und ging auf „ ", um unter dem selbstgewählten Namen Monsignore Hammer und Sichel zu predigen und die Messe zu zelebrieren.

Eine wahrhaft unheimliche Szene spielte sich jedoch in der Basilika St. Maria de Guadelupe in Mexiko-Stadt ab, wo vor dem Hochaltar eine Ziege geopfert wurde. Es ist nicht nur die Tatsache, dass ein Tier getötet wurde, und das in einer Kirche, die für Aufsehen sorgte. Es scheint niemanden unter den Anwesenden zu haben, der etwas gesagt hätte, die alle nur staunten, gafften und dann weg gingen, zweifellos in der Überzeugung, dass dies alles Teil der neuen Ordnung innerhalb der Kirche sei. Und so war es auch. Aber Erzbischof Gomez, der für die Basilika verantwortlich war, wusste mehr, ebenso wie die seltsame Menschenmenge, der er sie für diesen Anlass vermietet hatte.

Die Ziege, die angeblich vom Teufel erschaffen wurde, spielt in der satanischen Überlieferung jener eine Rolle, deren geheimes Ziel seit jeher der Untergang der Kirche ist. Das erwähnte Ereignis ähnelt einem Teil des alten vorchristlichen Rituals, bei dem am Versöhnungstag eine Ziege auf einem Altar geopfert wurde. Die Sünden des Hohepriesters und des Volkes wurden auf ein zweites Tier derselben Art übertragen, das dann zum Sündenbock wurde und in die Wüste getrieben wurde; oder, in der Dämonologie, wurde es über eine Klippe in das Höllenfeuer gestoßen, das von Azazel, einem gefallenen Engel, bewacht wurde.

Es handelte sich also nicht um eine gewöhnliche Messe, sondern um eine schwarze Messe, die in Mexiko-Stadt unter Verwendung eines umgekehrten Kreuzes gefeiert wurde, ein Ereignis, das von den Organisatoren gefilmt und aufgezeichnet wurde.

Aber solche Dinge waren nur der Anfang, ebenso wie der wachsende Ruf, unterstützt von Priestern, nach Abtreibung „ " und der Anerkennung sexueller Abweichungen als völlig normal. Es gab Priester, die fast von den Dächern riefen, dass sie froh seien, homosexuell zu sein, da dies ein Privileg sei, das die psychologische Erfüllung der eigenen Persönlichkeit mit sich bringe. In einigen Gegenden wurde es akzeptiert, dass Perverse gleichen Geschlechts in der Kirche heiraten durften.

In Paris paradierten ein Mann und eine Frau, völlig nackt, vor einem Altar, wo sie von einem Priester getraut wurden, der ihnen den sogenannten „erhabenen" Ehesegen erteilte. Das fortschrittliche Holland wollte nicht zurückstehen, und die Zeitung „ " reagierte mit der Nachricht, dass ein homosexuelles Paar in einer kirchlichen Trauung Gelübde und Zeichen der Liebe ausgetauscht hatte; während ein amerikanischer Priester, der trotz einer Scheidungsklage noch immer an seinem Amt festhielt, sich fröhlich an die Brust schlug und bekräftigte, dass auch er ein emanzipierter moralischer Perverser sei, was er anschließend durch die Trauung eines lesbischen Paares bekräftigte.

Es war eine fruchtbare Zeit für Spinner und Opportunisten aller Art. Eine ehemalige Nonne, Rita Mary, schloss sich einer amerikanischen Laiengemeinschaft an, deren Mitglieder sich dem neuen Geist im religiösen Leben verschrieben hatten. Ein Hauch dieses Geistes der Erneuerung offenbarte ihr plötzlich, dass „Gott der Vater weiblich ist". Andere, die sich für die Sache der Frauenbefreiung einsetzten, übernahmen denselben Slogan, und im Rahmen ihrer Kampagne tauchten auf den Straßen Autos mit Aufklebern auf, die die Menschen aufforderten: „Betet zu Gott, sie wird sorgen".

Die Händler erkannten schnell, dass dies ein guter Werbegag war, und Rita Marys Fahrzeugen schlossen sich bald andere an, die einen konkreteren Tipp anboten: „Mit Jesus an deiner Seite kannst du ein erfolgreicherer Geschäftsmann sein."

Ebenfalls in Amerika fand im Juli 1976 in Stubenville, Ohio, eine Versammlung statt, bei der tausend Priester eine neuartige Absicht zur Entklerikalisierung des Priesteramts bekräftigten, was in der Praxis bedeutete, sich selbst arbeitslos zu machen. Man riet ihnen, sich auf den Zusammenbruch der sozialen Ordnung vorzubereiten; nach den Gebeten entdeckten einige von ihnen, dass sie die Gabe der Heilung erhalten hatten. Es folgte eine allgemeine Handauflegung, woraufhin sich die gemischte Gemeinde unter lautem Geschrei umarmte und küsste.

Spontane Gefühlsausbrüche wurden, wie wir sehen werden, schnell zu einem Merkmal der neuen Messe, ebenso wie eine wachsende Besessenheit von Sex. Die „Erforschung der Berührung", bezogen auf den Körper, wurde zu einer neuen Form der Anbetung.

Bei einer Versammlung in Philadelphia, an der Kardinal Wright und acht seiner Bischöfe teilnahmen, erklärte der Hauptredner, Pater Gallagher, seinen Zuhörern, dass „Berühren entscheidend ist". Und man kann davon ausgehen, dass viele unterdrückte Instinkte in den folgenden Worten, die lange Zeit lautstark gefordert worden waren, eine Erleichterung fanden: „Haltet die Hände der „ " nicht geschlechtslos." Die neun Prälaten schenkten der „Liebe in", wie solche Gefühlsbekundungen nun genannt wurden, ein Lächeln und ihren Segen.

Eine Variation desselben Themas war 1980 auf dem Nationalen Pastoral-Kongress in Liverpool zu hören, wo eine Erklärung verabschiedet wurde, die zur großen Überraschung eines repräsentativen englischen Publikums den selbstverständlichsten Akt der Ehe vergötterte: „Während des Geschlechtsverkehrs erschaffen ein Mann und seine Frau Christus" – eine Aussage, die verdächtig nach Aleister Crowleys Worten klingt, dass „die Geschlechtsorgane das Abbild Gottes sind".

Der jüngste Ausflug in den Bereich kirchlichen Unsinns (Januar 1982) stammt von Bischof Leo McCartie, dem katholischen Weihbischof von Birmingham. Er forderte, dass Rastafarians, meist junge Schwarze, die Wollmützen tragen und ihre Haare zu Zöpfen flechten, die Nutzung von Kirchenräumen gestattet werden solle. Sie verehren den verstorbenen Kaiser Haile Selassie von Äthiopien als den wahren Gott, glauben, dass Christus schwarz war, und rauchen Cannabis als Teil ihres religiösen Rituals.

Der Bischof räumt ein, dass die Kirche das Rauchen von Cannabis in ihren Räumlichkeiten nicht dulden könne, *aber nur, weil es gegen das Gesetz verstößt* (Hervorhebung von mir). Aber der Rastafarianismus, so fährt er fort, sei eine gültige religiöse Erfahrung, und seine Anhänger verwendeten Cannabis wie ein Sakrament, „das mit dem Kelch oder dem Abendmahlskelch im christlichen Gottesdienst vergleichbar ist". Nun wissen wir also Bescheid.

Nehmen wir noch ein paar weitere Beispiele dafür, was der modernistische Trend in Amerika erreicht hat, und zwar, wie wir uns erinnern sollten, ohne dass dies mehr als vereinzelte Proteste hier und da aus den Reihen der Hierarchie hervorgerufen hätte. Darüber hinaus wurde all dies von Papst Paul gebilligt, wie die Anwesenheit seines offiziellen Vertreters zeigte, der denjenigen, die sich verkleidet hatten, herumtollten und sich zu unreligiösen Idioten machten, um die neue Freiheit zu demonstrieren, päpstliche Grüße übermittelte.

Seit zwei Jahren ist die St. Patrick's Cathedral in New York am 28. Juni der Endpunkt dessen, was kirchlichen und weltlichen Autoritäten gleichermaßen als Gay Parade bekannt ist.

Im Jahr 1981 marschierten schätzungsweise 50.000 Menschen die Fifth Avenue entlang, angeführt von einer Gestalt mit weiß geschminktem Gesicht, die ein knöchellanges Rüschenkleid und eine Haube trug und auf Rollschuhen vor der Kathedrale auf der Straße und dem Bürgersteig hin und her wirbelte. Mindestens einer der Zuschauer erkannte in der Gestalt einen angesehenen Wall-Street-Broker.

Eine Person, die als Grand Marshal der Parade gefeiert wurde, stieg aus einer schwarzen Limousine, führte auf den Stufen eine clowneske Darbietung auf und tat dann, als wolle sie mit einem Strauß Stiefmütterchen in der Hand die Eingangstür betreten. Zu diesem Zeitpunkt hatte ein Herr McCauley, der als Anwalt in New York tätig war und von dem Gesehenen bereits angewidert war, die Blumen gepackt und sie denjenigen ins Gesicht geworfen, die dem Marschall nachschlugen. Es kam zu einer Rangelei, und die Polizei führte den Störenfried ab.

Es dauerte zwei Stunden, bis der Umzug einen bestimmten Punkt passierte und sich um die Kathedrale versammelte. Einige waren als Priester verkleidet, andere als Nonnen; einige trugen schwarze Lederkleidung und Ketten. Es gab eine Gruppe namens „Dignity" und eine andere, die als „North American Man-Boy Love Association" bekannt war.

Sie trugen ein großes Schild mit der Aufschrift „Man-Boy Love is Beautiful" (Männer-Jungen-Liebe ist schön), wobei die älteren Mitglieder Arm in Arm mit Jungen gingen, deren Durchschnittsalter etwa dreizehn Jahre betrug und von denen einige Badehosen trugen.

Die „Gay Socialists" trugen ein rotes Banner und riefen während des Marsches ihre Abneigung gegenüber Gott und der Kirche. Ihre Raserei wurde jedoch noch von den „Gay Militant Atheists" übertroffen, die unisono „Zerschlagt die Kirche! Tod der Kirche!" brüllten. Ein weiterer Ruf „Zerschlagt den Staat!" zeigte, dass die eigentliche treibende Kraft hinter der Demonstration sich Gehör verschaffte.

Dann gab es eine Pause, in der ein Mann in einer Nonnenrobe und mit einem umgedrehten Kreuz hinter sich eine halbe Stunde lang einen Tanz aufführte, begleitet von obszönen Gesten. Daraufhin trat eine Gruppe vor und tat so, als wolle sie eine Kerze an der Tür der Kathedrale anzünden. Inzwischen war Herr McCauley zurückgekehrt. Er erneuerte seinen Protest, forderte die Polizei auf, die empörenden Darbietungen zu unterbinden, und wurde prompt verhaftet.

Die Homosexuellen hängten daraufhin ein großes Transparent über die Barrikaden, die sie vor den Stufen der Kathedrale errichtet hatten. Ein Hauptmann der Stadtfeuerwehr trat vor und bat einen Polizeibeamten, einzugreifen. Der Beamte wandte sich ab, woraufhin der Feuerwehrchef das Transparent ergriff, es zusammenrollte und auf den Boden warf.

Die schreiende Menge stürzte sich auf ihn. Er wurde zu Boden gerissen, seine Jacke wurde ihm vom Leib gerissen, Schläge prasselten auf ihn ein, seine Finger wurden gepackt und gebogen, um sie zu brechen, seine Beine wurden auseinander gedrückt und

Hände griffen nach seinen Genitalien. Als er wieder sprechen konnte, sagte er dem Polizisten, dass er Anzeige gegen seine Angreifer erstatten wolle. Der Polizist spottete. „Kommen Sie morgen zur gleichen Zeit wieder und sehen Sie, ob Sie sie wiedererkennen." Als der Feuerwehrchef darauf bestand, umklammerte der Polizist seinen Revolver so fest und bedrohlich, dass seine Knöchel weiß wurden.

Nur zwei Personen wurden festgenommen, Herr McCauley und der Feuerwehrchef, beide wegen ordnungswidrigen Verhaltens.

Später hörten sie, wie die Anklage gegen sie formuliert wurde. Ein Polizeibeamter sagte: „Sagen Sie, dass Sie gesehen haben, wie er jemanden angegriffen hat." Ein anderer sagte: „Schreiben Sie, dass er die Polizeikette durchbrochen hat."

Unterdessen ging die Parade weiter, und die Fassade der Kathedrale war mit provokanten Schildern und Transparenten verziert, auf denen unter anderem zu lesen war: „Jesus war homosexuell." Es wurden Spottverse skandiert. „Zwei, vier, sechs, acht. Wissen Sie, ob Ihre Kinder heterosexuell sind?" Schließlich wurde eine Flagge an der Tür der Kathedrale aufgehängt. Sie war wie die amerikanische Flagge gestaltet, nur dass anstelle der Sterne Sexsymbole und Darstellungen des Penis zu sehen waren.

Die Demonstranten, gefolgt von einer großen Menschenmenge, zogen zum Central Park, wo sie sich einer öffentlichen Zurschaustellung von Sexakten hingaben. Verängstigte Menschen, die in der Kathedrale Trost oder Ruhe gesucht hatten, drängten sich den ganzen Nachmittag in Seitenkapellen und Ecken. Als sie darauf angesprochen wurden, sagten die Mitglieder der Diözesankurie, es gebe nichts zu beanstanden.

In Virginia fuhr ein Priester mit einem Volkswagen den Mittelgang seiner Kirche entlang, um den Einzug Christi in Jerusalem zu symbolisieren. Später ließ er einen Gabelstapler auf dem Kirchhof aufstellen, kletterte in den Korb und stand dort mit wehenden Armen, während er in die Höhe gehoben wurde, um den Himmelfahrtstag zu feiern. In Boston, Massachusetts, tummelten sich Priester in Clownskostümen mit roten Herzen auf der Stirn in einer Kirche und versuchten, Luftballons zu fangen. Ein Priester in Unterhemd und Jeans tanzte in der Kirche mit einem Mädchen, dessen Haut aus ihrem Trikot herausquoll.

In diesem Land gab sich das Fernsehen an einem Sonntagabend alle Mühe, einen Weihbischof zu zeigen, der den Gang einer unserer katholischen Kathedralen entlangschritt. Er wurde von einem jungen Mädchen zum Altar geführt, das vor ihm hertanzte und hüpfte wie ein junges Pferd. Die Feier der Heiligen Messe in einer anderen Kirche endete mit dem Gesang von „For he's a jolly good fellow". [20]

Ähnliche Ausbrüche gab es sogar in lateinischen Ländern, wo die Geheimnisse der Kirche seit langem Teil des nationalen Bewusstseins, seines Blutes und seiner Knochen waren. Besucher einer Kirche in der Nähe von Grenoble im französischen Departement Isère waren 1970 überrascht, als sie sahen, dass die Ornamente und Kerzenleuchter vom Altar entfernt und der Raum davor geräumt wurden. Dann wurden Seile gespannt, um eine sachliche Darstellung eines Rings zu bilden, in dem laut den Plakaten ein internationaler Boxkampf stattfinden sollte.

Zur vereinbarten Zeit drängte sich eine Menschenmenge, die alles andere als typisch für diesen Ort war und überwiegend aus Männern bestand, in das Gebäude, in dem einige von ihnen getauft und andere getraut worden waren. Als sie sich allmählich vertraut machten, wurden Quoten ausgerufen und Wetten abgeschlossen, aber Details des Kampfes wurden nie aufgezeichnet.

Ob es nach Punkten oder durch K.o. gewonnen wurde, wer als Schiedsrichter oder Zeitnehmer fungierte und wer die Schwämme reichte, wie viel die Kirchkasse aus der Prämie oder den Einnahmen profitierte – nichts davon ist in den Kirchenbüchern ver . Auch ein Protest des Bischofs fehlt.

---

[20] *The Sunday Telegraph.* 21. Februar 1982.

An einem Freitag Anfang Dezember 1974 wurde die Krönungskirche Frankreichs, die Kathedrale von Reims, einer Horde von Hippies und Faulenzern für eine ihrer nächtlichen Sitzungen überlassen. Der Erzbischof und seine Geistlichen, die bereitwillig den Rahmen zur Verfügung gestellt hatten, mögen mit einem Gefühl der Neid bemerkt haben, dass die vorzeitig gealterten Jugendlichen aus dem Bezirk, die in Scharen hereinströmten, zahlenmäßig diejenigen weit übertrafen, die sonntags und an Feiertagen zur Hochmesse erschienen waren.

Für die Kakophonie sorgte die Tangerine Orange Group, und als die gemischte Gemeinde es leid war, mit den Armen zu wedeln und im Takt des Lärms mit den Füßen zu stampfen, gab sie sich einer Orgie aus Drogen und Haschischrauchen hin.

Als diese Angelegenheit bekannt wurde, forderten wütende Gemeindemitglieder, dass die Kathedrale, die einen besonderen Platz in der Geschichte einnimmt, einer Reinigungszeremonie unterzogen werden sollte.

Ihre Proteste wurden jedoch von Pater Bernard Goreau, dem stets fragwürdigen „Kulturattaché" der Erzdiözese, abgetan. Er räumte ein, dass die Tänzer und Raucher stundenlang in der gotischen Dunkelheit sich selbst überlassen waren. „Aber", fügte er hinzu, „es hätte schlimmer kommen können."

Das hätte es tatsächlich. Uns wird berichtet, dass sie nur auf den Steinboden urinierten und kopulierten ... über den die Könige des alten Frankreichs auf dem Weg zu ihrer Salbung gegangen waren und wo Jeanne d'Arc mit ihrem Wappen wie eine Soldatin aus dem Krieg gestanden hatte.

Auch in Frankreich war es nicht ungewöhnlich, dass ein Priester während der Messe eine Zigarette anzündete und rauchte.

Selbst Rom blieb von den sakrilegischen Parodien nicht verschont, die auf die neue Religionsfreiheit, die Öffnung der Fenster der Kirche, folgten. Schauplatz einer solchen Szene war 1975 das Klassenzimmer eines römischen Klosters. Papst Paul war anwesend, aber die Hauptrolle spielte Fred Ladenius, ein Gentleman aus dem Mittleren Westen, der durch Auftritte im belgischen Fernsehen berühmt geworden war. Er wurde außerdem von einem begeisterten „ " als „der wiedergeborene Geist, dessen Gott den Jesus von 1974 aktualisiert hat, indem er der Gott von 1975 ist" bezeichnet.[21]

Fred machte sich männlich an die Arbeit, zog seine Jacke aus und gab fast unzusammenhängende Reden von sich, für die er, wie er sagte, in keiner Weise verantwortlich sei. Was sie hörten, waren einige der Wahrheiten, die er an diesem Morgen aus dem Munde des Herrn empfangen hatte. Denn der Herr sprach und prophezeite durch ihn. Fred begleitete diese Offenbarungen, indem er seine Arme so heftig hochriss, dass er ins Schwitzen kam. Aber er war keineswegs erschöpft. Er krempelte seine Hemdsärmel hoch und lud alle, die den Herrn empfangen wollten, ein, „rapido" nach vorne zu kommen.

Fred, der immer noch stark schwitzte, winkte denjenigen, die die Einladung annahmen, wild mit den Händen über den Köpfen zu und begleitete jede Geste mit einem „Halleluja!". Am Ende dieser Zeremonie wurde die Schultafel beiseite geräumt, um Platz für einen Tisch zu schaffen, auf dem zwei Kelche standen, einer mit Wein und der andere mit Hostien, wie sie zur Feier der Messe verwendet werden.

Dann stellten sich alle in einer Reihe auf und folgten dem Beispiel von Fred, der eine Hostie nahm, sie in den Wein tauchte und sie dann in den Mund nahm. Die Versammlung löste sich unter immer lauteren „Halleluja"-Rufen auf, in die sich auch der Papst einfand, und mit weiteren Zeichen dafür, dass der Geist tatsächlich unter ihnen war.

Fred wurde dafür belohnt, dass er vom Papst zu sich gerufen wurde, der ihm herzlich für all seine gute Arbeit für die Kirche

---

[21] Weitere Einzelheiten zu diesem und anderen Ereignissen in Rom finden Sie in *From Rome, Urgently* (Stratimari, Rom) von Mary Martinez, einem lebendigen Buch, dem ich viel zu verdanken habe. Ich habe auch einen weiteren Augenzeugenbericht von Louise Marciana, einer ehemaligen Schwester vom Kostbaren Blut, herangezogen. In dem Kloster dieses Ordens fanden einige der hier beschriebenen Vorfälle statt.

dankte. Fred blieb in Rom, wo er eine Zeit lang als Pressesprecher des Stellvertreters Christi tätig war.

Im Kirchenkalender wird jedes fünfundzwanzigste Jahr zum Heiligen Jahr erklärt. Es ist eine Zeit besonderer Pilgerfahrten, , in der Millionen Menschen Buße tun, um ihre Treue zum Glauben zu bekunden und die sogenannte Große Vergebung zu erlangen. Während dieser Zeit wimmelt es in Rom von Besuchern aus allen Teilen der Welt, und beim letzten Heiligen Jahr 1975 hieß Papst Paul die neue Generation, die auf der Suche nach befreiender und inspirierender Hilfe, nach einem neuen Wort, einem neuen Ideal gekommen war, mit den Worten der emanzipierten Religion willkommen.

Diejenigen, die am 19. Mai, zur Halbzeit des Heiligen Jahres, in Erwartung dieser spirituellen Vorteile an der Hochmesse in St. Peter teilnahmen, wurden keineswegs enttäuscht. Es waren etwa zehntausend Menschen. Kardinal Suenens zelebrierte am Hochaltar. Papst Paul war anwesend. Fünfhundert Priester standen um sie herum. So beschrieb ein erfahrener katholischer Journalist, was geschah, als es Zeit war, die Heilige Kommunion zu empfangen: [22]

„Es war nicht ungewöhnlich, dass man etwas sah, das man zunächst für weiße Blütenblätter hielt, die über die Gemeinde verstreut waren. Erst als ich mich näher heran drängen konnte, erkannte ich, dass es sich um Handvoll geweihter Hostien handelte, die die Priester des Kardinals über die Menge verstreuten … Sie fielen auf die Schultern der Männer, auf die gefärbten und unbedeckten Köpfe der Frauen, und wie es unvermeidlich war, fielen nicht wenige auf den Boden und wurden von der Menge zertreten.

Ich sprach eine Frau an, die neben mir stand und mehrere davon verschlang. Ich fragte sie, woher sie komme und ob sie katholisch sei. Sie komme aus Ägypten, antwortete sie, habe aber keine

---

[22] Simon Keegan. *Newsletter der International Priests Association.* Herausgegeben vom St. George's Presbytery, Polegate, East Sussex.

religiöse Überzeugung, sondern fühle sich dem Mohammedanismus zugeneigt.

Tonbandgeräte wurden hoch über die Versammlung gehalten, die sich schnell in einen Zustand der Erregung versetzte. Plötzlich ertönte aus einem Mikrofon in der Nähe des Altars eine Stimme, die verkündete, dass Gott nicht nur anwesend sei, sondern sogar spreche: „ " Allerdings mit einem starken amerikanischen Nasal-Akzent – man fragt sich, ob der allgegenwärtige Fred wieder am Werk war?

Dann übernahm Papst Paul das Kommando. Er nahm eine Handvoll Hostien, drückte sie Menschen in den Mund, deren Münder bereits mit den geweihten Hostien gefüllt waren, sodass sie ihre Hände nur befreien konnten, indem sie die Hostien an andere weiterreichten, die sie entweder zerknüllten oder auf den Boden fallen ließen. Der Papst, der gerade eine Ansprache halten wollte, musste seine Stimme erheben, um über den wachsenden Tumult hinweg gehört zu werden, den er noch durch ein weiteres anachronistisches „Halleluja!" und das Hochreißen seiner Arme anheizte.

Mittlerweile tanzten einige der Menschen. Andere hockten oder kauerten auf dem Boden zwischen den zertretenen Fragmenten dessen, was ihnen als Leib Christi beigebracht worden war. Sie wiegten sich im Takt eines leisen Stöhnens, Ausdruck der Ekstase, die dieser Anlass hervorrief und die immer lauter wurde, bis sie die Basilika erfüllte.

Noch im selben Jahr hätte ein Besucher der Kirche St. Ignatius in der Straße, die den Namen des Gründers der Jesuiten trägt, in Rom bemerkt, dass ein schwerer Vorhang den Hauptaltar verdeckte. Außerdem waren die Sitze umgedreht worden, als wolle man damit andeuten, dass die Gottesdienstbesucher nicht an die lapis lazuli-Urne mit den Reliquien des Heiligen Aloysius Gonzaga erinnert werden wollten.

Eine Reihe von Mikrofonen und Lautsprechern war zu sehen, und durch eines davon war die Stimme eines irisch-amerikanischen Jesuiten, Pater Francis Sullivan, zu hören, der im Stil eines Anhängers von General Booth verkündete, dass sie zusammengekommen seien, um den Herrn zu preisen. Er fuhr fort, mit Nachdruck darauf hinzuweisen, dass sich die Religion im Umbruch befinde, dass sich alles verändere und dass es Zeitverschwendung sei, nostalgisch auf Dinge zurückzublicken, an die man früher geglaubt habe. Seine Äußerungen stießen auf die zustimmende Zustimmung von Kardinal Suenens, der sich stets als Förderer „ausgefallener" Gefühlsausbrüche erwiesen hatte.

Mittlerweile hatten sich die Römer daran gewöhnt, dass ihr Glaube von Orakeln aus den Vereinigten Staaten überwacht wurde, und sie hörten aufmerksam zu, als eine zweite Stimme, die aus derselben Gegend stammte wie Pater Sulliv , sie ermahnte, einander zu lieben. Die Menschen, die die Kirche füllten, begannen, ermutigt durch diese Worte, sich anzusehen, Blicke auszutauschen und sich an die Person ihrer Wahl heranzuschmiegen. Glaubten sie etwa, fuhr die Stimme fort, dass die Gabe der Liebe ein Privileg sei, das nur der frühen Kirche vorbehalten war? Natürlich nicht!

Daraufhin zerrissen Beifallsrufe fast das Dach, und Paare fielen einander in die Arme, breiteten sich auf dem Boden aus, strampelten mit Armen und Beinen, ließen ihren Fingern und Mündern freien Lauf und gaben einer Leidenschaft Ausdruck, die nicht mehr durch ihre Umgebung zurückgehalten wurde, sondern nun in einer Freiheit zum Ausdruck kommen konnte, wie sie Liebende in einem Graben kennen. Diejenigen, die aufgrund ihres Alters oder ihrer Gebrechen nicht an dem Spektakel teilnehmen konnten, genossen es mit lüsternem Blick, tanzten ein paar Schritte oder sangen Lobeshymnen auf die Hostie, deren Haus sie in ein Irrenhaus verwandelt hatten. Halleluja! Gott war gut, und all dies zeigte, dass der Kirchgang nun ein freudiges Ereignis sein konnte.

Auf dem Höhepunkt des Tumults gelang es einem Mönch in der braunen Kutte des Heiligen Franz von Assisi, sich Gehör zu verschaffen. Er befand sich in einer schlimmen körperlichen Verfassung und war sich einer seltsamen, mystischen und mütterlichen Empfindung bewusst. Er fühlte sich genau wie

Maria, als sie den Sohn empfing. Voll der Gnade ... noch mehr Applaus ... und wieder Halleluja.

Was von St. Aloysius in seiner Urne übrig geblieben war, schwieg, ebenso wie St. Ignatius, der als Soldat das klare Zischen eines Schwertes gekannt hatte, als es aus der Scheide gezogen wurde.

Um einen noch überraschenderen Höhepunkt zu erreichen, blicken wir zurück auf das Jahr 1970, als in einer Franziskanerkirche in Brüssel ein progressiver Theologenkongress stattfand. Das Hauptthema, das dort diskutiert wurde, stand in krassem Widerspruch zum Titel des Kongresses und wurde vor einem fast ausschließlich jugendlichen Publikum behandelt: Sex.

Aufgrund des Themas war zu erwarten, dass Kardinal Suenens anwesend sein würde; abgesehen davon war er als Primas von Belgien auf heimischem Boden.

Der Kongress begann mit dem Einzug von Mädchen, die in Weiß gekleidet waren und sich hin und her drehten, während sie Schnüre und Teile einer zerbrochenen Kette schwenkten, um zu zeigen, dass sie frei waren. In einer Pause nach dem Tanz wurden Brotstücke und Weingläser herumgereicht, gefolgt von Weintrauben und Zigaretten.

Dann, gerade als die jungen Konferenzteilnehmer dachten, alles sei vorbei, wurden ihre Blicke auf den Altar gelenkt, von dem etwas zu steigen begann und eine unglaubliche Form annahm. [23]

Zuerst wurde es mit Keuchen begrüßt, dann mit Kichern, und schließlich brach ein Tumult aus, als man erkannte, dass die transparente Plastikform einen riesigen Penis darstellte. Die Delegierten schrien sich heiser, weil sie dies als Herausforderung – als Anerkennung – ihrer Männlichkeit empfanden. Es war eine Art Höhepunkt, den man sich nie hätte vorstellen können und der

---

[23] Bericht des belgischen Nachrichtendienstes, zitiert in *Il Giornale d'Italia*, 17. September 1970.

nur in den extravagantesten Träumen vorkommen konnte. Die Anwesenheit des Kardinals verlieh einer Umgebung, die sie nie wieder mit Ehrfurcht betrachten würden, einen Hauch von Freizügigkeit.

An dieser Stelle ist es angebracht, etwas näher auf die Szene in der Brüsseler Kirche und auf das Wort Halleluja einzugehen, das innerhalb der Sieben Hügel nie als alltäglicher Ausdruck der Lobpreisung verwendet wurde. Als Lobpreisung Jehovas wurde es immer eher von religiösen Erweckern als von Lateinern verwendet. Nun aber verwenden es Papst Paul.

Was hat ihn dazu bewogen? Und warum leitete Kardinal Suenens vor einem Altar eine erstaunliche Zurschaustellung fleischlicher Torheit, die vielen, insbesondere den kirchengebundenen Menschen, schwer oder gar unmöglich zu glauben sein wird?

Es gibt eine Erklärung dafür. Keiner der beiden Genannten war, während er die Roben, Gewänder und alle äußeren Zeichen der katholischen Prälatur trug, ein christlicher Mann. Sie waren durch Vorstufen in die höchste Stufe des okkulten Wissens aufgestiegen. Sie waren von den Meistern der „ en Weisheit" in einem der bedeutendsten Tempel, in denen atavistische Riten mit sexuellen Untertönen an die Stelle der Religion getreten sind, unterrichtet, aufgenommen und garantiert worden.

[24] Als die jugendlichen Mädchen vor entzückter Verlegenheit schrien, als der große Plastikpenis vor ihnen aufragte, wusste Kardinal Suenens ganz genau, dass sie, wie er es beabsichtigt hatte, den heidnischen Gott Baal verehrten, dessen Name, zerlegt in seine sumerischen Wortstämme, mehrere Bedeutungen hat. Dazu gehören Herr, Meister, Besitzer oder Ehemann, während andere sich auf den Penis eines dominanten Mannes mit seiner kraftvollen Bohr- und Stoßbewegung beziehen.

Was der Kardinal also für die jungen Menschen, überwiegend Mädchen, in Brüssel arrangierte, war eine Darstellung der

---

[24] Aus Sumer, das zu Babylonien gehörte.

Phallusverehrung, die die Zeugungskraft symbolisiert, die im Samen oder Lebenssaft enthalten ist, der aus dem mächtigen Penis des Baal auf alles Leben und die Natur herabströmte. Ein übertriebener Phallus war auch ein Symbol für Yesed, die Sphäre des Mondes, und auch für den gehörnten Gott Dionysius oder Bacchus.

Der Lobgesang von Papst Paul hat seinen Ursprung in derselben Quelle heidnischer Verehrung, da seine Bedeutung, wiederum gemäß seiner sumerischen Konstruktion, auf das starke Wasser der Fruchtbarkeit oder den Samen verweist. Während der öffentlichen Darbietungen von Massensex, die als Fruchtbarkeitsriten bezeichnet werden, wurde dieser Samen beim Ejakulieren von den amtierenden Priestern aufgefangen, die ihn zur Genehmigung durch Jahwe (Jehova) hochhielten und dann auf ihre Körper schmierten.

So viel deutete Papst Paul an, als er seine Arme erhob und ein herzliches Halleluja ausstieß!

Teil Zehn

Es ist immer falsch, ein Gespräch mit dem Teufel zu beginnen, denn wie auch immer er vorgeht, er besteht immer darauf, das letzte Wort zu haben.

Andre Gide.

Es ist zu hoffen, dass mögliche Leser dieses Buches, die vielleicht nicht mit der Geschichte der katholischen Kirche vertraut sind, inzwischen eine wesentliche Tatsache begriffen haben – dass der allgemeine Niedergang der Kirche durch das Konzil herbeigeführt wurde, das unter dem Namen „Zweiter Vatikanischer Konzil" bekannt ist. Außerdem, dass das Konzil von Johannes XXIII. einberufen wurde, der wie mehrere Prälaten und viele unter ihm stehende Würdenträger heimliche Mitglieder geheimer Gesellschaften waren und gemäß der jahrhundertelangen Regelung der Kirche exkommuniziert und somit von der Ausübung jeglicher legitimer priesterlicher Funktionen ausgeschlossen waren. Die katastrophalen Folgen dieser mit päpstlicher Billigung erfolgten Zulassung (da sowohl die beiden Pausen, die Pius XII. n e folgten, Teil der Gesamtverschwörung waren, während die jüngsten Päpste Johannes Paul I. und Johannes Paul II. unter Verdacht stehen) sind selbst für den oberflächlichsten Beobachter offensichtlich. Diese Ergebnisse sind das Ergebnis des Hauptwunsches von Paul VI. hinsichtlich der Umsetzung des Zweiten Vatikanischen Konzils, wie er in seinem Testament zum Ausdruck brachte und von Johannes Paul II. mehr als einmal wiederholt wurde: „Lasst seine Vorschriften in Kraft treten."

Diese Vorschriften wurden vor Jahren in den Richtlinien von Adam Weishaupt, Little Tiger, Nubius und anderen (bereits zitiert) für ihre ausgebildeten Jünger festgelegt, um die Autorität, die Praktiken und das Leben der Kirche zu unterwandern und dann zu zermürben. Diese „ " haben sie unter dem Deckmantel des Fortschritts oder der Befreiung erreicht.

Jeder Aspekt der Kirche, sowohl geistig als auch materiell, wurde übernommen, vom Stuhl Petri mit seiner einst königlichen Würde bis hin zum Fußschemel in der unbedeutendsten Pfarrkirche. Die wenigen Priester, die dies erkannten, wurden im Hintergrund gehalten oder, wenn sie sich Gehör verschaffen konnten, lächerlich gemacht; und wenn man die Szene mit ihren Unordnungen, den Zurschaustellungen von Profanität und sexuellen Abartigkeiten betrachtet, die in einigen der ehrwürdigsten Gebäude, darunter auch dem Petersdom, inszeniert werden, ist man geneigt, an eine einst hochdisziplinierte Gardebrigade zu denken, die sich in einen Mob schreiender Hooligans verwandelt hat.

Man kann von der Binsenweisheit, dass kleine Dinge kleine Dinge sind, zu der umfassenderen Erkenntnis gelangen, dass kleine Anfänge keine kleinen Dinge sind; und genau nach diesem Prinzip haben die modernen Lenker der Kirche ihre Ziele erreicht, ohne in der breiten Bevölkerung allzu große Unruhe zu verursachen.

Sie begannen damit, formale Disziplinen und Verbote zu lockern, wie zum Beispiel den fleischlosen Freitag. Dann verschwanden bestimmte Symbole, Rituale und Andachtsformen. Die alte liturgische Sprache Latein verschwand praktisch vollständig. Die Nonnenhaube, die selbst bei den religionsfernsten Menschen stets Respekt eingeflößt hatte, wurde ebenso abgeschafft wie die Soutane. Letztere wurde manchmal durch Jeans ersetzt, wie zwei Novizen in Rom demonstrierten, die zum Altar traten, um den Segen ihres Generaloberen zu empfangen, und dabei eher wie Hippies als wie zukünftige Jesuiten aussahen. Ein kleines Kreuz, das am Revers einer Jacke getragen wurde, wurde schnell zum einzigen Zeichen dafür, dass der Träger Priester war.

Die alte Vorstellung von der Autorität des Priesters, ob sie nun von einem einfachen Geistlichen oder vom Papst ausgeübt wurde, war damit endgültig zerstört, und es fanden sich immer Stimmen, die applaudierten, wenn die Kirche dieses oder jenes aus ihrem Erbe verschleuderte. „Der Priester ist heute kein besonderes Wesen mehr", jubelte Yves Marsaudon, Mitglied des Obersten Freimaurerrats von Frankreich. Ein Kongress von Moraltheologen in Padua ging noch viel weiter: „Das individuelle Gewissen ist die höchste Autorität des Christen über das päpstliche Lehramt."

Es wurde allgemein akzeptiert, dass die traditionelle Kirche eines Tages verschwinden oder sich anpassen müsse. Sie sollte eine von vielen Institutionen werden, deren gesammelter Schatz aus zweitausend Jahren als wertloses Erbe verworfen wurde.

Ein kurzer Blick auf die verfügbaren Statistiken dieser Jahre zeigt einen alarmierenden Rückgang in allen Bereichen des kirchlichen Lebens. Berufungen, Taufen, Konversionen und kirchliche Trauungen gingen stark zurück. Der einzige Anstieg war bei der Zahl derjenigen zu verzeichnen, die aus der Kirche austraten.

Viele zogen es vor, die Liturgie der Messe sonntags und an Feiertagen zu Hause zu lesen, anstatt in der Kirche mitanzusehen, wie ihre einst würdevollen Gesten parodiert und die historische Sprache abgewertet wurden.

In England sind zwischen 1968 und 1974 schätzungsweise zweieinhalb Millionen Menschen aus der Kirche ausgetreten; wenn man dazu noch den Verkauf katholischer Zeitschriften hinzurechnet, hatte die beliebteste davon, *The Universe*, 1963 eine durchschnittliche Wochenauflage von fast 312.000 Exemplaren. Neun Jahre später war diese Zahl auf unter 180.000 gesunken.

In Frankreich, wo 86 Prozent der Bevölkerung offiziell katholisch sind, besuchten zehn Prozent die Messe, während eine ähnliche Zahl von 1971 bis 1976 sogar für Rom galt. Im gleichen Zeitraum legten in Südamerika, das einst als eine der härtesten Nüsse für Antiklerikale galt und dessen Bevölkerung allgemein als abergläubisch galt, schätzungsweise 25.000 Priester ihr Gelübde nieder. Vatikanische Quellen berichteten, dass jährlich 3.000 Priester aus dem Priesteramt austraten, wobei diejenigen, die ohne kirchliche Genehmigung ausstiegen, nicht mitgezählt wurden.

Der katholische Teil Hollands, wo die neue Lehre vorherrschte, befand sich in einer wahrhaft prekären Lage. Im Jahr 1970 gab es keinen einzigen Priesteramtskandidaten, und innerhalb von zwölf Monaten wurden alle Priesterseminare geschlossen. In den „ n" Vereinigten Staaten schloss in den sieben Jahren vor 1974 jedes vierte Priesterseminar seine Pforten.

Der Trend war eindeutig, denn abgesehen vom Rückgang der Kirchenbesucherzahlen entschied sich im Geiste der neuen Freiheit eine ganze Reihe von Priestern und Nonnen dafür, dass das Eheleben komfortabler sei als das Leben im Pfarrhaus oder Kloster. „Rebellischer Priester, 50, heiratet 25-jähriges Mädchen" – so lautete eine typische Schlagzeile in der Daily *Express* vom 9. September 1973. Die Hochzeit wurde in einer protestantischen Kirche gefeiert, wo die Anwesenheit von Priestern und Nonnen, die alle professionell darauf vorbereitet waren, den Konfetti ihren Segen zu geben, die Stimmung aufhellte.

Viele Priester hatten das Stadium der Andeutungen längst hinter sich gelassen und sprachen sich nun offen für Abtreibung aus. Was das Sakrament der Ehe betraf, so stellte die Kirche fest, dass es falsch gewesen war, immer mehr Paare, die es leid waren, jeden Morgen beim Frühstück dieselben Gesichter zu sehen, zu Mann und Frau zu erklären. Einreden wegen Blutsverwandtschaft, Nichtvollzug der Ehe oder weil keiner der Partner gültig getauft war, waren an der Tagesordnung, und die Gewährung von Annullierungen wurde zu einem florierenden Geschäft.

Bis 1972, wenige Jahre nachdem der Verfall eingesetzt hatte, entschied Papst Paul persönlich über etwa viertausend Fälle. Dadurch ermutigt, folgte eine wahre Flut von Anträgen. Nur sehr wenige derjenigen, die „Freiheit" suchten, wurden endgültig abgelehnt, sondern aufgefordert, es erneut zu versuchen oder später wiederzukommen. In Trenton, New Jersey, war Bischof Reiss so überlastet, dass er siebzehn zusätzliche Priester ernannte, um ihm (ich zitiere seine eigenen Worte) dabei zu helfen, die Zahl der Annullierungen „aufzustocken".

2.

Im März 1981 unternahm der Vatikan einen Schritt, der vielen überflüssig erschien: Er bekräftigte erneut den Kanon 2335, wonach jeder Katholik, der einer Geheimgesellschaft beitritt, mit Exkommunikation zu rechnen hat. Für den Mann auf der Straße, der nicht wusste, dass Dutzende von Geistlichen, darunter einige in den höchsten Ämtern der Kirche, bereits gegen dieses Gesetz verstoßen hatten, schien dies eine reine Formalität zu sein. Der Vatikan jedoch handelte aufgrund von Informationen und wusste sehr genau, was er tat. Er schützte sich im Voraus vor den möglichen Auswirkungen eines Skandals, der im Mai desselben Jahres ans Licht kam.

Die Regierung des Landes, angeführt von den Christdemokraten, bestand aus einer Koalition aus Sozialisten, Sozialdemokraten und Republikanern. Doch nun forderten die Kommunisten einen Platz in der Koalition, aus politischen Gründen, die keinen Zweifel an ihren Absichten ließen. „Das Problem ist", sagten sie, „die demokratischen Institutionen, den Staatsapparat und das Wirtschaftsleben aus der christdemokratischen Machtstruktur zu entfernen."

Ihre Bemühungen blieben jedoch erfolglos. Die Christdemokraten blieben standhaft. Also griffen ihre Feinde zu einer Waffe, die sich in politischen Kämpfen als ebenso tödlich erwiesen hat wie Mord. Sie provozierten einen weitreichenden Skandal, von dem sie hofften, dass er die bestehende Regierungsordnung in Italien stürzen würde.

Im Zuge der Nachwirkungen, die nach dem Zusammenbruch des Finanzimperiums von Michele Sindona den Frühsommer 1981 erschütterten, wurde der Eindruck erweckt, dass die Aktivitäten einer weitverzweigten und gefährlichen Geheimgesellschaft namens Propaganda Due (kurz P2) ans Licht gekommen seien.

Aber in der verwirrenden Welt der Politik und Finanzen laufen die Dinge nicht so einfach. Diejenigen, die, wenn sie dazu gezwungen sind, am lautesten gegen die Machenschaften protestieren, waren ausnahmslos Teil der hintergründigen Verschwörung. Dass Betrugsfälle wie d e aufgedeckt werden, mag auf persönliche Abneigung, enttäuschte Erpressungsversuche oder die Nachforschungen eines übereifrigen Untergebenen zurückzuführen sein – „warum konnte er nicht einfach den Mund halten?" Und die selbstgerechten Profiteure, die von ihrem hohen moralischen Ross aus, aber mit leeren Taschen, nicht anders können, als den Betrug öffentlich zu machen, müssen sich insgeheim ärgern.

Die Aufdeckung der P2 begann, als die Polizei einen mysteriösen Anruf erhielt, in dem sie aufgefordert wurde, die Wohnung von Licio Gelli, einem angesehenen Mitglied geheimer Gesellschaften, zu durchsuchen und seine Beziehungen zum ehemaligen Handwerker Michele Sindona zu untersuchen.

Allein die Erwähnung von Sindona ließ die beteiligten Mitglieder der Kurie darüber nachdenken, wie sie vermeiden könnten, in den Skandal verwickelt zu werden. Daher ihre scheinbar unnötige Erinnerung an die Weltöffentlichkeit, dass Kanon 2335 noch gültig sei. In der Zwischenzeit hatte die Polizei in Gellis Haus einen Koffer mit den Namen von 935 Mitgliedern der P2 gefunden.

Darunter befanden sich viele prominente Politiker, darunter drei Kabinettsminister und drei Staatssekretäre, Generäle der Armee und Chefs der Marine, führende Bankiers und Industrielle, Geheimdienstchefs, Diplomaten, Richter und Staatsanwälte, Beamte in den Bereichen Außenpolitik, Verteidigung, Justiz, Finanzen und Finanzen, bekannte Namen aus Radio und Fernsehen sowie der Geschäftsführer, Herausgeber und Verleger der führenden italienischen Zeitung *Corriere Della Sera*.

Viele andere traten zurück, während eine ganze Reihe weiterer Personen wie Humpty Dumpty zu Boden stürzten, als die Listen veröffentlicht wurden. Es folgte ein noch größerer Skandal, als die gesamte Regierung von Arnaldo Forlani aus dem Amt gefegt wurde. Die Ankläger und ihre Opfer waren natürlich alle

Mitglieder derselben Bande. Es war ein Fall von „Brüder im Streit", der mit aller Härte ausgetragen wurde. Es folgten die üblichen Anschuldigungen und gegenseitigen Beschuldigungen, die alle möglichen Verbrechen, sogar Mord, umfassten. Bilanzfälschung, Spionage und Amtsmissbrauch galten als geringfügige Vergehen.

Der Vatikan reagierte auf all das nur mit einem leichten Herzklopfen. Denn obwohl die Kirche ihre Aura der Ehrfurcht verloren hatte und ihr Ansehen nur noch ein Schatten ihrer selbst war, blieb sie undurchschaubar. Der Geist ihrer früheren Selbst war noch immer mächtig. Die tödlich geladenen Kanonen der „ " waren zwar auf ihre Mauern gerichtet, aber es gab keinen Kanonier, der die Zündschnur anzünden konnte.

Ein weiser Zyniker sagte einmal: „In Italien ist Religion eine Maske."

3.

Obwohl kein Kirchenmann in den Skandal verwickelt war, führte die Aufdeckung der Sindona-Affäre indirekt dazu, dass die Kirche ihre Haltung gegenüber Geheimgesellschaften überdachte. Diese war nach orthodoxer Auffassung durch das genannte Kirchenrecht 2335 geregelt, das jedem Katholiken unter Androhung der Exkommunikation den Beitritt zu einer solchen verbot. Da jedoch so viele Geistliche, darunter auch Mitglieder der Kurie, gegen dieses Gesetz verstoßen hatten, wurden die 1961 begonnenen Verhandlungen zwischen beiden Seiten elf Jahre lang fortgesetzt, wobei Kardinal Bea, dem Staatssekretär des Papstes (dessen Name ebenso zweifelhaft war wie seine Nationalität), unterstützt von Kardinal König aus Wien und Monsignore J. de Toth, die eine versöhnlichere Version der Sichtweise der Kirche vorbrachten.

Diese langwierigen Gespräche dienten eher dazu, vergangene Differenzen auszuräumen, als eine zukünftige Politik zu formulieren. Es gelang ihnen jedoch, das Thema der geheimen Absichten gegen die Kirche, das teilweise zu deren Verbot geführt hatte, auszuklammern. Im Mai 1969 folgten weitere Gespräche in Augsburg, bei denen päpstliche Verlautbarungen, die die Gesellschaften scharf verurteilten, berücksichtigt wurden; und in konservativen Kreisen wuchs die Besorgnis, als zur Erklärung des Zwecks der Versammlungen zweideutige Begriffe wie „historischer Kontext" der päpstlichen Bullen und die Beseitigung vergangener Ungerechtigkeiten verwendet wurden.

Das Ergebnis dieser neu begründeten Beziehung bestätigte voll und ganz die Befürchtungen derjenigen, die befürchteten, dass die Kirche nachgab und von ihren als endgültig bezeichneten Urteilen abrückte. Dass dies nur der Anfang war, zeigte sich im

Juli desselben Jahres nach einem Treffen im Kloster Einsiedeln in der Schweiz.

Dort wurde von Professor Schwarzbaver zuversichtlich erwartet, dass kein Hinweis auf die Schattenseiten der Geheimgesellschaften gemacht werden würde. Dies war auch nicht der Fall. Stattdessen wurde verkündet, dass die bisherigen Entscheidungen Roms über das Verhältnis zwischen der Kirche und den Geheimgesellschaften nicht in päpstlichen Bullen oder Enzykliken enthalten waren, sondern im Kirchenrecht, das, wie jeder „aktualisierte" Geistliche wusste, gerade überarbeitet wurde.

Dies führte zu ernsthaften Zweifeln in orthodoxen Kreisen. Es wurde daran erinnert, dass das kanonische Recht sich auf ein von der Kirche autorisiertes Gesetzbuch bezieht, das „für alle durch die Taufe Unterworfenen verbindlich" ist. Könnte dies bedeuten, dass Begriffe wie „verbindlich", „Überarbeitung" und „Änderungen" einer neuen Auslegung unterzogen werden sollten? Darüber hinaus enthielt sicherlich mehr als eine päpstliche Bulle eine Verurteilung der Gesellschaften.

Die Gesellschaften (und das muss wiederholt werden) hatten nicht die Absicht, ihre ursprüngliche Absicht, die Kirche zu untergraben, zu widerlegen. Das hatten sie auch nicht nötig. Sie waren mit ihrem Vorhaben bisher erfolgreich gewesen. Ihre eigenen Leute hatten die Kirche auf allen Ebenen infiltriert und übernommen, und zwar in einem solchen Ausmaß, dass die Kirche es eilig zu haben schien, die letzten Reste ihrer ursprünglichen Ansprüche, ihrer historischen Riten und ihrer Würde aufzugeben. Nun warteten die Gesellschaften darauf, dass ihre auserwählten Männer, Kardinäle und andere, sich vor der Welt mit dem Hut in der Hand präsentierten und ihre früheren Fehlurteile lautstark bekundeten.

Ein deutlicher Schritt in diese Richtung kam aus dem einst hochorthodoxen Zentrum Spaniens, wo Pater Ferrer Benimeli die außergewöhnliche Forderung stellte, dass päpstliche Bullen, die die Gesellschaften verurteilten, nicht mehr als gültig angesehen werden könnten.

Eine Zusage, dass die strengen Vorschriften des kanonischen Rechts für Geheimgesellschaften in der Vergangenheit nicht erneut geltend gemacht würden, gab Kardinal König, als sich Vertreter der Kirche und des Staates 1970 auf Schloss Lichtenau trafen. Dann folgte die Erklärung, dass das kanonische Recht und die päpstlichen Bullen im 12. und 13. Jahrhundert durchaus ihre Berechtigung gehabt hätten, dass solche Dokumente heute jedoch vor allem historische Bedeutung hätten und ihre Bedeutung nicht von einer Kirche umgesetzt werden könne, die die wichtigere Lehre der „brüderlichen Liebe" predige, die zusammen mit Freundschaft und Moral „einen der hervorragendsten Grundsätze der Gesellschaften" darstelle.

Die Kritiker dieser „Zusammenkunftstaktik" sahen darin ein Zugeständnis an den von den Gesellschaften inspirierten brüderlichen Geist und auch eine faktische Billigung des Menschenkults, den Papst Paul in den Vereinigten Staaten gepredigt hatte und in dem er von den Meistern der Weisheit bestätigt worden war.

Das allgemeine Ergebnis dieser Kontakte wurde auf Seiten der Kirche der Kongregation für die Glaubenslehre zur Prüfung vorgelegt, und das Ergebnis stand aufgrund der begleitenden Bemerkungen und Vorbehalte bereits im Voraus fest. Es hatte keinen Sinn, auf frühere Entscheidungen der Kirche zurückzugreifen. Ein Vergleich zeigte, dass ihre bisherige Haltung altmodisch war und eigentlich in eine Zeit gehörte, in der sie „keine Erlösung außerhalb der Kirche" lehrte.

Auch dieser Slogan war überholt, und die Weltpresse, einschließlich der meisten katholischen Organe, machte sich wie immer mit Nachdruck daran, Ansichten zu verbreiten, die die Tradition untergruben und die Pläne jener Geheimgesellschaftsmitglieder stärkten, die im Vatikan die Mitra trugen.

Da sich das Heilige Offizium weiterhin verbog, um die Änderungen zu bestätigen, gewann der Säkularisierungsprozess ab Herbst 1974 an Dynamik. Es wurde deutlich, dass das Verbot geheimer Gesellschaften zu einer leeren Formel geworden war und dass seine Aufhebung „einer Reihe guter Menschen, die ihnen lediglich aus geschäftlichen oder sozialen Gründen beigetreten waren", Erleichterung verschaffte. Sie stellten keine Gefahr mehr für die Kirche dar.

Die Bestürzung, die dies in einigen Kreisen auslöste, fasste Pater Pedro Arrupe, General der Gesellschaft Jesu (Jesuiten), zusammen, der darin ein Zugeständnis an den organisierten „Naturalismus" sah, der seiner Meinung nach in das Reich Gottes eingedrungen war und den Geist der Priester und Ordensleute beeinflusste. Der Naturalismus, der dogmatisch behauptete, dass allein die menschliche Natur und die menschliche Vernunft in allen Dingen oberste Instanz seien, war ein weiteres Echo des Menschenkults.

Die veränderte Haltung der Kirche gegenüber Geheimgesellschaften spiegelte sich in diesem Land in John Cannel Heenan wider, der 1963 zum Erzbischof von Westminster ernannt und zwei Jahre später zum Kardinal geweiht wurde. Entsprechend seiner hoffnungsvollen Erwartung in „ ", dass das Verbot der Geheimgesellschaften durch die Kirche bald aufgehoben werden würde, wurden einige seiner hochrangigen Geistlichen ermächtigt, mit ihnen zu verhandeln. Der Kardinal wurde daraufhin darüber informiert, dass in katholischen Buchhandlungen seiner Diözese eine Publikation verkauft wurde, in der die Differenzen zwischen den beiden Seiten wiederholt wurden.

Er äußerte seine Besorgnis: „Wenn sie, wie ich vermute, irreführend ist, werde ich dafür sorgen, dass sie zurückgezogen wird."

Er tat dies, und die Publikation verschwand zusammen mit allen ähnlichen Veröffentlichungen.

Ein interessierter Fragesteller, der den Kardinal in dieser Angelegenheit anschrieb, erhielt als Antwort die Zusicherung, dass der Kardinal seinen Segen übermittelt habe. Derselbe Fragesteller erfuhr bei einem Besuch in der Buchhandlung der Catholic Truth Society in der Nähe der Westminster Cathedral, dass es keine Verhandlungen mit dem Kardinal gegeben habe und dass die Broschüren „aufgrund mangelnden öffentlichen Interesses" zurückgezogen worden seien.

Die wachsende Überzeugung, dass Kanon 2335 in keiner überarbeiteten Ausgabe des Kirchenrechts erscheinen würde, sowie die Tatsache, dass orthodoxe Elemente wie schon beim Zweiten Vatikanischen Konzil ausmanövriert wurden, führten dazu, dass die Kirche und die Gesellschaften eine offenere Beziehung zueinander bekundeten.

So fand beispielsweise im März 1976 im New York Hilton Hotel ein „Widmungsfrühstück" statt, das von Kardinal Terence Cooke geleitet und von Kardinal Kroll aus Philadelphia unterstützt wurde und an dem etwa dreitausend Mitglieder geheimer Gesellschaften teilnahmen. Kardinal Brandao Vilela aus San Salvador de Behia vertrat Brasilien.

In seiner Rede bezeichnete Kardinal Cooke dieses „freudige Ereignis" als weiteren Schritt auf dem „ en Weg zur Freundschaft". Er bedauerte „die Entfremdungen der Vergangenheit" und hoffte, dass seine Anwesenheit dort ein Zeichen dafür sei, dass das neue Verständnis zwischen beiden Seiten nie wieder gefährdet werde. Für die Kardinäle und die Meister war es weniger ein überdimensionales Frühstückstreffen als vielmehr eine bedeutsame Vereinigung, die von Gegnern zustande gekommen war, die zuvor noch nie (offen) zusammengekommen waren.

Kardinal Kroll war zuvor als Präsident der US-Bischofskonferenz von Kardinal Seper, dem Präfekten der Kongregation für die Glaubenslehre, angesprochen worden, der die Befürchtungen derjenigen zum Ausdruck brachte, die die Anzeichen für tiefgreifende Veränderungen in der Kirche bedauerten. Seper wurde mitgeteilt, dass keine Änderungen vorgenommen worden seien und dass auch keine im Bereich der zentralen Gesetzgebung bevorstünden.

Es ist nach wie vor und in allen Fällen", so Kroll in einer Erklärung, deren Lektüre selbst Stirnrunzeln hervorruft, „Klerikern, Ordensleuten und Mitgliedern säkularer Institute verboten, einer Geheimgesellschaft anzugehören...... Wer sich in

Vereinigungen gleicher Art einschreibt, die gegen die Kirche oder die rechtmäßigen zivilen Behörden intrigieren, verwirkt allein dadurch die Exkommunikation, deren Absolution dem Heiligen Stuhl vorbehalten ist."

Es war zwar richtig, dass zu diesem Zeitpunkt keine aktive Verschwörung gegen die Kirche im Gange war. Die Gesellschaften konnten es sich durchaus leisten, sich zurückzulehnen und durchzuatmen, aber nicht wegen einer entscheidenden Sinnesänderung, sondern weil die erste Phase der Verschwörung erfolgreich abgeschlossen war. Zwei von ihnen ausgewählte Personen, Johannes XXIII. und Paul VI., hatten den Stuhl Petri eingenommen. Andere ihrer Art, die einen roten Hut oder eine Bischofsmütze erhalten hatten, dominierten ihre Räte. Der nächste Schritt in der Verschwörung gegen die Kirche war für die Zukunft reserviert, wenn die Neuerungen in Lehre und Praxis von einer Generation akzeptiert worden waren, die nie erfahren hatte, was es bedeutete, auf die führende Hand von Päpsten wie dem heute herabgewürzten Pius XII. zu hören.

Die Nachhut, wie man die Antiliberalen nennen könnte, machte Kapital aus dem Kanon 2335 und dem Sindona-Skandal als Beispiel für die weitreichenden Katastrophen, die der Kontakt mit einer Geheimgesellschaft mit sich gebracht habe. Im Rahmen dieser Kampagne fand Mitte 1981 eine deutsche Bischofskonferenz statt, auf der ohne jede Einschränkung betont wurde, dass „die gleichzeitige Mitgliedschaft in der katholischen Kirche und in einer Geheimgesellschaft unmöglich ist".[25]

Daraufhin verabschiedete die italienische Regierung ein Gesetz zur Ächtung und Auflösung aller Geheimgesellschaften und erinnerte die Katholiken daran, dass der Beitritt zu einer solchen Vereinigung nach wie vor mit der Exkommunikation aus der Kirche geahndet werde.

---

[25] Der vollständige Text ist im *Amtsblatt des Ezzbistums*, Köln, Ausgabe Juni 1981, zu finden.

Aber sowohl die deutsche als auch die italienische Erklärung waren nur Nebelkerzen, und niemand erkannte dies besser als die Gesellschaften selbst, die davon nicht im Geringsten beeindruckt waren. Dass Kanon 2335, sollte er überhaupt in einer überarbeiteten Fassung des Kirchenrechts erscheinen, seiner Dringlichkeit beraubt sein würde, war nicht mehr nur ein Gerücht und Zeitungsquatsch, sondern eine bevorstehende Tatsache. Ein englischer Prälat, Kardinal Heenan, hatte noch mehr gesagt und sogar seine Abschaffung vorausgesagt. Ein führender Vertreter der Gesellschaften in Rom erklärte unbeeindruckt, er habe aus zuverlässiger Quelle erfahren, dass das Kirchenrecht tatsächlich von einer Kardinalskommission überarbeitet werde, die von Johannes XXIII. eingesetzt worden war und unter Paul VI. weiterarbeitete.

Der Beamte fuhr fort, dass die noch immer offensichtlichen Differenzen zwischen der Kirche und den Gesellschaften Teil des Konflikts im Vatikan zwischen Traditionalisten und Progressiven seien. „Das mag durchaus sein" —, und er konnte es sich durchaus leisten, ihren letzten Angriff auf uns abzutun.

Diese Aussage hat sich, wie alle anderen aus derselben Ecke, als richtig erwiesen.

Denn laut einer Erklärung des Heiligen Stuhls muss nun akzeptiert werden, dass „die Heilige Kongregation für die Glaubenslehre entschieden hat, dass Kanon 2335 einen Katholiken nicht mehr automatisch von der Mitgliedschaft in freimaurerischen Vereinigungen ausschließt".

4.

Es war wahrscheinlich Papst Pauls eigener Wunsch gewesen, entgegen einer Sitte, die für Christen und insbesondere für Katholiken selbstverständlich war, dass nach seinem Tod im Jahr 1978 kein Kruzifix aus der Basilika Santa Maria Maggiore und nicht einmal das gängigste religiöse Symbol, ein Kreuz, auf dem Katafalch stand, als sein Leichnam zur Verehrung auf der Piazza San Pietro aufgebahrt wurde.

War dies ein stilles Eingeständnis, dass sein Werk, in Übereinstimmung mit dem geheimen Auftrag, der ihm seit seiner Zeit als Erzbischof von Mailand auferlegt worden war, gut und wahrhaftig vollbracht worden war?

Elfter Teil

O SCHURKE! Du hast mir sowohl mein Amt als auch meinen Namen geraubt.

Shakespeare.

Für diejenigen, die mit der Macht und dem Einflussgebiets von Geheimgesellschaften nicht vertraut sind, stellt die Persönlichkeit von Papst Paul VI. ein wahres Rätsel dar. Kein anderer Papst, selbst in den stürmischsten Zeiten, war Gegenstand so widersprüchlicher Berichte; kein anderer Papst war so offensichtlich in sich widersprüchlich.

Selbst eine flüchtige Lektüre seiner Regierungszeit hinterlässt einen Eindruck von Zweifel, Zweideutigkeit und einer erbärmlich schwachen Art der Ausflucht, die weit entfernt ist von den selbstbewussten Pontifikaten der Vergangenheit.

Wie kann man sich erklären, dass ein Papst wie Paul beklagt, man könne der Kirche nicht mehr vertrauen? Er unterzeichnete die Dokumente, die das Zweite Vatikanische Konzil auf Kurs hielten, und versprach fast zu Beginn seiner Amtszeit, dessen Beschlüsse zu festigen und umzusetzen. Doch noch vor Ende der letzten Sitzung änderte er seine Meinung. Man hätte glauben können, das Konzil würde sonnige Zeiten für die Geschichte der Kirche einläuten. Stattdessen sind es Tage des Sturms, der Wolken und des Nebels. Wie konnte es dazu kommen?

Und seine Antwort: „Wir glauben, dass eine feindliche Macht Einfluss genommen hat. Ihr Name ist der Teufel" – man ist versucht zu fragen, ob dies eine Form des Bekenntnisses, eine Selbstanklage war.

Drückte er lediglich aus, was er als Tatsache erkannte, oder sprach er als Opfer, als desillusionierter Mann im Griff von Kräften, die er nicht kontrollieren konnte?

Vergleicht man seine Urteile mit denen fast aller seiner Vorgänger, eines Pius V., eines Leo XIII., so erscheint der Kontrast, wie ich bereits sagte, ziemlich erbärmlich. Um nur zwei Beispiele zu nennen: Im September 1972 lehnte er den Vorschlag, dass Frauen eine Rolle im Priesteramt spielen könnten, entschieden ab. Eine solche Abweichung von der Tradition war undenkbar. Doch seine Stimme war nicht entscheidend, denn nur etwa drei Wochen später gab der Vatikan eine Mitteilung an die Journalisten heraus, in der angekündigt wurde, dass der Papst seine Meinung ändern könnte. Der endgültige Widerspruch kam am 29. März 1973, als die Associated Press berichtete: „Papst Paul hat heute entschieden, dass Frauen, unabhängig davon, ob sie Nonnen sind, in römisch-katholischen Kirchen die Kommunion austeilen dürfen."

Der Papst hatte bereits im Mai 1969 eine neue Entwicklung verurteilt, die sich eingeschlichen hatte, nämlich die Kommunion in der Hand zu empfangen. Später nahm er diese Kritik jedoch zurück, mit der bedeutungslosen Einschränkung, dass das Kommunionbrot nach entsprechender Unterweisung so empfangen werden könne.

Seine Schwäche, sein Nachgeben gegenüber Neuerungen in Ritual und Praxis, zusammen mit der Akzeptanz des revolutionären Marxismus und den vielen seltsamen Gerüchten, die von Zeit zu Zeit aus dem Vatikan kamen, ließen viele Menschen in mehr als einem Teil der Welt sich fragen, ob sie tatsächlich Zeugen des Untergangs Roms waren.

Es wurde gemunkelt, dass die Korrespondenz des Papstes, bevor sie ihn erreichte, durch die Hände von Casaroli, Villot und Benelli ging, den Kardinälen, die den Vatikan faktisch kontrollierten. Staatsmänner und Kirchenmänner, die offizielle Besuche abstatteten, empfanden Papst Paul als zurückhaltend, fast vage und eher zu Kommentaren und Meinungen als zu eindeutigen Antworten bereit. Ihm fehlte es an Klarheit, und als das Staunen einem Gefühl der Unruhe wich, entstanden verschiedene Theorien, um die geheimnisvolle Atmosphäre um den Stuhl Petri zu erklären.

Die plausibelste, dass Paul ein Gegenpapst, ein ausgebildeter kommunistischer Eindringling sei, konnte durch seine bekannte Vergangenheit, seine „ e" Freundschaft mit dem Anarchisten Alinsky und anderen seinesgleichen in Mailand sowie durch die Häresien, die er seit seiner Machtübernahme gefördert hatte, untermauert werden.

Andere Erklärungen werden hier vorgebracht (nicht weil sie zu den Überzeugungen des Verfassers gehören, der sie für extravagant, teilweise sogar für völlig abwegig hält), sondern um bekannt zu machen, was viele intelligente Menschen angesichts einer Situation denken, die derjenigen in vergangenen Jahrhunderten ähnelt, als die Kräfte des Heiligen Michael und Asmodeus an den Ufern des Tiber aufeinanderprallten.

Eine Theorie besagt, dass Paul VI., ein guter Papst im normalen Sinne, in die Hände von Agenten geheimer Gesellschaften fiel (und hier tauchen wieder die Namen Villot, Casaroli und Benelli auf), die ihn unter Drogen setzten, ihm Gift in die Venen injizierten und ihn handlungsunfähig machten, so dass alles, was angeblich vom Lehramt der Kirche stammte, in Wirklichkeit vom Kardinal-Triumvirat kam.

Dies scheint jedoch durch Montinis lebenslange Verbundenheit mit dem Marxismus ausgeschlossen zu sein, die es den linksgerichteten Geheimgesellschaften überflüssig gemacht hätte, Druck auf ihn auszuüben.

Das wäre überflüssig gewesen. Allerdings gab es eine Äußerung des Papstes, als ein Würdenträger ihn bat, die weit verbreitete Unruhe zu beruhigen, die als Hinweis gedeutet werden könnte:

„Glaubt ihr etwa, der Papst sei schlecht informiert oder unter Druck gesetzt worden?"

Schließlich wurden die aus Rom stammenden Berichte über Sakrilegien und Missbräuche in der Kirche, die mit Zustimmung des Papstes begangen wurden, so erschreckend, dass Gruppen von Menschen in Europa und Amerika beschlossen, Maßnahmen zu ergreifen.

Dies gipfelte darin, dass ein Herr Daniel Scallen von der Marian Press in Georgetown, Ontario, Kanada, die Pinkerton Detective Agency in New York mit der Untersuchung beauftragte. Einer der Detektive der Agentur wurde 1973 nach Rom geschickt und kehrte mit einer Geschichte zurück, die alle anderen Spekulationen, so sensationell sie auch waren, in den Schatten stellte.

Er hatte festgestellt, dass im Vatikan zwei Päpste lebten, Paul VI. und ein Betrüger, der mit Hilfe von plastischer Chirurgie Montini ähnlich gemacht worden war. Dazu waren mehrere Operationen notwendig, und als Farbfotos des falschen Papstes an interessierte Kreise in München geschickt wurden, wo die Täuschung noch immer intensiv untersucht wird, gab es einige auffällige Unterschiede zwischen den beiden Gesichtern, die nicht zu übersehen waren.

Um die Unterschiede aufzuzeigen: Montini hatte klare blaue Augen, die groß waren, und da er weitsichtig war, benötigte er nur eine Brille zum Sehen in der Nähe. Der Betrüger hatte grüne Augen, die klein waren, und er trug bei jeder Gelegenheit eine Brille mit dicken Gläsern.

Montinis Fotos zeigen einen kleinen Leberfleck oder ein Muttermal zwischen dem linken Auge und dem linken Ohr.

Dieses ist auf den Fotos des Betrügers nicht zu sehen, dessen linke Augenbraue näher am Auge lag als die von Montini.

Die Unterschiede zwischen der Nase und den Ohren der beiden Männer gelten als entscheidend. Montinis Nase war römisch und ragte etwas über den Mund hinaus. Die Nase des Betrügers war teils gerade, teils hakenförmig und kurz, und diejenigen, die die Fotos einer professionellen Untersuchung unterzogen, behaupten, einen Plastikstreifen in der Nase entdeckt zu haben, um sie gerader erscheinen zu lassen.

Die größten Schwierigkeiten für diejenigen, die die Existenz eines Betrügers anzweifeln, bereiten jedoch die Unterschiede in der Form und Beschaffenheit der Ohren. Solche Unterschiede sind einzigartig, individuell und werden vor Gericht wie Fingerabdrücke behandelt. Jeder Vergleich der Ohrläppchen und der Ohrform, wie sie auf den Fotos zu sehen sind, ist mehr als beeindruckend.

Doch die interessierten Kreise gaben sich damit nicht zufrieden. Sie richteten ihre Aufmerksamkeit auf die Stimme und holten die Hilfe von Type B-65 Kay Elemetrics aus Pine Brook, New Jersey, und der Ball Telephone Company hinzu. Ihr Ziel war es, die Stimme (oder Stimmen, falls es tatsächlich zwei Päpste gab) zu analysieren, als sie den traditionellen Segen für Ostersonntag und Weihnachten mit den Worten *Indulgentium Peccatorum* aussprachen, die 1975 aus dem Vatikan gesprochen wurden.

Bei beiden Gelegenheiten wurde die Botschaft über Rom ausgestrahlt, und viele Menschen nahmen sie auf. Sonogramme – die empfindlicher sind als das menschliche Ohr – zeigten, dass der Mann, der zu Ostern und erneut zu Weihnachten gesprochen hatte, nicht derselbe war.

Es gab zwei verschiedene Sprecher.

Ich zitiere hier diejenigen, die qualifiziert sind, die Sonogramme zu beurteilen, und fasse die Unterschiede zusammen: Eine Stimme hatte eine viel tiefere Tonlage als die andere, mit einer deutlicheren Dehnung der Silben.

Ein weiterer Unterschied bestand darin, dass eine Stimme einen viel niedrigeren Frequenzbereich hatte. Sie gab ein zischenderes Geräusch von sich und war deutlich zittrig.

Diese Grafiken wurden dem FBI zur Untersuchung vorgelegt, und man kam zu denselben Schlussfolgerungen . Die Stimmmuster waren unterschiedlich und deuteten darauf hin, dass die Stimmbänder, der Mund und die Lippen bei jedem Menschen einzigartig sind.

In späteren Erklärungen, in denen behauptet wird, es habe einen falschen Papst Paul VI. gegeben, heißt es weiter, dass dieser ein Schauspieler mit den Initialen P.A.R. gewesen sei und dass er es gewesen sei, der am 6. August 1978 in Castelgandolfo gestorben sei. Ein deutscher Bischof, der behauptet, Beweise dafür zu haben, dass Montini zuletzt nicht im Vatikan, sondern in einem Vorort von Rom gelebt habe, hofft, dies in einem demnächst erscheinenden Buch veröffentlichen zu können.

Könnte dies also darauf hindeuten, dass der echte Paul VI. im Vatikan gefangen gehalten wurde oder dass er entführt, vielleicht sogar ermordet wurde? Ein Laie auf der Suche nach konkreteren Beweisen begab sich nach Brescia, wo einige Verwandte von Montini lebten. Dort teilte ihm eine Nichte mit, dass sie von der Täuschung sehr wohl wüssten, aber dass alle ihre Bemühungen, dies bekannt zu machen, unterbunden worden seien.

Der Ermittler, der offensichtlich unerfahren und von einem Kreuzzugseifer beseelt war, die Dinge ans Licht zu bringen, geriet bald in Schwierigkeiten. Er wurde zu vier Jahren Haft verurteilt und anschließend aus Italien ausgewiesen.

Alle Bemühungen, seinen Aufenthaltsort ausfindig zu machen, sind seitdem gescheitert.

Nun, als Teil der vorherrschenden Verwirrung in der römischen Hochburg ist dies die Überzeugung einiger nicht unbedeutender Personen.

Teil Zwölf

Kein Römer konnte jemals sagen: „Ich habe gestern Abend mit den Borgias zu Abend gegessen."

Maz Beerbohm.

Ein desillusionierter Priester, der dennoch täglich die Messe liest und alle Pflichten einer Pfarrei erfüllt, zuckte nur mit den Schultern, als ich die Möglichkeit von Verbrechen im heutigen Vatikan erwähnte.

„Nun", sagte er, „solche Dinge sind dort schon immer passiert. Warum sollten sie nicht auch heute noch passieren?"

Meine Andeutung beunruhigte ihn nicht im Geringsten. Ein Feind Roms hätte nicht gleichgültiger sein können, nicht resignierter gegenüber dem Einsatz von Gift und Strang und der Akzeptanz von Ehebruch in hohen Kreisen.

Die beiden Beschwerden über Malaria und Gicht zählen zu den Todesursachen etlicher Päpste.

Manchmal lassen sie sich jedoch mit einem einzigen Wort zusammenfassen: Gift. So war es im Fall von Gregor V., der von 996 bis 999 regierte. Dasselbe gilt für den Tod von Damasus II., der nach seiner Wahl am 17. Juli 1048 nur drei Wochen lebte.

Celsus II., ein ehemaliger Schüler Abaelards, wurde am 26. September 1143 zum Papst gewählt und starb in der zweiten Märzwoche des folgenden Jahres. In seinem Umfeld gab es Leute, die mehr als nur einen Verdacht auf Gift hegten. Im Juni

1517 entging der Medici-Papst Leo X. nur knapp einem Komplott, das Kardinal Petrucci und vier weitere Fürsten der Kirchen , angezettelt hatten, um ihn zu vergiften. Leo XI. starb am 27. April 1605 nach einer Regierungszeit von nur siebenundzwanzig Tagen. Sein Tod wurde laut offiziellen Biografen durch eine plötzliche Erkältung verursacht, die durch die Sorgen seines Amtes verschlimmert wurde. Aber es gab auch Zeugen, die gesehen hatten, wie er über einen vergifteten Becher gebeugt war.

Zwischen diesen beiden kurzlebigen Pontifikaten bestieg 1492 der Vizekanzler der römischen Kirche, Rodrigo de Borgia, der diese Zeit und seine Familie mit einer in jeder Epoche seltenen Schande überziehen sollte, als Alexander VI. den Papstthron.

Neben mehreren Nebenbuhlerinnen hatte er bereits eine verheiratete Römerin, Vanozza de Cataneis, zu seiner Hauptmätresse genommen, die ihm drei Söhne und eine Tochter schenkte, die alle als bevorzugte Mitglieder des Hofes unter der Obhut ihres Vaters lebten; und von Anfang an wurde, abgesehen von den Gesten und Beteuerungen, die unvermeidlicher Bestandteil seines Amtes waren, die Förderung und politische Sicherheit seiner Familie zum Hauptantrieb in Alexanders Leben.

Der älteste Sohn, Juan, Herzog von Gandia, stand seinem Vater in der Zahl seiner illegitimen Beziehungen in nichts nach. Sein Bruder Caesar, der ihm darin in nichts nachstand, sollte die Annalen der Borgia mit seinen eigenen Verbrechen bereichern. Als er erst siebzehn Jahre alt war, ernannte Alexander ihn zum Kardinal, obwohl Caesar nie mehr als ein Subdiakon war, geschweige denn Priester. Sein Vater war ebenso entgegenkommend, als Caesar, obwohl er ein Kirchenfürst war (er gab diese Scheinrolle jedoch bald auf), heiraten wollte. Die erforderliche Dispens wurde schnell erteilt.

Der jüngste Sohn Alexanders, Jofre, heiratete eine uneheliche Tochter von Alonso II. von Neapel.

Dann kam Lucrezia, die aufgrund ihres Geschlechts und ihrer offensichtlichen Frömmigkeit in einem solchen Umfeld von

Romanautoren und Historikern Hollywood-Manier schlecht behandelt wurde. Sie war für die damalige Zeit ungewöhnlich für eine Frau, da sie die offiziellen Briefe ihres Vaters erledigte, wenn er nicht in Rom war, und wir wissen nichts Konkretes, was ihr zum Nachteil gereichen könnte.

Ihre erste Ehe mit einem Prinzen aus dem Hause Sforza wurde wegen Nichtvollzug der Ehe annulliert. Ihre zweite Ehe schloss sie mit einem weiteren „ " aus der unehelichen Nachkommenschaft des neapolitanischen Königs, während ihre dritte Ehe mit Herzog Alfonso d'Este von Ferrara geschlossen wurde.

Lucrezia starb jung, aber nicht bevor sie die seltsame Erfahrung gemacht hatte, dass ihr zweiter Ehemann von ihrem Bruder Caesar erwürgt worden war. Doch das war noch nicht der Höhepunkt von Caesars Karriere, denn er ging auf ähnliche Weise auch mit seinem eigenen Bruder Juan um. Dann wandte er seine Aufmerksamkeit den Kardinälen zu, denen, die Geld hatten, und beseitigte mit seinen flinken Händen oder dem immer griffbereiten Gift mehrere von ihnen, darunter Kardinal Michele, einen Neffen von Papst Paul II., und Kardinal Orsini.

Aber damit war das Kardinalskollegium noch lange nicht dezimiert, denn neben Caesar trugen vier weitere Mitglieder des Borgia-Clans den roten Hut. Alexander drückte bei Caesars Taten ein Auge zu, obwohl er über den Verlust seines erstgeborenen Sohnes Juan aufrichtig betrübt war.

Während dieser Zeit machte der Teufel seine Präsenz in Rom manchmal sichtbar, und die Bevölkerung hatte keinen Zweifel daran, dass die Untaten im Vatikan den Abschaum der Gesellschaft aufwühlten. So wurde beispielsweise am Vorabend von Allerheiligen 1501 ein Ballett aufgeführt, bei dem alle fünfzig Tänzerinnen Prostituierte waren, die auf den Straßen Roms aufgegabelt worden waren.

Einer derjenigen, die zu dem Schluss kamen, dass die Borgias schon viel zu lange an der Macht waren, war Kardinal Castellisi aus Corneto. Er lud Vater und Sohn zu einem Bankett ein und bereitete eine Dosis seiner eigenen Mischung vor, die Rom garantiert von beiden befreien würde.

Sie nahmen die Einladung an, aber zufällig hatte Alexander Castellisi für lästig befunden und brachte Wein mit, der sich in der Vergangenheit als sehr wirksam erwiesen hatte.

Es waren noch keine Zeiten, in denen man Mixgetränke trank, aber irgendwie wurden die Weine am Tisch verwechselt, sodass Alexander und Caesar von ihrer eigenen Zubereitung tranken. Unter Stöhnen und Krämpfen löste sich die Gesellschaft hastig auf. Caesar erholte sich, aber Alexander starb, nachdem er die Sakramente der Kirche empfangen hatte.

Todesursache: Malaria.

Seine Eminenz von Corneto hat sich wahrscheinlich ins Fäustchen gelacht. Caesar machte sein böses Leben durch seinen Tod in der Schlacht etwas wieder gut. Lucrezia wurde in einem Roman von Victor Hugo karikiert, und ihr Name wurde der Titelrolle in einer Oper von Donizetti gegeben. Ein Apologet Alexanders könnte höchstens sagen, dass Grönland während seiner Herrschaft das Evangelium angenommen hat.

2.

Nach einem überlieferten Rezept, das Garelli, dem Leibarzt des Habsburger Kaisers Karl VI. (1685-1740), in die Hände fiel, stellten die Borgias ihr Gift her, indem sie zunächst ein Schwein töteten, dessen Bauchorgane mit Arsensäure besprengten und warteten, bis die Verwesung einsetzte.

Diese kontaminierte Substanz wurde, wenn sie in Flüssigkeiten gegeben wurde, zu einem wirksamen, tödlichen und in den meisten Fällen fast sofort wirkenden Gift.

Am Hofe Alexanders VI. wurden große Vorkehrungen getroffen, um zu verhindern, dass dies niedergeschrieben wurde, und einige der anderen Methoden, die zur Verabreichung des Giftes angewendet wurden, waren geradezu genial. Eine Person, die Obst schnitt, konnte sterben, wenn sie die Klinge eines Messers berührte, das mit dem Präparat in Berührung gekommen war, während das Drehen eines Schlüssels zum Öffnen einer Tür oder einer Schachtel eine winzige Hautabschürfung verursachen konnte, durch die ein tödlicher Tropfen unbemerkt in die Blutbahn gelangte.

Andere Toxikologen bestätigen, dass es ein weiteres Borgia-Gift gab, eine komplexe Mischung aus einem körnigen, weißlichen Pulver, das Zucker ähnelte. Es war als Canterella oder Cantoreli bekannt.

Teil Dreizehn

Wer soll entscheiden, wenn Ärzte sich uneinig sind?

Alexander Pope.

Die Figur von Johannes Paul I., dem Nachfolger von Paul VI., fügt einer ohnehin schon problematischen Situation eine weitere, und zwar eine der tiefgreifendsten hinzu. Von Johannes XXIII. zum Bischof geweiht und von Paul VI. (den Päpsten, die gemeinsam die Revolution ins Leben gerufen und umgesetzt hatten) zum Kardinal ernannt, kam sein Aufstieg zum Papstthron, nachdem er als Albino Luciano Kardinalpatriarch von Venedig gewesen war, fast wie ein kirchlicher Blitz aus heiterem Himmel.

Er wuchs in bescheidenen Verhältnissen auf, in einer Familie, in der die Meinungen ganz natürlich von denen des Vaters geprägt waren, einem überzeugten Linken. Er war Mitte sechzig, als er am 26. August 1978 aus dem Konklave hervortrat, in dem er mit beispielloser Schnelligkeit nach vier Wahlgängen, die am ersten Tag nur acht Stunden und fünfundvierzig Minuten dauerten, gewählt worden war.

Ein Beobachter, der die Lage im Vatikan im Auge hatte, hätte vielleicht bemerkt, dass die Bühne für ein weiteres Renaissance-Drama bereitet wurde. Und ein solches Ereignis zeichnete sich tatsächlich ab, angesichts der Rätsel, die dieser (scheinbar) keineswegs ungewöhnliche Papst auf einmal aufwarf.

Um ihn herum bildeten sich zwei Denkrichtungen, in denen seine Stimme bisher nicht eindeutig zu hören war. Die eine beharrte darauf, dass er entschlossen sei, die von seinen beiden Vorgängern in der „ " eingeleiteten Veränderungen fortzusetzen, dass er die modernistischen oder progressiven Elemente und deren Reformen befürworte.

Unterstützung dafür fand sich in seiner Ablehnung des Titels „Papst", und dass er sich dafür entschied, eingesetzt statt gekrönt zu werden. Bei seiner Amtseinführungsmesse stand kein Kruzifix auf dem Tisch, der als Altar diente. Alles war von Einfachheit geprägt, und diejenigen, die die Ideologie Pauls VI. teilten, behaupteten bald, der neue Papst sei „ihr Mann", zumal bekannt war, dass er sich gegen das Verbot der Kirche zur Empfängnisverhütung ausgesprochen hatte.

Andererseits hieß es, er erwäge die Aufhebung einiger der vom Zweiten Vatikanischen Konzil eingeleiteten Neuerungen, bedauere die sogenannte „Aufwärtsbewegung", die die Kirche bedrohe, und diejenigen konservativen „ ", die eine Bestätigung ihrer Sichtweise suchten, wurden ermutigt, als es an der Zeit war, neue Bischöfe für vakante Bistümer zu ernennen, insbesondere einen für sein altes Patriarchat in Venedig.

Dabei wurde er von Kardinal Baggio (den Geheimgesellschaften als Ceba bekannt) unterstützt, dessen Kandidat ein gewisser Monsignore Ce war, der als radikal galt. Johannes Paul II. lehnte die Ernennung jedoch ab und gab damit denjenigen Rückhalt, die glauben wollten, dass er mit der Häresie im Konflikt stand.

Ihre Zufriedenheit war jedoch nur von kurzer Dauer, wie sich bei einer Gelegenheit zeigte, als er aufgefordert wurde, vor einer Versammlung von Schülern und Lehrern zu sprechen. Er leitete sie beim Angelusgebet, doch kaum hatte er das letzte „Gegrüßet seist du Maria" gesprochen, begann er, jemanden zu preisen, den er als „klassisches Beispiel für Selbstverleugnung und Hingabe an die Bildung" lobte.

Dabei handelte es sich nicht, wie man hätte erwarten können, um einen Heiligen oder gar ein einfaches Mitglied der Kirche, sondern um Giosue Carducci (1835–1907), der Professor an der Universität Bologna gewesen war und dessen Name als bekennender Satanist in okkulten Kreisen hohes Ansehen genoss.

Sein Gedicht „Hymne an Satan" in vierzig Strophen enthielt Zeilen wie die folgenden:

„Ehre sei dir, großmütiger Rebell!
Auf deiner Stirn werden sich wie Lorbeerbäume erheben
Die Wälder des Aspromonte.
Ich trinke auf den glücklichen Tag, der das Ende
des ewigen Rom.

Auf die Freiheit, die, das menschliche Denken rächend,
den falschen Thron des Nachfolgers Petri stürzt;
Mit Kronen und Girlanden in den Staub!

Liege zerschmettert, ungerechter Herr!"[26]

In kürzeren Stücken entschuldigte sich Carducci bei Satan oder dem Geist des Bösen, den er Agramainio nannte, für die Lügen und Verleumdungen, die auf Erden über ihn ergießen. Verherrlichungen des Okkulten und der Schwarzen Messe sowie Satans als Symbol der Revolte gegen die Kirche, als Antithese der Religion, vermischen sich mit Gotteslästerungen. Satan wird für seine Güte gedankt, während Carducci in seiner *Ode an die Stadt Ferrara* die „grausame alte Wölfin des Vatikans" verfluchte.

Carducci wurde zum Mittelpunkt einer Sekte und von seinen Anhängern mit derselben Verehrung bedacht, die er Satan entgegenbrachte. Es wurden Prozessionen abgehalten, denen ein Banner vorangestellt war, auf dem Satan in seiner ganzen Pracht mit Hörnern, Schwanz und Hufen abgebildet war, und bei denen eine Parodie der Litanei gesungen wurde, darunter die Zeile „Gloria in profundis Satanae". Die letzten acht Verse der Hymne dieses „Sängers Satans" gingen in das Repertoire der Lieder über,

---

[26] Joseph Leti. *Charbonnerie et Maçonnerie dans le Réveil national italien.* Übersetzt von L. Lachet. (Paris. Ed. polyglotte, 1925.) Zitiert von Alec Mellor in *Our Separated Brethren.* (Harrap, 1964.)

die bei den Treffen italienischer Geheimgesellschaften die Balken zum Beben brachten.

Doch die Bewunderung von Papst Johannes Paul II. für diesen Mann, den er als Vorbild für Lehrer und die heranwachsende Generation hervorhob, war nur eines der Geheimnisse, die mit seiner Herrschaft verbunden waren.

2.

Über Jahrhunderte hinweg hatte Rom, das auf seiner einzigartigen historischen Gültigkeit bestand, sich hartnäckig von Verhandlungen mit anderen Kirchen, seien sie protestantisch oder orthodox, ferngehalten. Doch das Zweite Vatikanische Konzil hatte Türen geöffnet, sodass Vertreter dieser Kirchen nun Meinungen austauschten und über die Möglichkeiten einer Einheit diskutierten.

Einer dieser Besucher in Rom war der russische Metropolit Monsignore Nikodim, der orthodoxe Erzbischof von Leningrad. Er wurde 1930 geboren und war der jüngste Bischof aller christlichen Konfessionen. Er galt als pro-sowjetisch und antiwestlich eingestellt. 1961 leitete er eine Delegation orthodoxer Geistlicher zum Ökumenischen Rat der Kirchen. Er wurde mit der Friedensmedaille der Vereinten Nationen ausgezeichnet und wurde Leiter der Abteilung für Außenbeziehungen des Moskauer Patriarchats. Nach der Amtseinführung von Johannes Paul I. wurde er am 5. September vom Papst in Audienz empfangen.

Das Treffen fand im Arbeitszimmer neben der Privatbibliothek des Papstes statt, und die einleitenden Worte, die wahrscheinlich von Pater Arrupe, dem Generaloberen der Jesuiten, oder vom liberalen Kardinal Willebrands (der Nikodim als Gastgeber fungierte) überliefert sind, lauteten wie folgt: „Willkommen, lieber Bruder", sagte der Papst, als er von dem großen Eichentisch, an dem er gearbeitet hatte, herantrat, „so nah bei uns und doch so fern. Was werden wir über uns selbst entdecken? Wann werden wir alle, Katholiken und Orthodoxe, Söhne derselben Kirche sein?"

Nikodim antwortete im gleichen Geist: „Ich wünschte, es könnte unter Ihrer Herrschaft geschehen."

Der Papst erkundigte sich nach dem Stand der Religion in Russland. „Pater Arrupe sagt mir, dass Sie sehr hoffnungsvoll in die Zukunft der Kirche in Ihrem Land blicken."

Nikodim schwieg eine Weile. Diejenigen, die ihn kannten, konnten sich vorstellen, wie seine Augen, während er nach einer Antwort suchte, unter den buschigen Augenbrauen kaum mehr als Schlitze waren. „Heiliger Vater, ich will ehrlich zu Ihnen sein", sagte er schließlich. „In Russland denkt man sehr schlecht von mir. Man sagt, ich arbeite mit den staatlichen Behörden zusammen und diene ihnen statt Gott. Doch ich bin ein treuer Diener Gottes."

Diese kurze Beichte ließ seine Wangen erröten. Er atmete schnell, von heftigen Emotionen überwältigt.

Johannes Paul fragte leise: „Was soll ich tun?"

Als er wieder sprechen konnte, fuhr Nikodim fort: „Heiligster Vater, wie können wir zusammenarbeiten, wenn Russland immer noch glaubt, dass die orthodoxe Kirche Teil des kommunistischen Systems ist? Eines Tages werde ich vernichtet werden" — , er breitete die Arme aus, „und die russisch-orthodoxe Kirche wird untergehen. Sie müssen zu einer Einigung kommen und mit ihnen verhandeln, wie sie es von Ihnen verlangen."

War das das Ziel von Nikodims Besuch gewesen? Wir werden es nie erfahren, denn sein körperlicher Zustand war mittlerweile wirklich alarmierend. Er presste seine Hand auf seine linke Seite, als wolle er, wie später gesagt wurde (vielleicht von Johannes Paul selbst), sein Herz herausreißen und es dem Papst zu Füßen werfen. Er versuchte zu sprechen, aber es gelang ihm nicht. Sein Mund verzog sich, und nur das Weiße seiner Augen war zu sehen.

Der Papst packte ihn und stützte ihn teilweise. „Gnade, er ist krank", rief er Willebrands zu, der noch in Hörweite war. „Schnell, Eminenz, rufen Sie Doktor Fontana" – den Leibarzt des Papstes.

Der Papst sorgte so gut es ging für Nikodims Komfort auf dem Boden des Arbeitszimmers. Dann öffnete er das Fenster. Als der Arzt eintraf, war der Russe bereits tot.

Später stellte sich heraus, dass Nikodim auf seinem Weg nach Rom die Einreise nach Frankreich verweigert worden war und dass er erst einreisen durfte, nachdem sich mehrere französische Bischöfe für ihn eingesetzt hatten.

Anschließend gab das französische Außenministerium, als wolle es seine Ablehnung rechtfertigen, bekannt, Nikodim sei ein akkreditierter Agent der sowjetischen Geheimpolizei.

3.

Der Donnerstag, 28. September 1978, war ein ganz normaler Tag im Vatikan.

Der Papst hatte nach der Arbeit in seinem Büro einige Mitglieder der Hierarchie in Privataudienz empfangen und anschließend eine Gruppe von Prälaten aus den Philippinen, denen er als Vertreter der katholischsten Region Südostasiens einen besonderen Empfang bereitet hatte.

Nach dem Mittagessen und der üblichen Siesta folgten weitere Besprechungen und Gespräche mit mehreren Kardinälen. Nach dem Abendgebet in seiner Privatkapelle verabschiedete er sich von seinen Mitarbeitern und begab sich in sein Schlafzimmer im dritten Stock des Apostolischen Palastes.

Der Freitag begann wie ein typischer Tag Ende September: Die Fensterreihen des Palastes zeichneten sich in dem trüben grauen Licht ab, und die ersten Geräusche kamen nicht von den Vögeln in den Vatikanischen Gärten, sondern aus dem kleinen Zimmer, in dem Schwester Vicenza, eine Nonne, die seit zehn Jahren im Dienst der Päpste stand, den Kaffee zubereitete. Ihr Timing, ihre Bewegungen und die Details ihrer Arbeit hatten eine fast militärische Präzision.

Es war fünf Uhr geworden. Um zehn nach fünf würde sie die Tasse Kaffee, immer stark, in die Sakristei neben der Kapelle stellen, wo der Papst vor der Messe um halb sechs in Meditation versunken kniete. Sie war daher überrascht, als sie keine Geräusche hörte, in die Sakristei „ " ging und feststellte, dass der Kaffee in der Tasse halb kalt und unberührt war.

Einer der päpstlichen Sekretäre, Don Diego, gesellte sich zu ihr, und als es zwanzig nach fünf war und der Papst immer noch nicht erschienen war, gingen sie zur Tür seines Schlafzimmers. Dort klopfte der Sekretär mehrmals, und als er keine Antwort erhielt, öffnete er die Tür.

Der Papst lag auf seinem Bett, vollständig bekleidet und offensichtlich tot. Auf dem Nachttisch stand eine noch brennende Lampe und ein billiger kleiner Wecker, den er aus Venedig mitgebracht hatte. Im Flur leuchtete ein rotes Licht, das von einer elektrischen Klingel ausging. Sie war als Alarmknopf angebracht worden, um Hilfe zu rufen, und ihr Leuchten bedeutete, dass der Papst diesen Knopf gedrückt hatte, der, wie Diego auf einen Blick sah, allein gestorben war, ohne dass jemand auf seinen Ruf reagiert hatte. Er hatte den Fischerring nur dreiunddreißig Tage lang getragen.

Der andere Sekretär des Papstes, Pater John Magee, war als Nächster am Tatort, und als sich die Nachricht verbreitete, verkündete Kardinal Confaloniere, Dekan der Kardinalskongregation, der am Bett angekommen war, was später als reguläre und offizielle Version der Tragödie akzeptiert wurde.

Die daraus resultierende Beschreibung könnte sich auf das Sterbebett eines jeden außergewöhnlich religiösen Menschen beziehen. Der Papst lag auf dem Bett, gestützt von Kissen, den Kopf leicht nach rechts geneigt und über die Brust gebeugt. Seine Augen waren offen. Der vorherrschende Eindruck war der von Ruhe und Gelassenheit, ohne jede Anzeichen von Schmerzen. Nichts widersprach dem Namen „lächelnder Papst", den man ihm während seiner kurzen Zeit in Rom gegeben hatte. In einer Hand hielt er einige Blätter mit Notizen für eine Rede, die er am nächsten Tag halten wollte. Auf dem Boden lag ein Exemplar von Thomas a Kempis' „Nachfolge Christi". [*Der Autor wiederholt hier die bereinigte Version des Vatikans, die von David Yallop in seinem Buch „In God's Name" angefochten wurde.*

In der folgenden Panik und Fassungslosigkeit führte Don Diego, von dem man erwartet hätte, dass er sich den anderen anschließen würde, ein hastiges, aufgeregtes Telefongespräch. Später stellte sich heraus, dass er Doktor Antonio da Ros angerufen hatte, um ihn zu bitten, sofort in den Vatikan zu kommen, um eine äußere

Untersuchung von Johannes Paul durchzuführen, den er seit etwa zwanzig Jahren kannte und behandelt hatte – eine außergewöhnliche Handlung für einen Sekretär, die er aus eigener Initiative unternahm, obwohl er von einer Schar einflussreicher Prälaten umgeben war; und doppelt überraschend, da Doktor da Ros nicht in Rom, sondern in Venedig war.

Die Nachricht wurde um 7:31 Uhr über Radio Vatikan verbreitet, und im italienischen Rundfunk unterbrach der Moderator die Berichterstattung über den jüngsten Terrorakt der Roten Brigaden mit den Worten: „Wir unterbrechen diese Sendung, um Ihnen eine schwerwiegende Nachricht zu überbringen ..."

Das Läuten der Glocken in der ganzen Stadt und das Halbmasten der gelb-weißen Flagge des Vatikans nahmen die Geschichte auf; und weit weg in Krakau, als die Nachricht in dem alten Gebäude, in dem die Domkurie untergebracht war, zu hören war, stand ein Mann, der beim Frühstück gesessen hatte, plötzlich auf und zog sich in die private Kapelle zurück. Diejenigen, die ihn damals sahen, erinnerten sich, wie Karol Wojtyla, so hieß er, todblass und zitternd war, als stünde eine schwere Mission, deren Bedeutung ihm durch einen geheimen Rat in nicht allzu ferner Vergangenheit offenbart worden war, kurz vor ihrer Erfüllung.

Diejenigen, die dies miterlebten, zögern nicht zu sagen, dass von diesem Zeitpunkt an eine bis dahin unbekannte Atmosphäre im Vatikan herrschte. Die Menschen begannen, sich selbst und andere zu hinterfragen. Kleine Gruppen trafen sich und unterhielten sich ohne Begeisterung. Sie standen unter einem namenlosen Druck, den keiner von ihnen beseitigen konnte. Ein Großteil der Gespräche dort ist normalerweise sehr andeutungsreich, sodass man in seinen klassischen, historischen oder literarischen Erinnerungen nach einem Grund oder einer Antwort dafür suchen muss.

Dieser Eindruck wurde noch verstärkt, als die Kardinäle Poletti und Baggio sich gegenüberstanden, beide einer Frage bewusst und gleichermaßen nervös, dass der andere sie lösen könnte. Einer von ihnen flüchtete sich in die Worte des antiklerikalen Schriftstellers Antonio Fogazzaro.

„Eminenz", sagte der eine, „Sie verspotten jeden, der schweigt. Fürchten Sie sein Schweigen!" Ein weniger erfahrener Priester fasste die Situation mit einer bildhaften Sprache zusammen. „Die Schränke des Vatikans sind voller Skelette. Ihre Knochen beginnen zu klappern."

„Was macht das schon?", sagte ein anderer Geistlicher. „Sie wurden dort während der großen Häresien des Mittelalters, der Zeit der „ ", dort hingesteckt. Jetzt sind diese Häresien wieder da."

Gerüchte, Geheimnisse, Verlegenheit, Ratlosigkeit ... Es war fast eine Erleichterung, als Geräusche aus dem Flur zu hören waren, der zum Schlafzimmer des Papstes führte. Die Schweizer Gardisten marschierten nach Ablauf ihrer vierstündigen Wache ab, und um das Bett wurde eine hohe provisorische Trennwand errichtet. Gleichzeitig wurden alle Ausgänge und Eingänge zu diesem Teil des Gebäudes versiegelt.

Bald darauf trafen der Bruder und die Schwester des verstorbenen Papstes, Eduardo und Amelia Luciani, sowie eine Nichte, Pia, ein. Es waren schlichte, einfache Leute, die von manchen in Rom als raue Söhne und Töchter der Berge (sie stammten aus den Dolomiten) angesehen wurden und trotz ihrer Nähe zum verstorbenen Papst keinen Eindruck hinterließen, nicht einmal auf einen Kardinal wie Villot, der nun für die Angelegenheiten des Vatikans zuständig und in gewisser Weise weltgewandt war und sein eisernes Wesen mit überdurchschnittlicher französischer Höflichkeit überspielte.

Besorgt über den plötzlichen und unerwarteten Tod ihres Bruders, schlossen sie sich der Meinung der meisten Ärzte an, dass eine Autopsie durchgeführt werden müsse, um die Angelegenheit zu klären und alle verbleibenden Zweifel auszuräumen.

Professor Prati, Berater der Herzstation des St. Camillo-Krankenhauses, sagte, eine Autopsie sei nicht nur wünschenswert, sondern notwendig. Professor Alcona, Leiter der neurologischen Abteilung der Poliklinik der Katholischen Universität Rom, äußerte seine noch deutlichere Meinung, dass es die *Pflicht* des Heiligen Stuhls sei, eine Obduktion anzuordnen. Das gleiche Thema wurde nach der Beerdigung des Papstes noch einmal mit Nachdruck aufgegriffen, als ein anderer Spezialist, Professor Fontana, sagte: „Wenn ich unter denselben Umständen den Tod eines gewöhnlichen, unbedeutenden Bürgers hätte bestätigen müssen, hätte ich ganz einfach seine Beerdigung verweigert."

Viele Publikationen bestanden ebenfalls darauf, dass eine Obduktion notwendig sei, darunter die konservative Gruppe Civilta *Cristiana* unter ihrem Direktor Franco Antico und die einflussreiche Mailänder Zeitung *Corriere della Sera*. Ihre Zweifel wurden durch die widersprüchlichen Aussagen der Spezialisten, die die Leiche des Papstes untersuchten, noch verstärkt. Dr. Buzzonetti, der erste Arzt am Tatort, sagte, der Papst habe eine akute Koronarthrombose erlitten. Ein anderer führte den Tod auf Krebs zurück, während ein dritter sagte, der Papst habe einen apoplektischen Anfall infolge eines Gehirntumors erlitten. Dr. Rulli vom St. Camillo-Krankenhaus sprach von einer Hirnblutung.

Die Vermutung einer Herzerkrankung wurde von Edouardo und Amelia Luciani zurückgewiesen, während Monsignore Senigallia sagte, Johannes Paul habe auf seinen Rat hin ein zwanzigminütiges Elektrokardiogramm machen lassen, bei dem keine Unregelmäßigkeiten festgestellt worden seien.

Die offiziellen Ermittler schlugen nun eine neue Richtung ein, um sich aus dieser peinlichen Situation zu befreien. Sie verkündeten plötzlich, dass der Papst von Anfang an sehr krank gewesen sei, dass er kurz nach seiner Geburt getauft worden sei, da man nicht damit gerechnet habe, dass er den Tag überleben würde, dass er achtmal im Krankenhaus gewesen sei, zweimal in einem Sanatorium, und vier Operationen über sich ergehen lassen musste. Blinddarmentzündung, Herz- und Nebenhöhlenprobleme sowie Schwellungen an Händen und Füßen gehörten ebenfalls zu seinen Beschwerden. Seine Fingernägel waren schwarz geworden, er hatte mit nur einer Lunge überlebt, und es war auch von einer Embolie oder einem Blutgerinnsel die Rede.

Wäre diese Zusammenfassung seiner Leiden wahr gewesen (und er unterzog sich vor dem Konklave der üblichen medizinischen Untersuchung), wäre er nicht gewählt worden. Innerhalb weniger Stunden, als der erste Schock überwunden war, kam es zu einer regelrechten Verdächtigungsmaschinerie, von der sich nur Villot und einige seiner engen Vertrauten fernhielten. Es war die Rede von einer mehr als medizinischen Dosis Digitalis, von der seltenen Boshaftigkeit, die nötig wäre, um Gift in den Messwein zu mischen, und von den unauffälligen Methoden, mit denen man einem Menschen zum Tod verhelfen könnte.

Aber abgesehen von diesen Gefahren, als Begriffe wie Mord, Attentat und Gift die Runde machten, gab es einige unbeantwortbare Fragen, die, wie ein Prälat es ausdrückte, die Grundfesten des Vatikans zu erschüttern drohten.

Der erste, der das Gesicht des toten Papstes sah, war Don Diego, ein Sekretär. Er muss etwas gesehen haben, das ihn zutiefst beunruhigte oder schockierte, denn er eilte zum Telefon, um Doktor da Ros anzurufen, einen engeren medizinischen Freund von Johannes Paul als alle anderen im Vatikan, obwohl die durchschnittliche vierzehn prominenten Spezialisten, die dort registriert waren, sofort verfügbar waren, während da Ros dreihundert Meilen entfernt war.

Außerdem wurde Don Diego nie zur Rechenschaft gezogen, zumindest nicht in einer Weise, die jemals Gegenstand einer bekannten Untersuchung war. Und obwohl er normalerweise sehr gesprächig war, wurde er zurückhaltend und ließ sich nie dazu bewegen, näher darauf einzugehen, warum er angesichts der bedrohlichen Lage zum Telefon eilte, um einen Ferngespräch zu führen.

Was hatte er gesehen? War es der Ausdruck auf dem Gesicht von Johannes Paul gewesen? Laut dem achtzigjährigen Dekan der Kardinalskongregation, Confalonieri, wirkte der Tote gelassen, ruhig, friedlich, mit einem Hauch von Lächeln. Aber ein junger Geistlicher, der kürzlich beim Vatikan akkreditiert worden war und sich mit der Begeisterung und dem Eifer eines Neulings bemühte, sich mit den dortigen Angelegenheiten vertraut zu machen, sah ein ganz anderes Gesicht als das, das offiziell beschrieben wurde.

Es war von einem ausgeprägten Ausdruck des Leidens verzerrt, während der Mund, anstatt ein Lächeln zu erahnen, weit aufgerissen war. Dass diese letztere Version der Wahrheit entsprach, bestätigte sich, als die Einbalsamierer eintrafen, die vier Brüder Signoracci vom Medizinischen Institut.

Ihre gemeinsamen und hochprofessionellen Bemühungen, die sie zwei Stunden lang allein an dem Gesicht und mit Hilfe von Kosmetika unternahmen, konnten die Schreckenserscheinungen, die der tote Papst mit ins Grab nahm, nicht überwinden, geschweige denn beseitigen.

Das größte Hindernis für eine bequeme Erklärung war jedoch das rote Licht im Flur. Es wurde durch eine elektrische Klingel am Nachttisch des Papstes gesteuert und war ein Signal, dass er um Hilfe rief. Dieses Signal war zweifellos gegeben worden. Das rote Licht war aufgeleuchtet. Aber es war nicht beantwortet worden. Weder von einem der Wachen noch von einem der Angestellten, Sekretäre, Schreiber, Krankenschwestern oder Chauffeuren, die sich im Nebengebäude befanden, noch von einer der sieben Nonnen des Ordens Marie-Enfant, die für die häuslichen Angelegenheiten des Papstes zuständig waren und sich im Stockwerk über ihm befanden.

Was hatten sie alle zu dieser Zeit getan? Welche wichtigere Aufgabe als das Wohlergehen des Papstes, ja sogar seine Sicherheit, hatte sie beschäftigt? Die Polizisten, die die ganze Nacht über den Petersplatz patrouillierten, müssen instinktiv mehr als einmal einen Blick auf die leicht geöffneten Vorhänge im Schlafzimmer des Papstes geworfen haben. Das rote Leuchten könnte zwischen ihnen zu sehen gewesen sein. Aber war es tatsächlich die ganze Nacht über zu sehen, oder war es so manipuliert worden, dass es erst im Morgengrauen sichtbar wurde?

Es gab keine Ermittlungen in dieser Richtung. Diese Fragen blieben unbeantwortet. Der Papst war tot. Aber eine Obduktion, die von den meisten Ärzten des Papstes und seinen Verwandten gefordert und von einer einflussreichen Presse unterstützt wurde, würde alle Zweifel ausräumen und die Todesursache klären.

Doch auch hier griff Villot mit seiner imposanten Präsenz ein. Eine Autopsie, erklärte er, komme nicht in Frage, und seine Begründung verwirrte die Ärzte noch mehr als zuvor.

Die Leiche war um halb sechs Uhr morgens gefunden worden. Die Zeit, die im Vatikan normalerweise so regelmäßig und methodisch ablief, hatte nun einen überraschenden Sprung nach vorne gemacht. Denn die Leichenbestatter waren mit völlig unnötiger und beispielloser Eile herbeigerufen worden und hatten ihre Arbeit bereits um halb zehn Uhr beendet.

„Aber die Eingeweide?", fragte einer der Ärzte, der sich entschlossen hatte, sie zu entfernen und auf Spuren von Gift zu untersuchen. Villots Antwort war erneut eindeutig. Sie seien verbrannt worden.

Eine der auffälligsten Kommentare zu dieser seltsamen Angelegenheit kam überraschenderweise aus *L'Osservatore Romano*, der fragte, ob der Tod von Johannes Paul II. in irgendeiner Weise mit seiner Predigt zugunsten des Satanisten und Teufelsanbeters Carducci zusammenhängen könnte. Dies lasen jedoch nur Katholiken in Deutschland, da es aus allen Exemplaren der Zeitung, die ins Ausland gingen, entfernt wurde. Es wurde sogar versucht, die deutsche Ausgabe zu unterdrücken, aber es war zu spät.

Eine wenig beeindruckende Pressekonferenz, der sich Villot nicht wirklich widersetzen konnte, obwohl seine offensichtliche Unzufriedenheit fast wie ein positives Verbot wirkte (vor allem, als einer der Anwesenden das weit verbreitete Bedauern über die Nichtdurchführung einer Autopsie zum Ausdruck brachte), brachte nichts. Villot verwies die Kritiker auf das endgültige Urteil von , Pater Romeo Panciroli, der nach einer möglichst gründlichen Untersuchung der stark gewürzten und ausgeweideten Leiche „erfreut berichten konnte, dass alles in Ordnung war".

Unterdessen sprach ein Mediziner namens Gerin, der die Möglichkeit eines natürlichen Todes des Papstes ausschloss, offen von „Vergiftung", und ein Bischof (dessen Wunsch, anonym zu bleiben, zu respektieren ist) beschloss, dort weiterzumachen, wo Ärzte, Professoren und Journalisten gescheitert waren. Er würde den Schleier des Schweigens und der Geheimhaltung lüften und die Wahrheit ans Licht bringen, was auch immer sie bedeuten oder mit sich bringen mochte.

Er arbeitete hart und lange, befragte unzählige Menschen, durchforstete alle Abteilungen, stieg Treppen hinauf und durchquerte verwinkelte Gänge im Vatikan. Dann verschwand er für eine Weile von der Bildfläche, und diejenigen, die ihn seitdem getroffen haben, fanden ihn nicht nur verändert, wie es nach nur wenigen Monaten vorkommen kann, sondern in jeder Hinsicht als einen völlig anderen Menschen.

Abgehärtete Römer und Realisten, die nichts anderes erwartet hatten, zuckten nur mit den Schultern. Die Kuppel des Petersdoms ist keine Eierschale, die man aufschlagen kann. Er war nur ein weiterer Narr, der sich daran das Herz gebrochen hatte.

Kardinal Villot, der sich der wachsenden Unruhe in der Kirche bewusst war, versprach, vor der Einberufung des nächsten Konklaves eine Erklärung zu den jüngsten Ereignissen im Vatikan abzugeben. Er tat dies jedoch nie und blieb bis zuletzt ein Mann voller Geheimnisse, ohne Hinweise darauf zu hinterlassen, wie viel er gewusst hatte (es gab reichlich Verdachtsmomente, die die Ungewissheit mehr als wettmachten) oder inwieweit er verantwortlich war. Die Ursache für Villots eigenen Tod am 9. März 1979 sorgte für dieselbe elementare Verwirrung wie der Tod von Johannes Paul I. Nach einer ersten Meldung war der Kardinal an einer Bronchialpneumonie gestorben. Ein zweites Gutachten nannte Nierenprobleme, ein drittes Hepatitis, während ein weiteres die Ursache in inneren Blutungen sah.

Es scheint, dass hochrangige katholische Spezialisten, wenn sie an das Sterbebett ihrer bedeutendsten Patienten gerufen werden, sich als sehr gleichgültige Diagnostiker erweisen.

4.

Es regnete. Von ihren Plätzen auf der Kolonnade über der Piazza blickten Simon Petrus und seine Mitheiligen auf einen Wald von Regenschirmen hinunter. Der verstorbene Papst, gekleidet in rot-weiß-goldene Gewänder und mit einer goldenen Mitra auf dem Kopf, war aus der Clementine-Halle im Apostolischen Palast auf den Platz gebracht worden, wo sein Leichnam in einem schlichten Zypressensarg auf einer roten, mit Hermelinfransen verzierten Decke aufgebahrt war, um eine Messe unter freiem Himmel zu feiern. Die Flamme einer einzigen hohen Kerze, die neben dem Sarg stand, flackerte im Wind und Nieselregen hin und her, ohne jedoch zu erlöschen. Ein Monsignore, dessen Gedanken von einer schnell wachsenden Gewissheit erfüllt waren, blickte auf die meist mit Tüchern bedeckten Köpfe und weißen Gesichter und dachte an den schrecklichen Verdacht, der auf den Lippen aller lag.

„Es ist zu viel", war alles, was er vor sich hin murmeln konnte. „Es ist zu viel."

Eine kalte Oktobernacht, durchbrochen von den Lichtpunkten der Stadt, brach herein, als der Trauerzug in die Basilika einzog, wo künftige Generationen in der Krypta auf ein Grab blicken werden, das die schlichte Inschrift JOHANNES PAULUS 1 trägt. Und einige werden sich trotz der Abstumpfung durch die Zeit vielleicht fragen.

Teil Vierzehn

Der Glaube an die Unschuld der Herrscher hängt von der Unwissenheit der Beherrschten ab.

Hugh Ross Williamson.

Die katholische Welt hatte sich kaum von dem Schock über den plötzlichen und unerwarteten Tod Johannes Pauls erholt, als ein anderes Ereignis ihre Aufmerksamkeit von der *Sedis vacantia* (dem Stuhlfülle des Papstes) auf den weißen Rauch lenkte, der am 16. Oktober 1978 aus dem kleinen, gekrümmten Schornstein der Sixtinischen Kapelle aufstieg, und auf die darauf folgende Ankündigung: „Wir haben einen neuen Papst."

Die Aufregung war größer als üblich, und einige der erfahreneren Beobachter stellten fest, dass sie zum großen Teil aus denselben Kreisen kam, die Johannes XXIII. bejubelt hatten; von denen, die die Veränderungen (oder Katastrophen, wie viele meinten) seiner Amtszeit als lang erwartete und willkommene Zeichen dafür begrüßten, dass die Kirche ihre eisernen Fesseln der Archaischheit abwarf.

Denn der neue Pontifex war Karol Wojtyla, der wie ein Held empfangen wurde, weil er Pole war, aus dem Land hinter dem Eisernen Vorhang, wo die Religion, insbesondere die christliche, eine harte Zeit durchgemacht hatte und wo sie nun, obwohl die Ära der Schläge und Verspottungen etwas abgeklungen war, immer noch einer vorwiegend vorsichtigen und eingeschränkten Akzeptanz unterlag. Wojtyla war übrigens der erste Nicht-Italiener, der seit 1522 zum Papst gewählt wurde.

Ein erfahrener amerikanischer Journalist mit dem nicht unpassenden Namen Avro Manhattan, der den Vatikan besser kannte als das Weiße Haus und sich mit russischer Doppelzüngigkeit bestens auskannte, hatte zuvor geschrieben: „Der Anteil radikaler Kardinäle und künftiger Mitglieder des Kardinalskollegiums, deren politische Neigungen von hellrosa bis scharlachrot reichen, hat zugenommen und wird weiter steigen. Das unvermeidliche Ergebnis wird sein, dass dank der größeren Zahl linker Geistlicher die Wahl eines roten Papstes immer wahrscheinlicher wird.[27]

War mit Karol Wojtyla ein solcher Pontifex an die Macht gekommen?

Angesichts der angespannten Beziehungen zwischen den Ländern im Westen und denen hinter dem Eisernen Vorhang, der offiziell religionsfeindlichen Politik der Letzteren und dem Auftauchen von Johannes Paul II. als neuem Papst stellten sich eine Reihe von Fragen, die einer Antwort bedurften. Seine orthodoxe Ausbildung und Entwicklung, sein Eintritt in den Priesterstand und sein Aufstieg zum Erzbischof und dann zum Kardinal verliefen normal.

Viele hundert seiner Glaubensgenossen in Polen hatten während der dreißigjährigen kommunistischen Herrschaft kleinere oder schwerere Verfolgungen erlitten, viele waren inhaftiert, einige hingerichtet worden. Dennoch gibt es keine Anzeichen dafür, dass Wojtyla jemals mehr als die üblichen Prüfungen durchlaufen hat, die bekannte Dissidenten zu erdulden haben. Er war keinen anhaltenden oder bedrohlichen Protesten ausgesetzt, und sein Verhältnis zu den marxistischen Behörden war das gleiche wie das eines gewöhnlichen Bürgers, der seinen Glauben offen bekundete.

Während dieser ganzen Zeit muss er als Prälat aufgefordert worden sein, seinen Glaubensgenossen nicht nur religiöse, sondern auch soziale und sogar wirtschaftliche Ratschläge zu

---

[27] Die Allianz zwischen Vatikan und Moskau, 1977.

erteilen, die manchmal im Widerspruch zu den geltenden Vorschriften standen. Dennoch wurde er nie tatsächlich zum Schweigen gebracht, sondern von den Behörden toleriert und sogar privilegiert, während sein religiöser Vorgesetzter, Kardinal Wyszynski, der damalige Primas von Polen, unter ständigem Druck stand.

Ein Beispiel dafür war die Erteilung der Ausreisegenehmigung. Als die Bischofssynode nach Rom einberufen wurde, beantragten beide Kardinäle ein Ausreisevisum. Der Primas stieß auf eine klare Ablehnung, Wojtyla hingegen erhielt die Genehmigung ohne Weiteres.

Die gleiche Gunst erfuhr er, als es darum ging, am Konklave teilzunehmen, bei dem er gewählt wurde, und diejenigen, die von der Aussicht auf einen Papst mit sowjetischem Hintergrund bestürzt waren, sahen sich bald in ihrer Meinung bestätigt.

Pierre Bourgreignon schrieb in *Didasco,* einer französischen Publikation, die im April 1979 in Brüssel erschien: „Niemand, der zu einem kohärenten Denken fähig ist, wird leicht glauben, dass ein Kardinal hinter dem Eisernen Vorhang etwas anderes sein kann als ein kommunistischer Spitzel."

Ähnliche Zweifel wurden in *The War is Now* geäußert, einer australischen Publikation, die im Namen der katholischen Tradition herausgegeben wurde. Wenn Wojtyla ein wahrer katholischer Pole sei, so fragte man dort, „warum sollten dann anständige, vernünftige und umsichtige Kardinäle, denen das Wohl der Kirche am Herzen liegt, einen Mann wählen, dessen Familie und Volk unter Druck stehen, eine ganze Nation, die aus vorgefertigten Geiseln oder Märtyrern besteht?"

Der Abbé de Nantes, Anführer der katholischen Gegenreformation des 20. Jahrhunderts, drückte es noch deutlicher aus: „Wir haben einen kommunistischen Papst."

Früher wurde anerkannt, dass es zwischen den beiden Kardinälen in Polen tatsächlich Differenzen gab. Wyszynski gab gegenüber den Machthabern seines Landes keinen Millimeter nach.

Wojtyla war ganz dafür, sich mit ihnen zu arrangieren und den „Dialog" fortzusetzen, wie es Paul VI. vorgegeben hatte; und was noch auffälliger war: Wojtyla verurteilte den atheistischen Marxismus nie wirklich und stellte sich denen in den Weg, die ihm gegenüber eine militantere Haltung einnehmen wollten.

Jemand hatte bemerkt, dass während des Konklaves in der Sixtinischen Kapelle, bei dem er gewählt wurde, die Feierlichkeit des Anlasses und die Tatsache, dass er von Michelangelos gigantischen Fresken des Jüngsten Gerichts überragt wurde, Wojtyla nicht davon abhielten, aus einem Buch zu lesen, das er zur Unterweisung – oder zur kleinen Erleichterung von der Schwere der Wahl des Stellvertreters Christi – mitgenommen hatte. Es war ein Buch über marxistische Grundsätze.

Diejenigen, die ihm mit Misstrauen begegneten, wurden nicht beruhigt, als er das Krönungsritual ablehnte und sich stattdessen „installieren" ließ, und als er bekannt gab, dass er sich in einem gewöhnlichen Stuhl wohler fühlte als auf dem Papstthron. Sollten die kirchlichen Praktiken nach den bereits durch das Konzil eingeführten Reformen weiter reduziert werden, fragten sie sich. Ihre Befürchtungen wuchsen, als er den Mantel der Autorität ablegte, mit dem die Kirche, deren Oberhaupt er nun war, bisher bekleidet gewesen war. Und alle noch bestehenden Zweifel wurden zerstreut, als er in seiner Antrittsrede versprach, den letzten Willen und das Testament Pauls VI. zu erfüllen, indem er sich an die Vorgaben Johannes Pauls II. zur Kollegialität und zur Liturgie der neuen Messe halten würde – und das, wie man bemerken darf, obwohl er sich aller Obszönitäten bewusst gewesen sein muss, die darauf folgten.

Als Wojtyla diese Ankündigung machte, stand er an einem provisorischen Altar, der wie die Bahre Pauls VI. jeglicher religiösen Symbole in Form eines Kruzifixes oder Kreuzes beraubt war.

Weitere Anzeichen dafür, was von dem neuen Papst zu erwarten war, folgten bald. In seiner ersten Enzyklika lobte er Paul VI. dafür, dass er „das wahre Gesicht der Kirche" offenbart habe. In ähnlichem Ton sprach er vom Zweiten Vatikanischen Konzil, das „dem eucharistischen Opfer größere Sichtbarkeit verliehen" habe, und er verpflichtete sich, die Erneuerung der Kirche „im Geiste des Konzils" fortzusetzen und zu fördern.

In einer späteren Erklärung wurde das Konzil als „das größte kirchliche Ereignis der Jahrhundert " bezeichnet; nun gelte es, die Annahme und Verwirklichung des Zweiten Vatikanischen Konzils in Übereinstimmung mit seinem authentischen Inhalt sicherzustellen. Dabei lassen wir uns vom Glauben leiten.... Wir glauben, dass Christus durch den Heiligen Geist mit den Konzilsvätern war, dass die Kirche in ihrem Lehramt das enthält, was „der Geist der Kirche sagt, und zwar in Übereinstimmung mit der Tradition und entsprechend den Anforderungen *der Zeichen der Zeit"* (Hervorhebung von mir).

Seine Bemerkung über die Übereinstimmung mit der Tradition wurde durch sein Eingeständnis, dass „die Liturgie der Messe sich von der vor dem Konzil bekannten unterscheidet", eindeutig widerlegt. Aber (so fügte er bedeutungsvoll hinzu) „wir wollen nicht über diese Unterschiede sprechen"., war es unerlässlich, die Kirche in ihrer Struktur und Funktion zu erneuern, um sie mit den Bedürfnissen der heutigen Welt in Einklang zu bringen; und von dieser Feststellung war es für Wojtyla nur noch ein Schritt, die revolutionären Prinzipien von 1789 zu betonen, mit der Verherrlichung des Menschen, des befreiten Menschen, als ein Wesen, das sich selbst genügt. Der Mensch war das einzige Idol, das die Verehrung der Menschen auf Erden verdiente, und seine Stellung wurde durch die Menschenrechte bestätigt und klassifiziert.

Dieser etwas nebulöse irdische Glaube war seitdem die Inspiration jeder linken Bewegung. Mit einer feinen Missachtung der Autorität des Gesetzes wurde in Amerika verkündet, dass „die Freiheit die Grundlage der politischen Ordnung ist". Vor einigen Jahren sagte François Mitterrand, der Kommunist, der heute Präsident der Französischen Republik ist, dass „der Mensch die Zukunft des Menschen ist". Es blieb dann Karol Wojtyla als Johannes Paul II. überlassen, diesen Glauben in einem modernen religiösen Rahmen zu verankern, indem er erklärte, dass „der Mensch das Hauptanliegen der Kirche ist" – eine päpstliche Erklärung, die ganz im Einklang mit dem marxistischen Prinzip steht, dass „der Mensch Selbstzweck und Erklärung aller Dinge ist".

Der Papst ging dann dazu über, seine verbale Zustimmung zu dem politischen System, aus dem er hervorgegangen war, in eine aktivere Form zu bringen. Über die Kirche in Polen sagte er, dass ihre Beziehung zum Kommunismus eines der Elemente der ethischen und internationalen Ordnung in Europa und der modernen Welt sein könne. Er pflegte ein freundschaftliches Verhältnis zu den roten Besatzern seines Landes und hielt es für möglich, eine spirituelle *Entspannung* mit ihnen zu erreichen. Zu diesem Zweck wurde der kommunistische Staatsminister Jablonski mit einer Gefolgschaft, die so groß war wie die eines ostdeutschen Potentaten, im Vatikan empfangen. Dann kam der sowjetische Minister Gromyko, dem mehr Zeit als vorgesehen mit Seiner Heiligkeit gewährt wurde.

Er begrüßte Guerillakämpfer zwischen ihren „Freiheitskämpfen" in Afrika und Nicaragua. Seine moralische Unterstützung galt ihnen. Er öffnete die Tür seines Arbeitszimmers für den Mexikaner Jose Alvarez, der weit durch Südamerika reiste und Extremisten aufrief, die Flammen der Anarchie zu entfachen. Nicht einmal die engsten Vertrauten des Papstes wussten, was zwischen ihnen vor sich ging. Er war der Hauptredner auf einem latein amerikanischen Kongress in Panama-Stadt, dessen Thema sicherlich nicht religiös war, da die Organisatoren der kommunistische Diktator General Torrijos und der Marxist Sergio Mendez Areeo aus Cuernavaca waren.

Als der Papst vor einer Gruppe von Flüchtlingen aus Vietnam, Laos und Kambodscha sprach, wurde seine zurückhaltende Haltung vom Paris-Match-Korrespondenten Robert Serrou kommentiert. Der Papst hatte natürlich Mitgefühl für seine Zuhörer bekundet, aber warum, fragte Serrou, hatte er nicht einmal mit einem Wort den roten Terror erwähnt, dem sie entkommen waren?

Angesichts dieser Unterlassung, die Tyrannei zu verurteilen, ist es bemerkenswert, dass eine der wenigen kritischen Äußerungen von Johannes Paul II. gegen jene Katholiken gerichtet war, die den allmählichen Zerfall der Kirche seit dem Zweiten Vatikanischen Konzil beklagen: „Diejenigen, die an nebensächlichen Aspekten der Kirche festhalten, die in der

Vergangenheit zwar gültig waren, heute aber überholt sind, können nicht als Gläubige betrachtet werden."

Seine Orthodoxie in Bezug auf die Lehre des Katholizismus und dessen Verhältnis zu anderen Religionen wurde ebenfalls in Frage gestellt. Es ist zwar eine Binsenweisheit, aber keine Herabwürdigung des Islam, darauf hinzuweisen, dass die fatalistische arabische Tradition mit ihrer Leugnung der Göttlichkeit Christi und der Erlösung weit von den Grundsätzen des christlichen Glaubens entfernt ist. Dennoch sagte der Papst vor einer muslimischen Zuhörerschaft, dass der Koran und die Bibel im Einklang stünden. Und passte er sich in einer eher lockeren Stimmung dem mechanistischen Zeitgeist an, als er einer Versammlung von Autofahrern sagte, sie sollten ihre Autos genauso pflegen wie ihre Seelen? Oder war es nur ein Versprecher, dass er die Bedeutung der Autos vor die der Seelen stellte?

Einer der Briefe des Papstes vom 15. September 1981 zum Thema Privateigentum und „ er Kapitalismus" zeigt einen deutlichen Widerspruch und eine Abkehr von der Lehre der Kirche. Denn in diesem Brief sagt er: „Die christliche Tradition hat das Recht auf Privateigentum nie als absolut und unantastbar verteidigt. Im Gegenteil, sie hat immer das Recht aller auf die Nutzung der Güter der gesamten Schöpfung als gemeinsames Recht verstanden."

[28] Das ist so offensichtlich falsch und steht in so krassem Widerspruch zu allem, was alle Päpste von Leo XIII. bis Pius XII. gesagt haben, dass man versucht ist, den transatlantischen Kritikern des Sozialismus zuzustimmen, die Karol Wojtyla unverblümt als Lügner bezeichnen und mit der Aufforderung „Break off, Charlie!" nachlegen.

Denn hier zitiere ich Leo XIII.: „Die Sozialisten streben nach der Zerstörung des Privateigentums und behaupten, dass der

---

[28] Die Herausgeber von Veritas, einer orthodoxen Zeitschrift. Louisville, Kentucky, USA.

individuelle Besitz zum gemeinsamen Eigentum aller werden und vom Staat oder von kommunalen Körperschaften verwaltet werden sollte.... Das ist ungerecht, weil es den rechtmäßigen Besitzer berauben, den Staat in einen Bereich bringen würde, der ihm nicht zusteht, und völlige Verwirrung in der Gemeinschaft stiften würde."

Leo fuhr fort, dass ein Mensch arbeitet, um Eigentum zu erwerben und es als sein privates Eigentum zu behalten. „Denn jeder Mensch hat von Natur aus das Recht, Eigentum zu besitzen. Dies ist einer der wesentlichen Unterschiede zwischen dem Menschen und den Tieren ... Die Autorität des göttlichen Gesetzes fügt hinzu, dass es uns in aller Strenge verbietet, auch nur das zu begehren, was einem anderen gehört."

Von Pius XI.: „Die vorrangige Funktion des Privateigentums besteht darin, dass der Einzelne für sich selbst und seine Familie sorgen kann."

Und von Pius XII.: „Die Kirche strebt danach, dass das Privateigentum in Übereinstimmung mit den Plänen der göttlichen Weisheit und den Gesetzen der Natur zu einem Element des Sozialsystems, zu einem notwendigen Anreiz für das menschliche Wirken und zu einem Stimulus für die Natur wird; all dies zum Wohl der zeitlichen und geistigen Ziele des Lebens und damit zum Wohl der Freiheit und Würde des Menschen."

Und weiter derselbe Papst: „Nur das Privateigentum kann dem Familienoberhaupt die gesunde Freiheit verschaffen, die er benötigt, um die ihm vom Schöpfer übertragenen Aufgaben für das körperliche, geistige und religiöse Wohl seiner Familie zu erfüllen."

Neben diesen Verlautbarungen hat die Kirche Warnungen vor dem Liberalismus, der im Kapitalismus endet, und vor dem Marxismus, der die Abschaffung des Privateigentums predigt, ausgesprochen.

Daher kann die Aussage von Johannes Paul II. im Vergleich zu vielen Aussagen seiner Vorgänger als außergewöhnlich angesehen werden.

2.

Während seiner frühen Jahre in Krakau, sowohl als Student als auch als junger Priester, entwickelte Wojtyla eine Vorliebe für das Theater, die ihn nie mehr verlassen sollte. Sie begann, als er sich einer Schultheatergruppe anschloss, und setzte sich später, während der Besetzung Polens im Krieg, in einem sogenannten „Untergrundtheater" fort, was bedeutet, dass die Proben und Aufführungen heimlich und bei Kerzenschein in einem Raum, manchmal in der Küche einer Wohnung, stattfanden.

„Etwa zu dieser Zeit", so einer seiner Biografen,[29] , „entwickelte er eine sentimentale Zuneigung zu einer jungen Frau", die ihn fortan wie ein Schatten begleitete – in Gerüchten, Zeitungsberichten und Gesprächen polnischer Exilanten auf beiden Seiten des Atlantiks.

Manchmal unterschieden sich die Details. Die unwahrscheinlichste Version, die wahrscheinlich verbreitet wurde, um Sympathie zu wecken, war, dass sie gegen die Deutschen arbeitete, entdeckt und erschossen wurde. Eine andere gibt das Jahr 1940 als Höhepunkt ihrer Beziehung an. Laut Blazynski, der in Polen geboren wurde, war der zukünftige Papst bei den Mädchen beliebt und „hatte eine feste Freundin".

Seine Liebe zur Unterhaltung erstreckte sich auch auf das Kino und auf oberflächliche pseudoreligiöse Shows wie Jesus *Christ Superstar*. Nach einer Aufführung des letzteren sprach er zwanzig Minuten lang vor dem Publikum über das Thema Liebe und Freude. Er ermutigte das jugendliche Geschrei und ziellose

---

[29] George Blazynski in John Paul II (Weidenfeld und Nicolson, 1979). Einige der hier geschilderten Ereignisse stammen aus diesem Buch.

Gitarrengeklimper, das im Namen der populären Begleitung manche der heutigen „ -Messen" für viele unerträglich macht. In diesem Sinne lud er den amerikanischen Evangelisten Billy Graham ein, eine seiner feurigen Predigten in der St.-Anna-Kirche in Krakau zu halten.

Eines der Themen, die in seinem Umfeld diskutiert wurden, war ein Buch des Schriftstellers Zegadlowicz, das von der Kirche wegen seiner Obsession mit Sex missbilligt wurde; während ein frühes Werk von Wojtyla (übersetzt von Boleslaw Taborski und zitiert von Blazynski) Zeilen enthält wie „Die Liebe reißt die Menschen mit wie ein absoluter ... Manchmal scheint das menschliche Dasein zu kurz für die Liebe."

Dasselbe Thema tauchte auch in Wojtylas Buch *Liebe und Verantwortung* aus dem Jahr 1960 auf, das laut Blazynski „die körperliche Realität von Mann und Frau nicht ignoriert und sowohl die Physiologie als auch die Psychologie der Sexualität sehr detailliert beschreibt (letztere oft mit einer großen Einsicht, die bei einem Mann, der schließlich ein zölibatärer Geistlicher ist, überraschend erscheinen mag)."

Selbst als Wojtyla Papst wurde, war der Geist der geheimnisvollen Frau, die seine Studienzeit heimgesucht hatte, nicht verschwunden. Unter den polnischen Exilanten gibt es einige, die behaupten, sie gekannt zu haben, und eines der hartnäckigsten Gerüchte besagt, dass sie Edwige hieß.

Wie dem auch sei, nicht einmal Wojtylas Verteidiger können leugnen, dass er mehr Interesse an der menschlichen Sexualität gezeigt hat als jeder andere Papst seit dem Mittelalter. Viele Zuhörer einer Rede, die er in Rom hielt, waren ziemlich verlegen, als er sich in Details über Lust und die Nacktheit des Körpers verlor.

Einige seiner eigenen Äußerungen haben den PR-Agenten reichlich Stoff geliefert, um sie aufzubauschen.

„Junge Menschen Frankreichs", rief er vor einem alles andere als reifen Publikum in Paris, „die körperliche Vereinigung war schon immer die stärkste Sprache, die zwei Menschen einander sagen können." Diese Worte wurden als einige der verblüffendsten bezeichnet, die jemals von einem Papst gesprochen wurden.

Während seines Besuchs in Kisingani in Zaire, Afrika, schüttelte ein Korrespondent der *Newsweek* traurig den Kopf über die Art und Weise, wie der Oberhaupt der römischen Kirche auf Formalitäten verzichtete. In der schwülen Hitze, fast sobald er aus dem Flugzeug stieg, wurde er gesehen, wie er „grinsend, schwitzend, schwankend und mit tanzenden Mädchen stampfte". Er wurde fotografiert, wie er einer Gruppe jugendlicher Mädchen in knielangen Einteilern zusah, die in der „ " eine Reihe akrobatischer Tänze aufführten. Kürzlich ist ein weiteres Bild aufgetaucht, auf dem er in Castelgandolfo einer jungen Tänzerin zusieht, die vor ihm Verrenkungen vollführt, wobei ihr Kopf und ihr Gesicht in einem Wirbel aus weißer Unterwäsche fast nicht mehr zu sehen sind.

Ein von Wojtyla geschriebenes Theaterstück, *The Jeweller's Shop*, wurde im Mai 1982 im Westminster Theatre aufgeführt. Es soll in blumiger Sprache geschrieben sein, und der Produzent hoffte, dass das Stück sowohl das Publikum als auch die Kirchgänger anziehen würde.

Seine Hoffnung könnte sich durchaus erfüllen, denn das Stück, das immer noch aus *dem Daily Telegraph* (28. April 1982) zitiert wird, „beschäftigt sich mit dem ungewöhnlichen Thema Prostitution".[30]

---

[30] Englische Theaterkritiker lobten die Bemühungen des Papstes als Dramatiker nicht gerade. – Herausgeber.

3.

Johannes Paul II. muss nicht tief in die durch das Zweite Vatikanische Konzil entstandenen Differenzen innerhalb der Kirche eindringen. Man sagt, er gehe mit einer Rose in der Hand – das heißt, bis die frühen Errungenschaften von Johannes XXIII. und Paul VI. gefestigt sind. Der einst stolze Anspruch auf die eine wahre Kirche ist zu einer rückgratlosen Anerkennung der „ökumenischen Tage" geschrumpft. Der Anspruch der päpstlichen Autorität, der der Idee der Machtteilung mit den Bischöfen gewichen ist, mag noch eine Weile in den Gesetzbüchern der Kirche stehen bleiben, aber die Kraft seines göttlichen Ursprungs ist verwässert worden; und die Altäre, die immer ein Zeichen für „welche Götter auch immer" waren, sind zerstört worden.

Dennoch hat die nächste Phase des Angriffs auf die Kirche von innen heraus die Vorbereitungsphase bereits hinter sich und ist bereits im Gange. Sie dürfte weniger spektakulär ausfallen als die früheren Verwüstungen. Das Wort „Revision" wird häufiger zu hören sein als „Veränderung". Die Kirchen werden nicht länger als Spielwiesen für Liebschaften dienen. Doch was aus den Treffen von mehr als siebzig Kardinälen und Bischöfen in der Synodena en im Vatikan hervorgehen wird, dürfte auf lange Sicht ebenso verheerend sein wie die Neuerungen, die von einer weitgehend unaufmerksamen und unkritischen Öffentlichkeit inzwischen als Norm akzeptiert worden sind.

Zu den Themen, die bekanntermaßen diskutiert wurden, gehören Ehe und Abtreibung; und Prälaten wie Kardinal Felici sind rational genug, um zuzugeben, dass diese und ähnliche Fragen praktisch bereits im Voraus entschieden sind. Eheannullierungen, die ihrer früheren Formalität weitgehend beraubt sind, werden erleichtert werden. Die Androhung der

Exkommunikation für Frauen, die eine Abtreibung vornehmen lassen, wird aufgehoben werden; und als noch deutlicheres Zeichen für weitere wichtige Zugeständnisse wird die Zahl der Artikel des Kirchenrechts von 2.414 auf möglicherweise 1.728 reduziert werden.

Aber diese Überlegungen werden diejenigen nicht sonderlich belasten, die sich von dem Besuch des Papstes in diesem Land im Mai dieses Jahres 1982 beeindrucken lassen werden. Die Macht der International Management Group von Mark McCormack wurde herangezogen, um für den Papst die gleiche Publicity zu machen, wie sie es bereits so erfolgreich für Golfspieler, Baseball-Spieler und Tennisspieler getan hat, während eine Unternehmensberatung, Papal Visits Limited, für zusätzliche Werbemaßnahmen sorgen wird.

Der bewährte dramatische Instinkt von Johannes Paul II. wird zweifellos zum Tragen kommen, wenn er aus einem gläsernen Fahrzeug Segnungen ausstreut, langsam zwischen kilometerlangen Absperrungen, Tribünen, Festzelten und Pressetribünen hindurchfährt und über einen mit Tausenden von Pflanzen geschmückten Teppich zu einer Stelle fährt, an der drei Kreuze, das höchste davon 120 Fuß hoch – nein, Herr McCormack, Golgatha war nicht so –, über einer Altarstruktur aus Stahl und Segeltuch emporragen.

Nach der Messe können die Gläubigen einen Schraubenzieher mit einem Aufkleber mit dem Kopf des Papstes auf dem Griff mitnehmen. Alle Vorbereitungen für den Besuch liegen in den fähigen Händen von Erzbischof Marcinkus, der offensichtlich von dem etwas zweifelhaften Ruf befreit wurde, der ihm in Rom anhaftete.

Anhang

Der seltsame Tod von Roberto Calvi

Nach den Turbulenzen, die durch den Zusammenbruch des Finanzimperiums von Michele Sindona und die Enthüllungen über die Mitgliedschaft in der Freimaurerloge Propaganda 2, Orientalischer Ritus, ausgelöst worden waren, sah sich der Vatikan einer dritten Blamage gegenüber, als am 18. Juni 1982 die Leiche des Bankiers Roberto Calvi an einem Gerüst unter der Blackfriars Bridge erhängt aufgefunden wurde.

Calvi war Präsident der größten Privatbank Italiens, der Ambrosiano, die einen Großteil von Sindonas Vermögen übernommen hatte. Aufgrund seiner engen Verbindungen zur vatikanischen Finanzwelt (die Vatikanbank war Großaktionärin der Ambrosiano) wurde er manchmal als „Gottes Bankier" bezeichnet. Im Mai desselben Jahres wurde er unter anderem wegen illegaler Devisengeschäfte angeklagt.

Er verschwand aus Rom und kam am 15. Juni in London an, wo er in Chelsea Cloisters Unterkunft fand. Er war ein verängstigter Mann, belastet mit Geheimnissen, die ihn selbst und die Vatikanbank betrafen und in die man besser nicht zu tief eindringen sollte. Einige, die dies versucht hatten, wurden plötzlich aus ihren Ämtern entlassen, andere kamen aufgrund gefälschter Anschuldigungen ins Gefängnis, und es gab mindestens einen bekannten Fall von Erschießung während der Ermittlungen.

Während Calvis Abwesenheit schrieb seine Sekretärin, die seit dreißig Jahren bei der Bank beschäftigt war, eine Nachricht, in der sie Calvi verfluchte, und stürzte sich dann, wie die Behörden angaben, aus dem vierten Stock des Bankhauptsitzes in Mailand.

In London behandelte Calvi seinen Chauffeur wie einen Leibwächter. Er vereinbarte mit einem Freund, dass dieser in regelmäßigen Abständen bei seiner Wohnung anrufen und dann dreimal an die Tür klopfen sollte, um ihn hereinzulassen. Außerdem rasierte er sich seinen Schnurrbart ab, den er seit Jahren getragen hatte.

Obwohl Calvi seine Wohnung nur ungern verließ, soll er dennoch in der Nacht oder am frühen Morgen vier Meilen gelaufen sein, um in der unwahrscheinlichen Gegend von Blackfriars Selbstmord zu begehen.

Die Erwähnung dieses Ortes erfordert eine Anmerkung, zusammen mit dem Hinweis, dass Geheimgesellschaften großen Wert auf Zusammenhalt und Symbole legen. Blackfriars war der Standort des Klosters und der Kirche des Dominikanerordens, dessen Mitglieder wegen ihrer Tracht den Namen „Black Friars" (Schwarze Mönche) erhielten. Sie waren und sind noch immer als Predigerorden bekannt. Als solcher führten sie die Kanzel in den allgemeinen Gebrauch ein, und Kanzeln sind auch im Mauerwerk der Blackfriars Bridge zu finden. Die Mitglieder der P2-Loge, in der Calvi die Nummer 0519 trug, kleideten sich für ihre rituellen Treffen als Black Friars in weißen Tuniken mit schwarzem Umhang und Kapuze.

Eine von Scotland Yard unterstützte *Untersuchungsjury* kam zu dem Schluss, dass Calvi Selbstmord begangen hatte – ein Urteil, das bei seinen Angehörigen, der italienischen Presse und der Polizei für Stirnrunzeln und ungläubiges Lächeln sorgte. Denn es bedeutete, dass der 62-jährige Calvi die Geschicklichkeit eines athletischen jungen Mannes an den Tag gelegt hatte, um, wie der römische Staatsanwalt sagte, einen komplizierten Weg zu finden, sich das Leben zu nehmen.

Im Dunkeln und auf völlig unbekanntem Terrain hatte er seine Taschen mit Schutt gefüllt, eine lange Leiter und nasse Bretter überquert, zwischen denen ein Abstand von mehreren Fuß lag, ein Stück durchnässtes Seil ergriffen, das eine Ende um seinen Hals gebunden und das andere an einem Gerüstteil befestigt und sich dann in die Tiefe gestürzt. Warum so viel Mühe, wenn unter seinen Habseligkeiten medizinische Spritzen, sieben Schachteln

Tabletten und 170 Pillen verschiedener Art gefunden wurden, von denen viele das Ziel leichter hätten erreichen können? Aber auch hier kommt wieder der obskure, etwas bizarre, aber unheimliche Einfluss der P2 und anderer Geheimgesellschaften ins Spiel. Die Initiation eines Kandidaten in den Orden beinhaltet oft einen Eid, keine Geheimnisse preiszugeben. Sollte er diesen Eid brechen, würde er einen gewaltsamen Tod sterben und dann in der Nähe von Wasser in geringer Tiefe begraben werden, wo die Flut ihn erreichen kann: Man glaubte, dass sein Geist „ " dadurch daran gehindert würde, umzukehren, was seine Mörder in Verlegenheit bringen könnte.

Dies würde auf Calvi zutreffen, der höchstwahrscheinlich erwürgt wurde, bevor er nach Blackfriars gebracht wurde, um sicherzustellen, dass die gefährlichen Geheimnisse, die er besaß, nicht preisgegeben würden. Denn nach seinem mysteriösen und ungeschickten „Selbstmord", bevor seine Leiche heruntergeschnitten wurde, bedeckte die Flut der Themse seine Füße.

Es gibt keine Anhaltspunkte dafür, dass Calvi seine Freimaurerbrüder beleidigt hatte. Aber er stand unter rechtlichem Druck, und viele fürchteten, dass sein umfangreiches Finanznetzwerk ans Licht kommen könnte. Der Vatikan war seit dem Sindona-Skandal auf der Hut vor weiteren Enthüllungen über die Freimaurer, und als die Aktivitäten der P2 ans Licht kamen, unternahm er einen überraschenden und scheinbar unnötigen Schritt.

Die Kongregation für die Glaubenslehre erinnerte die Katholiken daran, dass es ihnen gemäß Artikel 2335 des Kirchenrechts unter Androhung der Exkommunikation verboten war, Freimaurern beizutreten.

Dies war lediglich eine ironische Maßnahme, um Kritiker zu übertrumpfen, da, wie die Leser dieser Seiten wissen, einige der führenden Prälaten im Vatikan etablierte Freimaurer waren. Aber dieser Schritt spiegelte die dort herrschende Besorgnis wider. Zwei Kardinäle, Guerri und Caprio, hatten eng mit Sindona zusammengearbeitet, dessen Sturz die P2 und ihre zwielichtigen

Geschäfte ans Licht gebracht hatte. Ein prominentes Mitglied der Loge, Umberto Ortolani, war bekannt für seine engen Verbindungen zum Vatikan.

Der bedeutendste Name, der im Zusammenhang mit dem Skandal auftauchte, war jedoch der von Erzbischof Marcinkus, zu dessen zahlreichen nicht anerkannten Verbindungen auch solche zu Mafia-Kreisen und zu Licio Gelli, einem ehemaligen Großmeister der P2, gehörten. Noch wichtiger war jedoch, dass er auch Präsident der Vatikanbank war, der geheimsten und exklusivsten Bank der Welt.

Marcinkus war auch ein Freund und Geschäftspartner von Calvi gewesen und hatte erklärt, dass „Calvi unser Vertrauen hat". Dies bekräftigte er, indem er im Namen der Vatikanbank eine Bürgschaft für einige der umfangreichen Kreditgeschäfte Calvis übernahm, die viele Millionen „ " umfassten und Teil eines riesigen Finanzprogramms waren, das auch internationale Waffenverkäufe beinhaltete.

Als sich jedoch der Sturm zusammenbraute, zog Marcinkus seine Bürgschaft zurück, obwohl zu diesem Zeitpunkt bereits genügend Beweise vorlagen, um die Annahme zu rechtfertigen, dass zwischen der Vatikanbank und der Banco Ambrosiano mehr als nur normale Geschäftsbeziehungen bestanden hatten.

Der Finanzminister Andreatta forderte den Vatikan auf, sich zu offenbaren und seine Rolle in der Krise, die die Finanzwelt erschütterte, einzugestehen. Es wurden auch Forderungen laut, Marcinkus zu verhören, und Druck auf den Papst ausgeübt, ihn zu entlassen. Doch Marcinkus war zu gut mit den Geheimnissen des vatikanischen Bankwesens vertraut, als dass der Papst es riskieren konnte, ihn zu verärgern. Außerdem war er zum Vorsitzenden der einflussreichen Kardinalskommission ernannt worden und damit auf dem besten Weg, ein Kirchenfürst zu werden – eine Aussicht, die ihn für unangenehme Kontakte unzugänglich machte.

Denn als Kommissare in den Vatikan reisten, um Informationen über dessen Bank und Calvis Beziehung zu ihr einzuholen, war Marcinkus „nicht zu Hause". Und als Marcinkus und zwei seiner

Mitarbeiter aus dem Bankwesen per Einschreiben eine Vorladung (die bedeutete, dass die Empfänger einer Untersuchung unterzogen werden sollten) zugestellt wurde, kam der Umschlag ungeöffnet zurück.

Eine etwas widerwillige Eingeständnis, dass der Vatikan möglicherweise teilweise für den Zusammenbruch der Calvi-Bank verantwortlich war, gab Kardinal Casaroli diesen Monat (August 1982) ab.

Unterdessen sitzt der höchst umstrittene Erzbischof Marcinkus in seinem Büro, nur wenige Schritte von der Wohnung des Papstes entfernt, und blättert vielleicht manchmal in der Bilanz seines verstorbenen Kollegen und denkt über die Worte nach, mit denen diese Abschlussbilanz endete: „Gott sei Dank!"

Finale

„Ihr seid ein übles Völkchen, ein Haufen Schurken, wie man sich lebende Menschen nur vorstellen kann."

So wurde ich an einem frischen Aprilmorgen von einem irischen Priester begrüßt. Er hatte vieles von dem, was ich hier geschrieben habe, in Manuskriptform gelesen, und obwohl er es nicht widerlegen konnte, war er der Meinung, dass ich der Kirche einen schlechten Dienst erwies. Er war ein großer, breitschultriger Mann mit traurigen Augen und einem knorrigen Stock, den er schwang, als wäre es ein Knüppel.

Wir standen im Schatten des Petersdoms, während die Fensterläden des Palastes noch geschlossen waren und nur vereinzelte Schritte auf der Piazza zu hören waren. Seine humorvolle Drohung stand im Kontrast zu meiner Gelassenheit.

Denn es gibt nichts Goldeneres auf der Welt als eine römische Morgendämmerung. Goldstaub, der die Vergangenheit sicherer erhellt als die Gegenwart, filtert durch die Luft und legt sich wie eine zögerliche Berührung auf Madernas Fassade mit ihren kühnen römischen Buchstaben und verwandelt ihre Braun- und Ockertöne in Gold. Staubkörnchen, die vom ersten Licht getroffen werden, verwandeln sich in Gold, das den Sockel von Caligulas Obelisken berührt und in Pracht über das Kopfsteinpflaster bricht; über die Statuen der Heiligen auf der Kolonnade und die Kuppel, die allmählich weiß wird; über den Platz vor der Basilika, umgeben von Berninis riesigen Säulen, wie einst die Legionen die aufgerichteten Speere umringten, die neidisch auf das römische Thing erhoben waren; das Wasser aus den Brunnen fällt, wann immer eine Brise es aufwirbelt, in goldenen Tropfen herab.

Der Winkel des Stocks lud mich ein, über den Vatikanhügel zu schauen. „So wird die Morgendämmerung kommen, über die Stadt, über die Kirche. Glaubst du das nicht?"

Ich nickte nur halb.

„Was du geschrieben hast, wird vergehen, wie ein Urlaub oder ein langsames Fieber. Aber das Versprechen, das Petrus gegeben wurde" – und er zeigte auf die zentrale Figur auf der Kolonnade – „wird nicht vergehen. Das kann es nicht. Der Riss im Felsen wird geschlossen werden. Die Morgendämmerung wird wiederkommen. Glaubst du das nicht?"

„Ja", stimmte ich zu, vielleicht beeinflusst von seinen traurigen Augen und dem Schwingen seines Knüppels. „Die Morgendämmerung wird wiederkommen."

Aber wird es eine falsche Morgendämmerung sein?

Bibliografie

Benson, Mgr. R. H., *Lord of the World* (Pitman, *1907*).

Blazynski, G., *Papst Johannes Paul II.* (Weidenfeld und Nicolson, *1979*).

Carpi, Pierre, *Les prophéties du Pape Jean XXIII* (Jean Claude Lattes, *1976*).

Casini, Tito, *Die letzte Messe von Paul VI.* (Instituto Editoriale Italiano, *1971*).

Cotter, John, *Eine Studie über Synkretismus* (Canadian Intelligence Publications, Ontario, *1980*).

Cristiani, Mgr. L., *Satan in der modernen Welt* (Barrie and Rockliff, *1961*).

Crowley, Aleister, *Confessions* (Bantam Books, USA, *1971*).

Dem, Marc, *Il faut que Rome soit détruite* (Albin Michel, Paris, *1980*).

Disraeli, Benjamin, *Lothair* (Longmans Green, *1877*).

Eppstein, John, *Ist die katholische Kirche verrückt geworden?* (Stacey, *1971*).

Fahey, Fr. Denis, *The Mystical Body of Christ in the Modern World* (Regina Publications, *1972*).

Fahey, Fr. Denis, *Der mystische Leib Christi und die Neuordnung der Gesellschaft* (Regina Publications, *1978*).

Gearon, P. J., *Der Weizen und die Unkraut* (Britons Publishing Co., *1969*).

Kolberg, Theodor, *Der Betrug des Jahrhunderts* (München, *1977*).

Laver, James, *Der erste Dekadente. J. K. Huysmans* (Faber, *1964*).

Levinson, Charles, *Wodka-Cola* (Gordon and Cremonesi, USA, *1979*).

Martin, Malachi, *Das letzte Konklave* (Melbourne House, *1978*).

Martinez, Mary, *From Rome Urgently* (Statimari, Rom, *1979*).

Mellor, Alec, *Unsere getrennten Brüder* (Harrap, *1964*).

Miller, Fulop, *Die Macht und das Geheimnis der Jesuiten* (Owen, *1967*).

O'Mahoney, T. P., *Der neue Papst. Johannes Paul I.* (Villa Books, Dublin, *1978*).

Oram, James, *Der Papst des Volkes* (Bay Books, Sydney, *1979*).

Pinay, Maurice, *Die Verschwörung gegen die Kirche* (St. Anthony Press, *1967*).

Queensborough, Lady, *Okkulte Theokratie* (British-American Press, *1931*).

Rhodes, Henry, *Die satanische Messe* (Rider, *1954*).

Smith, Bernard, *Das betrügerische Evangelium* (Foreign Affairs Publishing Co., *1977*).

Stoddart, Christina, *Lichtträger der Finsternis* (Boswell, *1930*).

Stoddart, Christina, *Trail of the Serpent* (Boswell, *1936*).

Symonds, John, *Das große Ungeheuer. Das Leben und die Magie von Aleister Crowley* (Mayflower, *1973*).

Thierry, Jean Jacques, *Lettres de Rome sur le singulier trépas de Jean-Paul I* (Pierre Belfond, Paris, 1981).

Virebeau, Georges, *Prälaten und Freimaurer* (Henri Coston, Paris, 1978).

Webb, James, *Die Flucht aus der Vernunft* (Macdonald, 1971).

Webster, Nesta, *Secret Societies and subversive movements* (http://ca.geocities.com/nt_351/webster/webster_index.html).

Williamson, Hugh Ross, *The Great Betrayal* (Tan Books, 1970).

Williamson, Hugh Ross, *Die moderne Messe* (Tan Books, 1971).

Wiltgen, Fr. R. M., *Der Rhein fließt in den Tiber* (Augustine Press, 1979).

Weitere Titel

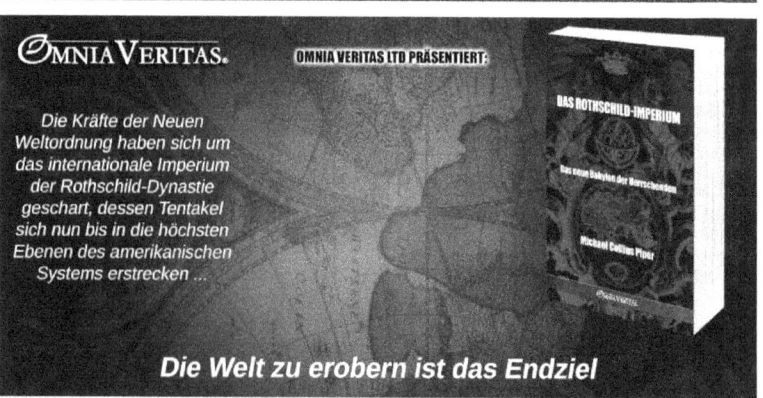

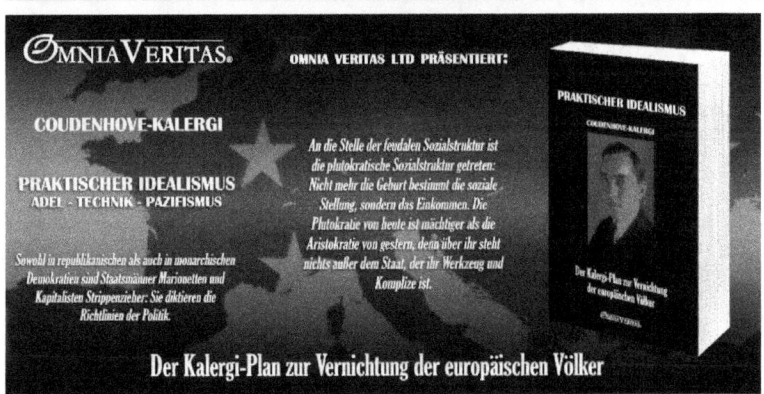

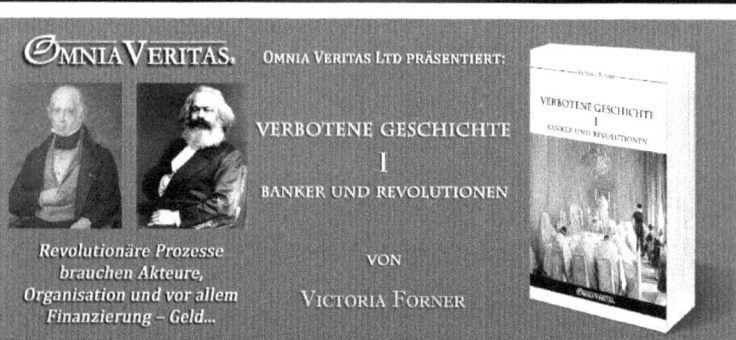

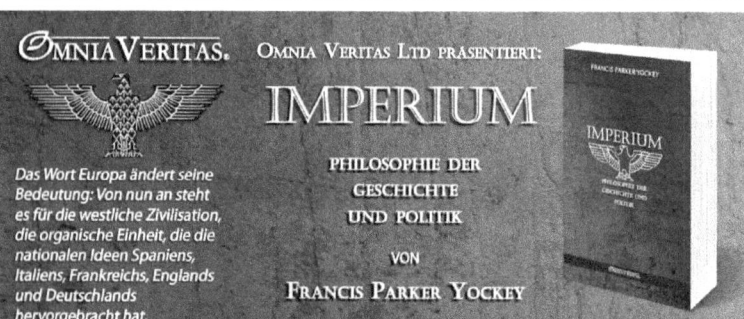

www.ingramcontent.com/pod-product-compliance
Lightning Source LLC
Chambersburg PA
CBHW050133170426
43197CB00011B/1815